Interpreting Typical Intellectual Property Cases Heard by Courts in the Chongqing Municipality of the People's Republic of China

重庆法院知识产权判解示例

（汉英对照）

重庆市高级人民法院民事审判第三庭
重庆市第一中级人民法院重庆知识产权法庭
编著

法律出版社
LAW PRESS · CHINA
北京

图书在版编目（CIP）数据

重庆法院知识产权判解示例：汉英对照／重庆市高级人民法院民事审判第三庭，重庆市第一中级人民法院重庆知识产权法庭编著. -- 北京：法律出版社，2024.

ISBN 978－7－5197－9517－7

Ⅰ. D923.405

中国国家版本馆 CIP 数据核字第 20245GZ233 号

重庆法院知识产权判解示例(汉英对照)
CHONGQING FAYUAN ZHISHI CHANQUAN PANJIE SHILI（HANYING DUIZHAO）

重庆市高级人民法院民事审判第三庭
重庆市第一中级人民法院重庆知识产权法庭　编著

策划编辑　邢艳萍
责任编辑　邢艳萍
装帧设计　贾丹丹

出版发行　法律出版社
编辑统筹　法律应用出版分社
责任校对　朱海波
责任印制　刘晓伟
经　　销　新华书店

开本　710 毫米×1000 毫米　1/16
印张　29.25　　**字数**　450 千
版本　2024 年 10 月第 1 版
印次　2024 年 10 月第 1 次印刷
印刷　北京盛通印刷股份有限公司

地址：北京市丰台区莲花池西里 7 号（100073）
网址：www.lawpress.com.cn
投稿邮箱：info@lawpress.com.cn
举报盗版邮箱：jbwq@lawpress.com.cn
销售电话：010－83938349
客服电话：010－83938350
咨询电话：010－63939796

书号：ISBN 978－7－5197－9517－7　　**定价**：110.00 元

凡购买本社图书，如有印装错误，我社负责退换。电话：010－83938349

编审委员会

主　任

孙海龙

副主任

杨光明　　喻志强　　曹　柯

委　员

赵志强　　张　力　　刘娟娟

樊雯龑　　谭　颖　　陈　聪

杨晓玲　　余　博　　贺海艳

谢　琼　　龚　箭　　曾亚妮

伟大判决是法官最好的名片

（代序）

这是一个不可辜负的伟大时代！适逢党的二十届三中全会胜利闭幕，党中央作出了进一步全面深化改革、推进中国式现代化的重要决定。构建支持全面创新体制机制，发展新质生产力，无疑是重中之重。加强知识产权法治保障，形成支持全面创新的基础制度，是不可或缺的重要方面。此前召开的第五次全国法院知识产权审判工作会议，已经为推进知识产权审判工作现代化、服务创新驱动发展战略、助力高质量发展擘画了蓝图。重庆法院坚持"知行合一"，持续做实"从政治上看、从法治上办"，深刻理解"保护知识产权就是保护创新，就是发展新质生产力"这一重要论断，系统谋划、切实加强知识产权审判工作。2024 年 6 月，重庆市高级人民法院与世界知识产权组织仲裁与调解中心签署交流与合作协议，为中国更好地参与知识产权全球治理再铺一块基石。本书精选重庆各级法院 60 件知识产权典型案例，以中英文双语形式出版，不仅是提升知识产权法官司法能力的具体举措，也是讲好中国知识产权审判故事的生动实践。

一、人民法院审判事业步入案例时代

我国是成文法国家，有着悠久的成文法历史和完备的成文法体系。早在春秋时期，郑国执政卿子产即"铸刑书于鼎、以为国之常法"。成文法传统自此形成，并源流于今。2011 年 3 月 10 日，全国人民代表大会常务委员会宣布：中国特色社会主义法律体系已经形成。如今，我国法治事业的追求已经实现了从"有法可依、有法必依、执法必严、违法必究"到"科学立法、严格执法、公正司法、全民守法"的重要转变。把"纸面上的法"变为"行动中的法"，努力让人民群众在每一个司法案件中感受到公平正义，既是人民法院的当务之急,也是审判事业的终极目标。可以说,生成合乎法治的案例已然成为当下中国法治建设的追寻和归宿。[1]

司法案例是正确理解和适用法律最直接、最生动、最鲜活的指引。习近平总书记曾用“一个案例胜过一沓文件”的生动比喻,深刻阐释了司法案例的重要功能。面对纷繁复杂的现代法律体系,不仅人民群众期待法律的通俗化解读,人民法官也需要法律适用方面的支持和指引。司法案例恰似从“法言法语”的专业化语境通向“通俗易懂”的生活化语境的一叶渡舟,也是照亮抽象法律语言模糊边界的一盏微灯。霍姆斯认为,“法律的生命从来不是逻辑,而是经验”。这些经验包括“对时代必然性的感知,流行的道德和政治理论,对公共政策的直觉,甚至法官和他的同行所共有的见解”。承载着法官同胞先见的司法案例,对于我们进一步探寻法律规范中蕴含的善与正义,是不可或缺的宝贵经验。

成文法制度并不排斥案例,相反,案例是成文法制度的重要补充。人民法院很早就开展了司法案例工作,发展至今已蔚然成风。最高人民法院自1983年起就在法院系统内部以文件形式发布案例。1985年,《最高人民法院公报》开始向社会公布各类典型案例,供各级人民法院参考借鉴。调查显示,审判实践中参考《最高人民法院公报》上的案例(以下简称《公报》案例)的法官比例高达51.4%。《公报》案例在司法实践中已经有了“事实上的拘束力”,发挥着指导司法裁判的重要作用。[2] 2010年,《最高人民法院关于案例指导工作的规定》发布实施,标志着我国案例指导制度正式确立,截至目前,最高人民法院已发布指导性案例229件。2024年,人民法院案例库正式上线并向社会开放,截至目前共收录案例4048篇。最高人民法院要求法官在审理案件时必须检索查阅人民法院案例库,参考入库同类案例作出裁判。“以案释法、援例断案”已经成为人民法院和人民法官的理念共识和行动自觉。

---

〔1〕 参见胡云腾:《从规范法治到案例法治——论法治建设的路径选择》,载《法治现代化研究》2020年第5期。

〔2〕 参见袁秀挺:《我国案例指导制度的实践运作及其评析——以〈最高人民法院公报〉中的知识产权案例为对象》,载《法商研究》2009年第2期。

二、知识产权审判尤须加强案例参考

知识产权权利客体的无形性决定了知识产权法律规范的抽象性,需要借助具象的司法案例对抽象的法律规范进行"注解"。人民法院在构建知识产权案例参考制度方面既有强烈的内在需求,又有良好的基础条件。一方面,在知识产权审判实践中,新型案件、疑难案件层出不穷,加之法律规范的抽象性、自由裁量权的宽泛性等诸多因素,共同决定了知识产权审判领域对案例参考的需求较之其他传统民商事、刑事、行政审判领域更加迫切。[1] 另一方面,基于加强知识产权司法保护的现实需要,知识产权审判领域进行了全面深入的改革创新,知识产权审判的专业化、集中化程度相对较高,为构建知识产权案例参考制度提供了有利基础条件。目前,知识产权案例参考制度已经走在中国案例参考制度的前列。

在知识产权审判领域,最高人民法院已经初步探索构建了具有中国特色的知识产权案例参考制度,包括最高人民法院发布的指导性案例、人民法院案例库案例、《公报》案例和最高人民法院案例研究院刊登或发布的典型案例、最高人民法院知识产权审判庭发布的年度知识产权典型案例等,形成了两套并行的知识产权案例参考体系。一套是以最高人民法院发布的指导性案例、人民法院案例库案例为中心的主动建构型案例体系;另一套是以《公报》案例、年度知识产权典型案例等其他案例为中心的自生自发型案例体系。主动建构型案例体系由于建立时间晚、案例数量少,目前发挥的作用还较为有限;而自生自发型案例体系因由来已久、案源广泛,反而影响更大。尤其是知识产权典型案例,它已经成为知识产权审判领域的一种制度性法律文化。经过10余年的积累和发展,知识产权审判领域已经产生了大量的、不同层级的典型案例,成为中国特色知识产权案例参考制度中的"主角"。重庆法院此次选编的60件知识产权典型案例既有纳入指导性案例的,也有收录进人民法院案例库的,同时有不少入选最高人民法院知识产权典型案例的,还有重庆法院的"地方性"知识产权典型案例。我们期待以此微举为中国特色知识产权案例参考制度建设添砖加瓦。

---

[1] 参见魏大海:《案例指导制度建构中几个需要厘清的问题——以知识产权审判为说明模式》,载《科技与法律》2010年第2期。

此外,值得注意的是,知识产权法律制度是一项国际化程度较高的制度体系。知识产权法律的国际化特征,体现了这一制度的基本原则和主要规则在全球范围的普适性。在知识产权审判实践中,我们既要立足于我国司法实践,也要放眼域外、积极参考域外优秀司法案例。在坚持国际化视野方面,既要大胆地"引进来",也要自信地"走出去"。此次我们以汉英双语形式出版发行重庆法院知识产权典型案例,就是坚定中国特色社会主义司法制度自信、法治文化自信,面向世界阐释我国知识产权审判理念规则,彰显我国加强知识产权保护的负责任大国形象,积极为打造具有中国特色和国际视野的知识产权案例话语体系贡献一份力量。

三、伟大时代期待伟大判决

司法案例是经济社会发展的"晴雨表"、社情民意的"风向标"。人民法院创造伟大判决,形成经典案例,对于促进国家治理体系和治理能力现代化具有重要意义。"努力创造符合时代精神、满足人民企盼、引领规则导向的伟大判决"应当成为每一名人民法官的光荣与梦想。

伟大判决的创造,有赖于优秀法官。优秀法官需要具备对经济、政治、文化、社会、生态发展进步的深刻洞察能力,需要具有高超的庭审驾驭能力和精湛的文书写作能力。伟大判决、优秀法官、洞察力和优秀庭审文书密不可分,优秀法官是创造伟大判决的决定性因素;创造伟大判决需要法官具有深刻的洞察力,其核心场域是庭审、实现载体是裁判文书;优秀法官就是在不断提高法律理论素养和庭审锤炼、文书历练过程中养成的,优秀文书、优秀庭审应是优秀法官的标配。[1]

知识产权审判领域充满作出伟大判决的机遇。知识产权法是一门相对新兴的部门法,相关的法律制度还存在较大的发展完善空间,甚至不乏一些未充分"开垦"的领域。知识产权法律制度因科技而生、循科技而变。在科学技术日新月异,新情况、新问题不断涌现的时代背景下,知识产权审判中挑战与机遇并存。知识产权审判如何更好地服务和保障发展新质生产力,成为人民法院必须完美解答的重大时代命题。以司法为剑,"破除一切束缚创新驱

〔1〕 参见孙海龙:《努力创作更多伟大的判决》,载《人民法院报》2023年2月9日,第5版。

动发展的观念和体制机制障碍”,是新时代知识产权法官的责任和担当。知识产权法官必须具备变革意识和前瞻思维,大胆且智慧地对旧有的司法裁判进行修补、更新,确立适应新的社会经济科技发展环境和趋势的法律规则,用一个个鲜活的判决,助力营造有利于创新创造的法治环境。伟大判决可能就“藏”于其中。

中国知识产权审判事业期待伟大判决。中国知识产权制度的成长经历了“被动移植—能动转化—主动建构”的历史过程。中国知识产权法官在“主动建构”过程中要有担当、有作为,要敢于、善于作出伟大判决,以伟大判决展现司法制度自信、法治文化自信,并通过伟大判决积极参与知识产权全球治理,推动全球知识产权治理体制向着更加公正合理的方向发展。此外,我国已是审理知识产权案件特别是专利案件最多的国家,日益成为国际知识产权诉讼优选地之一。知识产权案件资源优势为我们创造知识产权伟大判决提供了“沃土”。但是,在打造标杆案例方面,我们还有很大差距。我们“要更加关注案件办理质效,更加集中精力精审疑难复杂案件、涉及跨国公司和跨境贸易的案件,勇于瞄准国际前沿和先进规则,作出更多在国际上具有引领性的司法裁判”。

重庆法院编辑出版《重庆法院知识产权判解示例(汉英对照)》,就是秉持鼓励知识产权法官作出伟大判决的初心。我相信,只要我们学深悟透践行“坚持以我为主、人民利益至上、公正合理保护,既严格保护知识产权,又确保公共利益和激励创新兼得”的知识产权保护工作思想,在司法理论上更加好学多思、在司法技艺上更加精益求精,就一定能够不辜负这个伟大的时代,产出更多、更好的伟大判决!可以想象,在有限的法官职业生涯中能够作出一份恒久流传的伟大判决,将是一件多么令人喜悦和欣慰的事啊!

是为序。

孙海龙

重庆市高级人民法院党组成员、副院长

2024 年 8 月

Inspiring Judgments Are the Best Gifts Offered by Judges to the World

(Preface)

We are living in a truly great era that deserves the fullest of our efforts! At its just concluded Third Plenary Session, the 20th Central Committee of the Communist Party of China (CPC) adopted a resolution on further deepening reform comprehensively to advance Chinese modernization. To put this resolution into practice, it is undoubtedly of paramount importance to build a system and a mechanism that support comprehensive innovation and to develop new quality productive forces; in so doing, it is necessary to enhance the law-based protection of intellectual property and form a fundamental regime that supports comprehensive innovation. The Fifth National Conference on Adjudication of Intellectual Property Cases by Courts held earlier outlined a blueprint for advancing the modernization of adjudication of intellectual property cases in China, serving the innovation-driven development strategy, and contributing to high-quality development. In order to turn the blueprint into reality, the courts of Chongqing Municipality, guided by the principle of "unity of knowledge and action", and through effectively implementing the policy of "Taking a Political View and Handling Matters According to the Rule of Law", have been systematically planning and effectively strengthening adjudication of intellectual property cases, on the basis of an in-depth understanding of the important proposition that "protecting intellectual property rights is protecting innovation and developing new quality productive forces". In June 2024, the High People's Court of Chongqing Municipality signed an exchange and cooperation agreement with the Arbitration and Mediation Center of the World Intellectual Property Organization, laying yet another cornerstone for China's efforts to better engage in global governance of intellectual property. As part of the efforts, this book, which consists of 60 typical intellectual property cases from courts at all levels in Chongqing Municipality, will be published in a Chinese and English bilingual version, which is not only a solid measure to enhance the judicial competence of intellectual property judges, but also a convincing example the efforts to tell the story of China's adjudication of intellectual property cases.

1. Dawning of an Era in Which Cases Play a Prominent Role in Adjudication of Chinese Courts

China is a country with a long history of written law and a well-developed system of statutes. As early back as in the Spring and Autumn Period over two millennia ago, Zichan, the prime minister of the State of Zheng, "had an historic bronze caldron cast and inscribed with the state's penal statutes, to serve as the symbol of law across the state". This was held as the beginning of China's written law tradition, which has been alive and well till this day. On March 10, 2011, the Standing Committee of the National People's Congress announced that China had established a socialist legal system with Chinese characteristics. Today, the pursuit of the rule of law in our country has moved on from the stage of "having laws to rely on, abiding by laws, enforcing laws strictly, and holding violators accountable" onto a brand new stage featuring "scientific legislation, strict law enforcement, fair justice, and universal compliance". To turn "law on paper" into "law in action" and strive to ensure that the people feel fairness and justice are fulfilled in every court case are not only the urgent task of the people's courts of China, but also the ultimate goal of adjudication in our country. It is fair to say that generating cases that comply with the spirit of the rule of law has become both the road and the goal of China's march toward the rule of law.[1]

---

[1] See Hu Yunteng, From Normative Rule of Law to Case-based Rule of Law: On the Choice of Approaches to the Rule of Law, *Law and Modernization*, 2020(5).

Court cases are the most direct, vivid, and lively guidance for correctly understanding and applying the law. Xi Jinping, General Secretary of the Communist Party of China, once explained with insight the important functions of court cases with a highly inspiring metaphor, i. e., "a single case may be more efficient than a stack of documents". Faced with the complex and complicated modern legal system, not only do the people expect a more accessible interpretation of the law, but judges also need support and guidance in the application of the law. In this context, court cases are like ferry boats crossing from the specialized context of "professional legal language" to the everyday context of "readily understandable plain language", and they are also a beacon of light illuminating the vague boundaries of abstract legal language. Justice Oliver Wendell Holmes Jr. famously maintained that "the life of the law has not been logic: it has been experience", which includes "the felt necessities of the time, the prevalent moral and political theories, intuitions of public policy, avowed or unconscious, even the prejudices which judges share with their fellow-men". Cases of the judiciary, which are the crystallization of the wisdom and foresight of fellow judges, can serve as indispensable and valuable experience for us in the drive to further explore the goodness and justice contained in legal norms.

A legal system based on written law does not necessarily exclude cases; on the contrary, cases are an important supplement to such a statutory legal system. The people's courts, as the courts of law are known in the People's Republic of China, have long been engaged in work related to cases, which has become quite prosperous today. The Supreme People's Court, the highest judiciary organ of China, has been publishing cases in the form of documents within the court system since 1983. Starting from the year 1985, *The Gazette of the Supreme People's Court* has been publishing various kinds of typical cases, which are intended to serve as references for people's courts at all levels. A survey shows that 51.4% of judge have consulted cases released through *The Gazette of the Supreme People's Court* (hereinafter referred to as "Gazette Cases") in their adjudication practice. The Gazette Cases have already gained "*de facto* binding force" in adjudication practice, playing a significant role in guiding judicial decisions.[1] In 2010, *Provisions of the Supreme People's Court Concerning Case Guidance* were issued and came into force, marking the formal launch of China's case guidance system. As of now, the Supreme People's Court has issued a total of 229 guiding cases. In 2024, the People's Court Case Database was officially launched and made accessible to the public, with a total of 4, 048 cases included into the database so far. The Supreme People's Court requires judges to search in and consult the Database when hearing cases, and refer to similar cases in the Database when making judgments. Today, "interpreting the law through cases and invoking precedents in hearing cases" has become both a consensus and the conscious action of the people's courts and judges alike.

2. Reference to Precedents Is All the More Important in Hearing Intellectual Property Cases

The intangibility of the objects of intellectual property rights determines the abstractness of legal norms concerning intellectual property rights, and hence it is necessary to "clarify" abstract legal norms through concrete court cases. The people's courts have both a strong inherent demand and well-developed infrastructure in building a reference system for intellectual property cases. On the one hand, in the adjudication of intellectual property cases, new and complex cases keep emerging, and due to the abstractness of relevant legal norms, the often wide range of discretionary power, and many other factors, the need for referable precedents in hearing intellectual property cases is all the more urgent than in other traditional civil & commercial, criminal, and administrative cases;[2] On the other hand, based on the practical need to strengthen the

[1] See Yuan Xiuting, Practical Operation and Analysis of Case Guidance System in China: Taking Intellectual Property Cases in the Supreme People's Court Gazette as an Example, *Studies in Law and Business*, 2009(2).

[2] See Wei Dahai, Several Questions to Be Clarified in the Construction of the Case Guidance System: Taking Adjudication of Intellectual Property Cases as an Illustration, *Science, Technology and Law*, 2010(2).

judicial protection for intellectual property rights, the adjudication of intellectual property disputes has been witnessing comprehensive and in-depth reforms and innovations. In addition, the adjudication of intellectual property cases features a high degree of professionalization and intensity, which offers favorable essential conditions necessary for building a reference system for intellectual property cases. At present, the intellectual property case reference system has been at the forefront of China's efforts to build a case reference system.

For the adjudication of intellectual property cases, the Supreme People's Court, after proper exploration and experimentation, has set up a reference system with Chinese characteristics, including guiding cases issued by the Supreme People's Court, cases in the People's Court Case Database, typical cases published or released in *The Gazette of the Supreme People's Court* and the Supreme People's Court Case Research Institute, and annual typical intellectual property cases issued by the Civil Adjudication Tribunal No. 3 (Intellectual Property Rights Division) of the Supreme People's Court, forming two parallel reference systems for intellectual property cases: one of the two is a case system that has been developed with conscious and active efforts centered on guiding cases issued by the Supreme People's Court and cases in the People's Court Case Database; the other is a self-generated case system centered on other cases, such as the Gazette Cases and annual typical intellectual property cases. The role of the former is currently limited due to the fact that it came into existence later and includes only a relatively smaller number of cases, and the latter, given the fact that it was formed a long time ago and features cases from a wide range of sources, is actually more influential. In particular, the series known as typical intellectual property cases have become an institutionalized legal culture in the adjudication of intellectual property cases. After more than ten years of accumulation and development, a significant number of typical cases of different levels have emerged in the field, and have since become the "protagonist" on the arena of intellectual property case reference system with Chinese characteristics. The 60 typical intellectual property cases selected by courts in Chongqing court in this book cover both guiding cases and cases that have been included into the People's Court Case Database. Furthermore, many of the cases have been selected as typical intellectual property cases by the Supreme People's Court, as well as "local" typical intellectual property cases by Chongqing-based courts. We hope that, this book, insignificant it may seem, will contribute to the development of a reference system for intellectual property cases with Chinese characteristics.

In addition, it is worth noting that the legal institution for intellectual property is based on a highly internationalized institutional framework. The internationalization of intellectual property laws is a reflection of the universality of the basic principles and main doctrines of this legal institution on a global scale. In the practice of adjudication of intellectual property cases, we should not only firmly take China's adjudication practice as the basis, but also should look beyond the borders of China and actively learn from inspiring cases from courts in other jurisdictions. In terms of adopting an international perspective, we must boldly "bring in" and confidently "go out", i. e., to learn from the successes of overseas jurisdictions and share with them our achievements. As for this book, which is compiled and published in both Chinese and English, it covers the typical intellectual property cases from Chongqing courts and is an important step on the road to strengthening our confidence in the socialist judicial system with Chinese characteristics and China's cultural self-confidence in the rule of law. Therefore, this book, it is hoped, will help explain China's approach to and rules of adjudication of intellectual property cases, highlight China's image as a responsible and major country in strengthening intellectual property protection, and actively contribute to building a discourse system of intellectual property cases with Chinese characteristics and an international perspective.

3. A Great Era Calls for Great Judgments

Court cases are a barometer, so to speak, of economic and social development and public opinions. The generation of great judgments and the formation of classic cases by the people's courts are of great significance for promoting the modernization of the national governance system and governance capacity. "Strive to create landmark judgments that conform to the spirit of the times, meet the expectations of the people, and steer the orientation of rules" should become the glory and dream of every judge in the people's courts of China.

The creation of momentous judgments relies on outstanding judges, who need to possess profound insights into economic, political, cultural, social, and ecological development and progress, as well as sophisticated expertise in managing court hearings and writing relevant documents. Great judgments, outstanding judges, insights, and excellent court documents are inseparable from each other: outstanding judges are the decisive factor in creating great judgments; Creating great judgments, in turn, requires judges to arm themselves with sharp insights; while court hearings are where great judgments are created and judgment documents are the physical carriers of great judgments; outstanding judges are trained through continuous improvement of legal theoretical literacy, refinement through court hearing, and writing documents. Excellent document-writing skills and solid performance in court hearing should be the standard qualities of outstanding judges.[1]

The adjudication of intellectual property cases is full of opportunities for great judgments to be created. Intellectual property law is a relatively new member of the family of departmental laws, and there is still a lot of room for development and improvement in related legal institutions of intellectual property law, and there are even some aspects that have not been fully developed. The legal institution of intellectual property rights has been brought into existence by science and technology and has been developing in tandem with scientific and technological progresses. In the context of the rapid development of science and technology and the emergence of new situations and issues, challenges and opportunities coexist in adjudication of intellectual property cases. How to more effectively serve and safeguard the development of new quality productive forces in the adjudication of intellectual property cases has become a major issue that the people's courts must perfectly answer in this era we are in. It is the responsibility

[1] See Sun Hailong, Strive to Generate More Landmark Judgments, 5th edition, February 9, 2023, *People's Court Daily*.

and commitment of intellectual property judges in the new era to use the judiciary as a sword and "break down all conceptual and institutional barriers that constrain innovation-driven development". Intellectual property judges must possess a sense of change and foresight, boldly and wisely repair and update existing judicial rulings, establish legal rules that cater to the new social, economic, and technological development environment and trends, and use inspiring and insightful judgments to help create a legal environment conducive to innovation and creativity. And this process may exactly be the place where great judgement may be "hidden".

The adjudication of intellectual property cases in China calls for great and inspiring judgments. The growth of China's intellectual property system has been going through a historical process consisting of the stages of "passive transplantation, pro-active transformation, and active construction". Chinese intellectual property judges must shoulder the responsibility of and make achievements in "active construction", be both daring and skillful in making great judgments, and in so doing, demonstrate self-confidence in the judicial system of China and cultural self-confidence in the rule of law in China, and actively engage in global intellectual property governance, promote the development of the global intellectual property governance system, making them more just and reasonable.

In addition, China has become the country with the highest number of intellectual property cases, especially patent cases, and is increasingly becoming one of the preferred destinations for international intellectual property litigation. The advantage offered by this in terms of intellectual property case resources provides China with a fertile ground for creating great intellectual property judgments. However, China is still lagging behind in creating benchmark cases. Therefore, we need to pay more attention to the quality and efficiency of case hearing, concentrate more on scrutinizing difficult and complex cases, cases involving multinational corporations and cross-border trade, aim at international frontiers in adjudication of intellectual property cases and advanced rules in the field, so as to make more judicial judgments that can play a more important guiding role internationally.

In this sense, this book, *Interpreting Typical Intellectual Property Cases Heard by Courts in the Chongqing Municipality of the People's Republic of China*, compiled and published by the courts based in the Chongqing Municipality, is an vivid example of encouraging intellectual property judges to adhere to their original aspiration, i. e., make great judgments that suite the great era we live in. I believe that as long as we diligently learn, thoroughly understand, and effectively practice the intellectual property protection doctrine that "we should adhere to the principle of giving prominence to China, putting the people's interests first, and ensuring fair and reasonable protection, strictly protect intellectual property rights on the one hand and concurrently ensure public interests and offer proper incentives for innovation on the other hand", make greater in-depth efforts to study judicial theories, and strive to acquire more refined judicial skills and capabilities, we will surely live up to this great era and produce more and better landmark judgments! It can be imagined that making even one single great and lasting judgment during one's career as a judge will be such a delighting and gratifying achievement indeed!

Let the words above be the prefacc to a seminal book.

Sun Hailong

Member of the Leading Party Member Group and Vice President
of the High People's Court of Chongqing Municipality
August, 2024

目　录

第一编　著作权案件

第二编 专利以及其他技术案件

第三编 商标权案件

第四编 反不正当竞争与垄断案件

第五编　其他知识产权案件

Contents

Part Ⅰ Copyright Cases

Part II Patent and Other Technical Cases

Part III Trademark Infringement Cases

Part IV Anti Unfair Competition and Monopoly Cases

Part V Other Intellectual Property Rights Cases

第一编 著作权案件

01 高某某与重庆市南岸区某小学著作权侵权纠纷案

裁判文书二维码

关键词

侵害著作权　职务作品　损害赔偿

裁判要旨

1. 在无法律规定或合同约定的情况下，作者仅利用所在单位简单物质技术条件创作，且所在单位不承担著作权法律责任的职务作品，其著作权由作者享有，所在单位有权在其业务范围内优先使用。

2. 根据作品著作权与载体所有权相区分原则，一般情况下，所有权人处分载体之行为不侵害著作权。但是，所有权人明知或应知其持有作品的唯一载体，仍擅自处分载体的行为将导致著作权人无法行使权利，属于侵害著作权的行为。

案　号

一审：重庆市第一中级人民法院(2005)渝一中民初字第603号民事判决(2005年12月9日)

二审：重庆市高级人民法院(2006)渝高法民终字第40号民事裁定(2006年2月27日)

基本案情

原告高某某诉称：其系被告重庆市南岸区某小学(以下简称南岸区某小学)语文教师，于1990年至2002年按照管理规定先后向被告上交教案48本，原告多次向被告主张返还未果。原告认为,教案是原告独立完成的智力成果,凝结创作者的心血和智慧,其形式、内容均符合《中华人民共和国著作权法》对作品的要求,原告理应享有著作权;被告未经原告许可擅自处分教案原稿,严重侵犯了原告的合法权益,故请求判令:1. 确认被告私自处分原告教案原稿的行为侵犯了原告的著作权;2. 被告赔偿原告经济损失 6000 元;3. 本案的诉讼费用由被告承担。

被告南岸区某小学辩称:教案的所有权归被告所有,因此其对教案的处分不构成著作权侵权;被告对教案检查完毕后已通知原告取回,但原告一直未取回,现已不知去向;被告已尽到了通知义务,其主观上并无过错,客观上也无约定或法定之保管义务。综上,原告的诉讼请求不能成立。

法院经审理查明:高某某系南岸区某小学语文教师,于 1990 年至 2002 年独立完成且按照管理规定先后向南岸区某小学上交教案 48 本。在高某某明确要求退还全部上交教案后,南岸区某小学仅退还 4 本,剩余 44 本已经通过销毁或变卖方式处理。因南岸区某小学就通知高某某取回教案的待证事实未举示充分证据,人民法院对此不予确认。2002 年 5 月,高某某向重庆市南岸区人民法院另案起诉,主张南岸区某小学返还原物或赔偿损失。重庆市南岸区人民法院以高某某对 44 本教案不享有所有权为由判决驳回诉讼请求。高某某提起上诉,重庆市第一中级人民法院经审理后维持原判。2004 年 11 月,重庆市人民检察院提起抗诉,重庆市第一中级人民法院决定再审,并于 2005 年 5 月再审维持原审判决。2005 年 9 月 7 日,高某某提起本案诉讼。

裁判结果

重庆市第一中级人民法院作出一审判决:1. 南岸区某小学私自处分高某某教案原稿的行为侵犯了高某某的著作权;2. 南岸区某小学赔偿高某某经济损失 5000 元。南岸区某小学提起上诉,但收到预交费通知后未预交上诉费。重庆市高级人民法院作出二审裁定:本案按自动撤回上诉处理。

裁判理由

法院生效裁判认为,首先,关于涉案 48 本教案是否构成作品的问题。高某某仅举示了 4 本其独立创作的教案,对于另外 44 本教案,本应当由高某某举证证明独创性,但因南岸区某小学销毁、变卖处理导致高某某客观无法举证。结合已举示 4 本教案具有独创性的事实,高某某关于另外 44 本教案属于著作权法所保护作品的主张符合高度盖然性,依法予以确认。其次,关于涉案作品著作权归属的问题。涉案作品是高某某为完成南岸区某小学的教学工作任务而编写,应当属于职务作品。但是,涉案教案不属于法定或约定由法人或其他组织享有著作权的职务作品;虽然高某某创作涉案作品利用了南岸区某小学一定的物质技术条件,如使用空白教案本等,但并不是主要利用了南岸区某小学的物质技术条件;涉案教案并非由南岸区某小学对外承担著作权法律责任。因此,涉案教案著作权应由高某某享有,南岸区某小学有权在其业务范围内优先使用。最后,关于侵权成立与否的问题。一般情况下,所有权人对作品载体的处分只会导致载体本身灭失,并不会导致作品随之灭失,因而不会侵犯作品的著作权。但是,在知道或者应当知道涉案教案是权利人作品唯一载体的情况下,南岸区某小学对作品唯一载体的处分不仅会导致作品载体本身灭失,而且会导致作品也随之灭失,导致高某某无法对涉案作品行使著作权,进而侵犯了高某某的著作权。

编写人:杨光明

02 刘某与舒某、重某出版集团等著作权侵权纠纷案[1]

裁判文书二维码

关键词

著作权侵权　合作协议　著作财产权

裁判要旨

原告虽未参与作品的创作过程，但依据原告与被告的合作协议，原告依法享有作品的著作财产权，被告未与原告协商一致，自行与重某出版集团、重某出版社签订图书出版合同，侵犯了刘某作为著作权人的权利，应承担赔偿刘某经济损失的法律责任。

案　号

一审：重庆市第五中级人民法院(2007)渝五中民初字第 413 号民事判决(2008 年 7 月 4 日)

二审：重庆市高级人民法院(2008)渝高法民终字第 191 号民事判决(2008 年 10 月 30 日)

基本案情

原告(反诉被告)刘某起诉称：2005 年年初，其曾提出创作表现中国远征军的小说。同年 7 月 30 日，其与舒某、罗某某、周某某签订了《中国远征军》小说的《合作协议书》，约定四人依据一定比例，共同享有小说著作权。2006

〔1〕 本案入选 2008 年中国法院 50 件典型知识产权案例。

年7月26日，各方签订《补充协议》，对原《合作协议书》的利益分配原则进行了修改，之后刘某按照协议约定参与了创作，为该小说的创作进行了大量的策划、组织和协调工作，还提供了小说名称、主人公名字及一些修改意见，是该小说的作者。2006年4月，因其与罗某某、舒某等修改意见不一致，罗某某、舒某、周某某不再与其联系。在该小说创作完成后，被告舒某、周某某、罗某某未经其许可，于2007年3月28日由舒某代表罗某某、舒某就《中国远征军》小说的出版与重某出版社签订《图书出版合同》，授权重某出版集团和重某出版社对该书进行了出版发行。五被告的行为侵犯了其作为作者及根据协议所享有的著作权。遂请求法院：1. 判令五被告立即停止侵害，消除影响，《中国远征军》小说不能再版；2. 恢复原告的著作权合法权益；3. 判令五被告赔偿原告经济损失及精神损害费10万元；4. 判令五被告承担工商查询费100元及购买侵权图书费用120元；5. 判令五被告承担本案全部诉讼费用。

反诉原告舒某、罗某某(本诉被告)诉称：刘某在2005年年初提出创作《中国远征军》，后得到周某某的支持。2005年7月，二人与刘某、周某某共同约定由其二人负责文字作品《中国远征军》的创作。经过一年多的艰苦创作，二人几易其稿，在2006年8月完成了文字作品《中国远征军》的创作。该作品是由其二人独立创作完成，该作品的作者只有其二人，没有第三个人。刘某未直接参与该作品创作，不应视为该作品的作者，自然不应享有该作品的署名权等著作权。请求：1. 确认罗某某、舒某是文字作品《中国远征军》的作者，并由罗某某、舒某拥有对文字作品《中国远征军》排他的全部著作权；2. 判令刘某承担本案全部诉讼费用。

法院经审理查明：2005年7月30日，刘某、周某某、舒某作为甲方与乙方罗某某签订《合作协议书》，约定合作编写《中国远征军》小说。2005年10月17日，在小说尚未全部创作完成的情况下，周某某、罗某某、舒某委托刘某代理《中国远征军》著作权登记事宜。刘某在登记中写明了著作权四人的情况及证明材料，并说明“署名：罗某某、舒某”。重庆市版权局于2005年10月20日颁发了著作权登记证书。2006年7月26日，刘某、周某某代表甲方与罗某某作为乙方签订《补充协议》，对著作权分配比例进行了调整。《合作协议书》签订之后至2006年4月，协议各方均按协议履行，由罗某某、舒某执笔创作文字作品《中国远征军》，于2006年4月4日完成初稿，随后因各方修改意见不一致产生分歧，罗某某不再与刘某联系，由罗某某与舒某执笔将小说完成。

2007 年 4 月,《中国远征军》由重某出版集团出版,小说封面注明罗某某、舒某著,有一版本版权页载明“策划:周某某”。

裁判结果

重庆市第五中级人民法院作出一审判决:1. 舒某、罗某某赔偿刘某经济损失 22 440 元及资金占用损失;2. 舒某、罗某某赔偿刘某购买涉案图书的费用 120 元;3. 驳回刘某的其他诉讼请求;4. 罗某、舒某是《中国远征军》小说的作者;5. 驳回罗某、舒某的其他反诉请求。舒某、罗某某提起上诉。重庆市高级人民法院作出二审判决:驳回上诉,维持原判。

裁判理由

法院生效裁判认为,涉案《合作协议书》《补充协议》约定作品不属于受委托创作的作品,但是各方当事人已对涉案作品的著作权属进行了约定,只是上述协议在履行了大部分内容的情况下,因各方对小说的修改意见不一致产生分歧,而由舒某、罗某某自行完成《中国远征军》小说后联系重某出版集团、重某出版社进行了出版。结合协议实际履行情况等可以证明刘某通过涉案《合作协议书》《补充协议》取得了《中国远征军》小说的著作权,因现有证据尚不足以证明刘某参与了该小说的创作,故刘某只能根据上述协议拥有《中国远征军》著作权中的财产权利,而该小说著作权中 4 种人身权利应由舒某、罗某某享有。舒某、罗某某在未与刘某协商的情况下,自行与重某出版集团、重某出版社签订图书出版合同,将小说《中国远征军》在全国范围内进行出版发行的行为是违反法律规定的,侵犯了刘某作为著作权人之一所享有的共同决定涉案作品如何使用的权利和获得报酬的权利,依法应承担赔偿刘某经济损失的法律责任。

编写人:周　敏

03 乔某某与重庆华某网新闻传媒有限公司侵害著作权纠纷案[1]

裁判文书二维码

关键词

著作权侵权　新闻图片　作品独创性

裁判要旨

判断一则消息是否属于时事新闻，是否为著作权法所调整，应具体考察其是否具有独创性，是否体现了作者的创造性劳动。新闻中的图片若体现了作者的创造性劳动，则构成著作权法所保护的作品。

案　号

一审：重庆市第一中级人民法院(2013)渝一中法民初字第 00579 号民事判决(2013 年 8 月 5 日)

二审：重庆市高级人民法院(2013)渝高法民终字第 00261 号民事判决(2013 年 11 月 29 日)

基本案情

原告乔某某诉称：2012 年 2 月 3 日，原告发现被告在其经营的华某网上使用了原告的摄影作品 96 幅，共使用 101 次，其中部分作品未署名。上述作品系由原告创作完成并享有完整的著作权，被告使用上述作品，应事先取得原告许可、为原告署名并向原告支付相应的报酬，而被告未履行前述义务擅

[1] 本案入选 2014 年中国法院 50 件典型知识产权案例。

自使用的行为,侵犯了原告对前述作品享有的署名权、信息网络传播权、获得报酬权,因此,请求法院判令被告:1. 立即停止侵权,在华某网上(不少于30日)公开登载致歉声明,向原告赔礼道歉;2. 立即向原告支付摄影作品侵权使用赔偿金181 800元;3. 立即向原告支付因本案支付的合理开支11 540元;4. 承担本案全部诉讼费用。

被告华某网答辩称:第一,在涉案图片中,内容为红鹰飞行表演队队徽的图片,是单纯的复制,不属于著作权法保护的作品;第二,被告的全文转载行为属于为报道时事新闻而合理使用原告的作品,不属于侵权行为;第三,即便构成侵权,原告要求的赔偿金额及合理开支的数额过高;第四,涉案所有图片已经全部从华某网上删除。

裁判结果

重庆市第一中级人民法院作出一审判决:1. 华某网立即删除涉案网站上的涉案摄影作品;2. 华某网赔偿乔某某经济损失34 940元;3. 驳回乔某某的其他诉讼请求。乔某某提起上诉。重庆市高级人民法院作出二审判决:1. 维持一审判决第1项、第3项;2. 撤销一审判决第2项;3. 华某网赔偿乔某某经济损失42 200元。

裁判理由

法院生效裁判认为,本案的关键是正确理解时事新闻的含义,时事新闻是指通过报纸、期刊、广播电台、电视台等媒体报道的单纯事实消息。由此可见,时事新闻仅指特地为媒体报道而采写的单纯事实消息,因为仅是对时间、地点、人物、起因、经过、结果等新闻要素的简单排列组合,不涉及思想的表达方式,具有表达上的唯一性,属于公有领域的客观事实,不具有独创性,因此被排除在著作权法保护范围之外。判断一则消息是否属于时事新闻,是否为著作权法所调整,应具体考察其是否具有独创性,是否体现了作者的创造性劳动。判断图片新闻是否为单纯事实消息并不以其所配发的文字是否为单纯事实消息为标准,而应单独审查其独创性,因为一张图片的独创性并不会因其所配文字的变化而发生任何实质性改变。具体到本案,本案所涉的18篇文章中,4篇文章为客观事实的叙述,属于单纯的事实消息,而该4篇文章所配的37幅图片均是乔某某借助数码相机、利用光线条件等记录的客观景象创作而成,取图的画面、取图的角度、画面的亮度、局部的光彩等都凝聚了其创造性的劳动,属于具有独创性的作品。华某网的行为已经侵犯了乔某某所享有的著作权,应当承担停止侵权及赔偿损失的民事责任。

编写人:周 敏

04 重庆世某科技有限公司与重庆索某科技有限公司等侵害著作权纠纷案[1]

裁判文书二维码

关键词

侵害著作权　计算机软件　相同功能　实质性相似

裁判要旨

对于两款实现相同功能的应用软件,其运行界面基本差别不大,且属于思想层面的软件架构通常也差别不大,故在判断两者是否构成实质性相似时,应比对两软件的程序代码,具体比对方法为"抽象—过滤—比较"三步判定法。

案　号

一审:重庆市渝北区人民法院(2014)渝北法民初字第05772号民事判决(2015年7月21日)

二审:重庆市第一中级人民法院(2015)渝一中法民终字第04837号民事判决(2015年11月30日)

基本案情

原告重庆世某科技有限公司(以下简称世某公司)诉称:原告世某公司是"世某住房公共维修基金管理系统V2.0"软件(以下简称世某软件)的著作权人。被告吕某某曾是世某公司员工,从事技术开发工作,后离职设立了被告

[1] 本案入选2015年中国法院50件典型知识产权案例。

重庆索某科技有限公司(以下简称索某公司),也从事计算机软件开发与销售。世某公司发现,索某公司开发并销售的"索某 SORDINE 物业专项维修资金综合业务系统"软件(以下简称索某软件)与世某软件在软件界面、功能代码、开发文档、错别字等方面大量相同。请求判令:1. 两被告停止侵害原告世某软件的著作权,即停止生产、销售索某软件,销毁库存复制品,将已销售的软件从其用户电脑中卸载;2. 两被告赔偿原告经济损失和为制止侵权的合理开支 50 万元;3. 两被告在《重庆晚报》向原告公开赔礼道歉、消除影响,并向购买侵权产品的单位出具侵权情况的书面说明。

被告索某公司辩称:第一,两个软件的相似之处是因为两个软件均包含相同的公有领域表达;第二,索某软件于 2010 年 7 月 8 日开发完成,2010 年 8 月 1 日首次发表,2011 年 9 月 26 日进行著作权登记,早于世某软件的形成时间。

法院经审理查明:2007 年 1 月 23 日,吕某某到世某公司从事技术开发工作,并于 2009 年 1 月 10 日离职。2009 年 6 月 12 日,索某公司成立。2014 年 11 月 12 日,世某公司申请对其开发的世某软件和索某公司的索某软件进行司法鉴定。鉴定结果显示,其一,双方源代码中的相同或相似的部分实现了实质功能和主要功能;其二,世某公司的源代码形成于 2008 年和 2009 年,而索某公司的源代码形成于 2011 年。

裁判结果

重庆市渝北区人民法院作出一审判决:1. 索某公司立即停止生产、销售索某软件;2. 索某公司赔偿世某公司经济损失及合理开支共计 15 万元;3. 驳回世某公司的其他诉讼请求。索某公司提起上诉。重庆市第一中级人民法院作出二审判决:驳回上诉,维持原判。

裁判理由

法院生效裁判认为,对比世某软件和索某软件,除去不实现任何软件功能的注释行,世某软件代码有 184555 行,索某软件代码有 92061 行,其中,索某软件代码有 54956 行与世某软件完全相同,9770 行与世某软件部分相同;索某软件与世某软件代码完全相同行数占索某实现软件功能代码总行数的

59.70%,部分相同的占10.61%,共计70.31%,且上述相同或相似的源代码均是实现软件实质功能和主要功能的源代码。另外,索某软件与世某软件按钮图案MD5值相同,即按钮图案相同,名称为"增加"的按钮图案均存在"HT"字样,世某软件和索某软件关于"交"和"缴"混用情况相同,世某软件中"换购住房"界面与索某软件中"房屋换购"界面均出现如下"交"和"缴"混用情况:缴存标准、应交金额、差额补缴、缴款银行、缴款日期;世某软件中"缴款登记"界面与索某软件中"交款业务"界面均出现如下"交"和"缴"混用情况:缴款方式、交款日期、交款金额。综上,索某软件与世某软件的源程序代码构成相似,非通用按钮、错别字情况均相同,故索某软件与世某软件构成实质性相似。且索某软件形成时间晚于世某软件,在索某公司、吕某某未对上述相同或近似作出合理解释的前提下,法院在索某公司电脑中找到一个文件名为"文件重命名修改.xls"的文件,该文件中既显示有被告源代码文件名,又显示有原告源程序文件名。综上,索某软件形成时间晚于世某软件,索某软件源代码与世某软件源代码高度相似,且相似部分不属于通用代码,具有独创性,在索某公司、吕某某未对上述相同或近似作出合理解释的前提下,结合吕某某曾是世某公司员工,负责软件开发工作,有机会接触世某软件的事实,认定索某软件抄袭了世某软件的部分源代码,侵害了世某公司的著作权。

编写人:余　博

05 同某股份有限公司与重某设计院侵害著作权纠纷案[1]

裁判文书二维码

关键词

侵害著作权　设计图　实质相同

裁判要旨

在建设工程设计活动中，如果原设计单位向建设单位提交了设计图且没有证据证明其违约的情况下，建设单位另行与后设计单位签订工程设计合同，并将原设计图提供给后设计单位，后设计单位完成的设计图与原设计图实质相同的，不能视为建设单位在约定工程项目范围内对图纸作品的合法使用，其行为侵犯了原设计单位的著作权。

案　号

一审：重庆市第五中级人民法院（2017）渝五中法民初字第1528号民事判决(2018年1月31日)

二审：重庆市高级人民法院（2018）渝民终234号民事判决（2018年8月31日）

基本案情

原告同某股份有限公司（以下简称同某公司）诉称：2016年6月，原告与重庆市石柱土家族自治县住房和城乡建设委员会（以下简称石柱建委）签订

[1] 本案入选2018年中国法院50件典型知识产权案例。

《县城夜景灯饰建设项目设计合同》。该合同签订后,原告依约履行完成了石柱县县城夜景灯饰建设项目设计方案,并按照合同约定提交给发包人石柱建委。提交后,发包人于2017年4月11日将原告享有著作权的设计作品在石柱县公共资源交易中心网站进行招标公示。2017年8月4日,原告发现涉案作品被公示在公共资源交易网站,但署名已经变更为被告重某设计院。经比对,被告擅自将涉案作品作为其自身设计的作品并参与了石柱县县城夜景灯饰建设项目的施工招投标项目,侵犯了原告作为著作权人的署名权、修改权、复制权、信息网络传播权、获取报酬的权利等相关权利,应当依据著作权法的规定向原告承担停止使用、赔偿损失、赔礼道歉等责任。

法院经审理查明:2016年,同某公司(乙方)与石柱建委(甲方)签订了《县城夜景灯饰建设项目设计合同》,约定甲方确定乙方为设计单位,委托乙方承担项目设计任务。2017年4月19日,石柱建委向裕某公司出具《委托支付函》,明确项目业主单位为裕某公司,委托其与同某公司进行设计任务的往来并支付相关费用。2017年7月23日,石柱建委向同某公司发出《解除合同通知书》,解除了双方的设计合同。2017年8月3日,重某设计院与裕某公司签订了《建设工程设计合同(一)》,其中载明发包人委托设计人承担项目的工程设计。经比对,原告同某公司享有著作权的设计方案与被告重某设计院的涉案方案除施工图电气设计说明部分有一定差异外,其余设计图示均一致。

裁判结果

重庆市第五中级人民法院作出一审判决:1. 重某设计院立即停止使用涉案作品"石柱县县城夜景灯饰建设项目设计方案";2. 重某设计院赔偿同某公司经济损失及合理开支共计43.7万元;3. 驳回同某公司的其他诉讼请求。重某设计院提起上诉。重庆市高级人民法院作出二审判决:驳回上诉,维持原判。

裁判理由

法院生效裁判认为,首先,以合同约定著作权归属时,相关约定应当明确、具体,否则著作权应属于受托人。本案中涉案合同并未对设计作品的著作权明确约定;同时,从合同的主要内容及履行情况来看,即使合同明确约定设计成果的著作权归委托人所有,但在委托人未履行给付义务时,著作权仍应由受托人享有,故涉案图纸的著作权应归同某公司。其次,根据《最高人民法院关于审理著作权民事纠纷案件适用法律若干问题的解释》第 12 条的规定,基于委托创作合同的性质和建设工程设计合同的目的,石柱建委作为委托人可以在合同约定的工程项目上使用同某公司设计,如利用设计图进行施工、竣工验收,根据工程项目的变化对原有的设计图进行必要的修改等。本案中,石柱建委认为同某公司的设计不符合合同约定才解除合同,并与重某设计院签订新的设计合同,由重某设计院另行负责施工图设计。在此情形下,重某设计院理应独立进行创作、设计,但其设计图却与同某公司的设计图构成实质性相似。如果将重某设计院的行为视为石柱建委在工程项目范围内的使用行为,则对同某公司不公,故法院认定重某设计院侵害了同某公司对涉案作品的著作权。

编写人:喻志强

06 某图像公司与某文化公司侵害作品信息网络传播权纠纷案

裁判文书二维码

关键词

侵害著作权　著作权权属　署名　证明责任

裁判要旨

在图片著作权权属有争议的情况下,不能仅凭水印或权利声明认定作品著作权权属,主张著作权的当事人应进一步举证证明,否则应当承担不利的法律后果。权利声明属于单方陈述,在缺乏其他证据印证的情况下,仅以权利声明不能确定著作权归属。在水印、权利声明等表面证据存在形式冲突的情况下,可直接否定该类证据的效力。

案　号

一审:重庆市第四中级人民法院(2018)渝04民初440号民事判决(2018年9月28日)

基本案情

原告某图像技术公司(以下简称某图像公司)诉称:其经 Getty Images 公司的授权,取得了案涉图片的著作财产权。被告重庆某文化传播有限公司(以下简称某文化公司)未经原告许可,在微信上使用该图片,侵害了原告的作品信息网络传播权,应当承担侵权损害赔偿责任。

被告某文化公司辩称:原告并未获得涉案图片的著作财产权,应当驳回原告的起诉。理由有三:1. 虽然 Getty Images 公司对原告进行了授权,但涉案图片并不在授权范围之列;2. 原告提供的涉案图片网页打印件中"基本信息"一栏载明版权所有为"视觉中国",图片水印上也有"视觉中国"的标识字样,但视觉中国是一家独立法人机构,虽为原告的母公司,但两者是独立的民事主体,原告无权提起诉讼;3. 原告称涉案图片的著作权归属于 Getty Images 公司,其通过授权获得了涉案图片的著作财产权,但其提供的图片网页打印件中"基本信息"载明版权所有为"视觉中国",与其主张自相矛盾。

裁判结果

重庆市第四中级人民法院作出一审裁定:驳回某图像公司的起诉。

裁判理由

法院生效裁判认为,Getty Images 公司出具的《授权确认书》声明,Getty Images 公司对《授权确认书》附件 A 中所列出之品牌相关的所有图像享有版权,授权某图像公司在中华人民共和国境内展示、销售和许可他人使用附件 A 中所列出之品牌相关的所有图像,并有权以某图像公司自己的名义提起诉讼。但原告提供的涉案图片打印件右下角有"视觉中国""Getty Images"的水印标识,打印件"基本信息"一栏载明"版权所有:1995 ~ 2018@ 视觉中国"。且原告确认涉案图片对应的品牌为"Getty North American",但在 Getty Images 公司出具的《授权确认书》附件 A 中所列出之品牌中并不包含"Getty North American"品牌。换言之,无论 Getty Images 公司是否拥有涉案图片的著作权,原告均没有证据证明其通过授权获得了涉案图片的著作财产权。因原告某图像公司提供的证据不足以证明其获得了涉案图片的著作财产权,并非与本案有直接利害关系的公民、法人和其他组织,不符合法律规定的起诉条件,故裁定驳回其起诉。

编写人:孙海龙

07 重庆某科技有限责任公司与上海某软件技术有限公司著作权侵权纠纷案[1]

裁判文书二维码

关键词

著作权侵权　计算机软件宣传手册　操作手册　独创性表达

裁判要旨

独创性是作品的必要要件,独创性表达除了体现创作者的个性,还要达到与公有领域表达相区分的程度,如果该表达与公有领域的表达存在一般公众能够识别的差异,则应认定该表达具有独创性并构成著作权法保护的作品,反之则否。

案　号

一审:重庆市渝中区人民法院(2020)渝 0103 民初 13844 号民事判决(2020 年 10 月 14 日)

基本案情

重庆某科技有限责任公司(以下简称重庆某公司)主要从事尺寸链计算及公差分析软件的研发和销售。其研发的"尺寸链计算及公差分析软件"产品从开发完成至今,已经广泛应用于国内众多大型军工、汽车、通信、航空航天、装备制造等企业,在行业内享有极高的声誉和知名度。2015 年 7 月,重庆

[1] 本案入选重庆法院民营经济司法保护典型案例(第九批)。

某公司印制 4000 册《尺寸链计算及公差分析软件宣传册》(以下简称宣传册),2018 年 1 月 29 日,宣传册取得版权登记。上海某软件技术有限公司(以下简称上海某公司)为介绍其研发的尺寸链仿真计算软件,在宣传该软件的 QQ 群上传了一份 PDF 文件,使用了与宣传册中相同的尺寸链图。上海某公司还在其网站发布文章,文字内容与宣传册中部分文字内容完全相同。重庆某公司认为上海某公司上传的 PDF 文件及发布的文章侵犯了其著作权,请求判令上海某公司停止侵权并赔偿损失。

裁判结果

重庆市渝中区人民法院作出判决:1. 上海某公司立即停止侵犯重庆某公司著作权的行为;2. 上海某公司赔偿重庆某公司经济损失及合理费用共计 31 100 元;3. 驳回重庆某公司的其他诉讼请求。宣判后,双方当事人均未提起上诉。

裁判理由

法院生效裁判认为,重庆某公司宣传册中的文字着重体现了用户使用软件后的实际应用效果,尺寸链图是根据客户提供的部件结构图绘制,非该行业公有领域通用图形,二者均具有独创性,系计算机软件以文字和图表形式呈现的智力成果,属于著作权法保护的作品。上海某公司作为同行,在宣传、介绍本企业同类型软件的文档中使用了与宣传册相同的文字、尺寸链图,抄袭了重庆某公司的软件相关智力成果,侵犯了重庆某公司的著作权,应当承担侵权责任。

编写人:谢　琼

08 上海某某电影制片厂有限公司与重庆某某信息科技有限公司等著作权侵权纠纷案[1]

裁判文书二维码

关键词

著作权侵权　保护作品完整权　复制权　信息网络传播权

裁判要旨

刻意使用粗俗、消极、晦暗的不文明用语改变原著对话内容，丑化原著作品人物形象，既侵犯著作权人的修改权、复制权、保护作品完整权、信息网络传播权等相关著作权利，也与全社会倡导的社会主义文明价值观相冲突，应当承担赔礼道歉、消除影响以及赔偿损失的责任，其侵权情节应当作为确定赔偿数额的重要考虑因素。

案　号

一审：重庆市第五中级人民法院（2019）渝05民初3828号民事判决（2020年7月31日）

基本案情

上海某某电影制片厂有限公司享有动画片《葫芦兄弟》《葫芦小金刚》电

〔1〕 本案入选人民法院电影知识产权典型案例。

影作品著作权,以及“葫芦娃”“葫芦小金刚”角色造型美术作品著作权。重庆某某信息科技有限公司(以下简称重庆某某科技公司,法定代表人为黄某、邓某)等以动画片中七个葫芦娃和葫芦小金刚等人物故事片段为基础,将原著作品人物音频数据承载的普通话替换为川渝方言,更改原著作品人物对话内容,制作形成多个《葫芦娃方言版》短视频,上传至网站及公众号发布传播。上海某某电影制片厂有限公司以重庆某某科技公司等实施的上述行为构成著作权侵权为由,诉至法院。

裁判结果

重庆市第五中级人民法院作出一审判决:1. 重庆某某科技公司、黄某、邓某立即停止侵权行为,删除上传发布于爱奇艺、今日头条、新浪微博、微博视频、腾讯视频、YOUKU 视频等网站及微信公众号上的侵权视频短片;2. 重庆某某科技公司、黄某、邓某共同在《重庆日报》上刊登声明(内容须经法院审查),消除影响;3. 重庆某某科技公司、黄某、邓某共同赔偿上海某某电影制片厂有限公司经济损失及因制止侵权所支付的合理费用共计 10 万元;4. 驳回上海某某电影制片厂有限公司的其他诉讼请求。宣判后,双方当事人均未提起上诉。

裁判理由

法院生效裁判认为,重庆某某科技公司等共同制作涉案视频短片,刻意夸大使用方言中粗俗、消极、晦暗的不文明用语,更改原著作品人物对话内容,丑化原著作品人物形象,并将涉案视频短片上传到网络平台广为传播,与社会主义核心价值观相冲突,损害了著作权人的合法权益,构成著作权侵权。判决重庆某某科技公司等立即停止侵权行为,共同刊登声明消除影响,共同赔偿经济损失。

编写人:黄　键

09 深圳市某某计算机系统有限公司等与北京某某科技有限公司等诉前停止侵犯著作权纠纷案[1]

裁判文书二维码

关键词

诉前停止侵犯著作权　通知删除规则　必要措施

裁判要旨

网络服务提供者对于网络用户利用其平台实施的侵权行为有义务采取的“必要措施”并不仅限于删除、屏蔽、断开链接。当过滤、拦截等新技术出现且成本可控时,基于维持权利人与网络服务提供者之间的动态利益平衡之需要,可以将过滤、拦截等新技术纳入必要措施的范畴。

案　号

诉前行为保全裁定:重庆市第一中级人民法院(2021)渝01行保1号民事裁定(2021年6月4日)

复议裁定:重庆市第一中级人民法院(2021)渝01行保1号之一民事裁定(2021年8月24日)

---

〔1〕 本案入选2021年中国法院50件典型知识产权案例、重庆法院2021年知识产权司法保护十大典型案例、重庆法院网络空间司法保障典型案例(第三批)。

基本案情

申请人某某科技(北京)有限公司(以下简称某科技公司)、重庆某某信息技术有限公司(以下简称某信息公司)、深圳市某某计算机系统有限公司(以下简称某计算机公司)诉称:申请人对动漫作品《某某大陆》享有独占的信息网络传播权。北京某某科技有限公司(以下简称北京某公司)运营的某音App上有大量侵权视频。请求法院判令:北京某公司立即删除"忆某某"等账号中的侵权视频;采取有效措施删除某音App中所有侵权视频;采取有效措施过滤和拦截用户上传和传播侵权视频等。

被申请人北京某公司辩称:其已删除"忆某某"等账号中的侵权视频,申请人的其他申请请求超出了其平台义务及能力范围。

法院经审理查明:申请人经授权取得动漫作品《某某大陆》第一季至第四季的非独占信息网络传播权及维权权利。该作品在某某视频平台播出,系热播剧。某某视频更新案涉作品后,"忆某某"等用户在某音App平台几乎同步上传了大量侵权视频,且播放量较大。

裁判结果

重庆市第一中级人民法院作出裁定:北京某公司立即删除某音App上用户名为"忆某某"等账号中的所有侵权视频;立即采取有效措施删除某音App中所有侵权视频;立即采取有效措施过滤和拦截用户上传和传播侵权视频。北京某公司申请复议。重庆市第一中级人民法院作出裁定:驳回北京某公司的复议请求。

裁判理由

法院生效裁判认为,北京某公司经营的短视频平台存在大量的侵权视频且网络用户会不断上传侵权视频,其具备过滤和拦截侵权视频的能力,并未提供证据证明其使用该技术的成本无法承受。遂裁定支持了申请人的请求。

编写人:张　琰

10 浙江安某智能科技有限公司与青岛讯某科技有限公司等著作权侵权纠纷案[1]

裁判文书二维码

关键词

著作权侵权　自动抓拍照片　可著作权性

裁判要旨

1. 技术设备按照预设程序自动抓拍形成的图片不属于技术设备生产者创作的作品。技术设备生产者预设自动程序的行为属于技术功能性设置,既未体现利用包含该技术功能的设备创作作品的意图,也未实际利用技术设备进行图片创作,不属于著作权法意义上的作者。

2. 技术设备使用者仅利用设备的特定技术功能实现特定的技术效果而产生的自动抓拍图片,未体现艺术创作的独创性表达,不属于著作权法意义上的作品。

案　号

一审:重庆自由贸易试验区人民法院(2021)渝0192民初8839号民事判决(2022年1月13日)

二审:重庆市第一中级人民法院(2022)渝01民终2190号民事判决(2022年3月24日)

[1] 本案入选重庆法院2022年知识产权司法保护十大典型案例。

基本案情

浙江安某智能科技有限公司(以下简称安某公司)于2014年7月2日成立,经营范围包括智能设备技术研发服务、远光灯识别记录系统生产等。2018年2月9日,安某公司作为专利权人申请名为“一种远光灯持续开起的检测方法”的发明专利,2020年7月14日获得授权公告。涉案图片来自交警部门利用安装在洛阳市周山隧道由安某公司提供的“不按规定使用远光灯自动记录系统”拍摄的视频自动生成,包括四幅图片。2019年2月13日,安某公司微信公众号发布《“不按规定使用远光灯自动记录系统”在洛阳启动》一文,该文中使用了涉案图片。

2021年5月14日至16日,青岛讯某科技有限公司(以下简称青岛讯某公司)、讯某科技(苏州)有限公司(以下简称讯某苏州公司)的共同法定代表人在“第十二届中国道路交通安全产品博览会暨公安交警警用装备展”中发表“科技助力滥用远光灯专项整治”演讲,其宣称:“传统视频型,使用压光找双灯筒技术,学习算法技术,只能举证占比不到64%的双灯筒车型的车辆”,同时其PPT配图与安某公司“不按规定使用远光灯自动记录系统”自动抓拍生成的涉案四幅图片基本一致。

安某公司向人民法院起诉,认为涉案图片是原告利用自有“不按规定使用远光灯自动记录系统”制作而成,属于功能性作品,依法构成作品。青岛讯某公司、讯某苏州公司在公开演讲及微信公众号文章中使用了安某公司作品,侵犯了安某公司的展览权、发表权、修改权、保护作品完整权、复制权、信息网络传播权。请求判令:1. 确认青岛讯某公司、讯某苏州公司侵犯安某公司著作权;2. 青岛讯某公司、讯某苏州公司停止侵害行为,并在全国性报纸上赔礼道歉、消除影响;3. 青岛讯某公司、讯某苏州公司赔偿安某公司经济损失30万元;4. 案件受理费由青岛讯某公司、讯某苏州公司负担。青岛讯某公司、讯某苏州公司辩称:涉案图片并非著作权保护的客体,不属于作品,即使构成作品也不属于原告所有,不存在侵犯原告著作权的行为。

裁判结果

重庆自由贸易试验区人民法院作出一审判决:驳回安某公司的全部诉讼请求。一审宣判后,安某公司不服,提起上诉。重庆市第一中级人民法院作出二审判决:驳回上诉,维持原判。

裁判理由

法院生效裁判认为,著作权法保护的作品是特定领域内具有独创性的思想表达。作品独创性的认定,需考虑作品本身是否由作者独立创作完成以及作品对表达的安排是否体现了作者的选择、判断等因素。首先,自动抓拍照片可著作权性的主体判定。涉案图片系由机器设定程序进行自动拍摄产生,机器设备并不能成为作品的创作主体。安某公司虽为机器设备的生产者及技术参数设置者,但涉案图片系交警部门在实际使用设备过程中产生。换言之,在涉案图片产生过程中,既未体现安某公司利用包含该技术功能的设备创作涉案图片的主观意图,其也未实际操作使用该技术设备进行客观创作,故不能认定安某公司为涉案图片的作者。其次,自动抓拍照片可著作权性的客体判定。根据《中华人民共和国著作权法实施条例》之规定,摄影作品属于艺术作品。照片的非艺术性表达则不属于著作权法意义上摄影作品的认定范围。本案中,涉案图片的内容及拍摄目的均为客观复制记载车辆违章现场场景,整个图片的拍摄过程未体现机器使用者就艺术创造方面的人工干预、选择、判断,不具有艺术方面的独创性表达,故涉案图片不宜作为著作权法意义上的作品进行保护。综上,安某公司并非涉案图片的作者,且涉案图片也不构成著作权法所保护的作品。

编写人:樊雯虁

11 王某甲等与龚某某等著作权侵权纠纷案[1]

裁判文书二维码

关键词

著作权侵权　民歌演绎作品　著作权侵权判定

裁判要旨

1. 民歌演绎作品创作者对口耳相传的民歌进行记录整理,需要具备专业的音乐素养和能力,融入其个性化表达,在没有相反证据的情况下,应认定记录、整理的成果具有独创性,构成演绎作品。

2. 民歌演绎作品的著作权保护范围仅限于演绎者的独创性表达,因而应排除民歌的原始内容。在民歌原始内容难以考证的情况下,若在后演绎作品与在先演绎作品存在实质性差异进而具有独立艺术价值,应允许二者共存,不能仅因二者的主旋律基本相同或相似而认定在后演绎作品侵权。

案　号

一审:重庆自由贸易试验区人民法院(2019)渝 0192 民初 16044 号民事判决(2021 年 3 月 29 日)

二审:重庆市第一中级人民法院(2021)渝 01 民终 6354 号民事判决(2023 年 3 月 30 日)

---

〔1〕 本案入选重庆法院 2023 年知识产权司法保护十大典型案例。

基本案情

1942 年 2 月至今,《西北民歌集(1)》等出版物刊载有简谱歌曲《A》,标注王某丙“记谱、译谱、编译、编曲”等信息。王某丙各版本均为声乐简谱,在节拍、调式上略有不同外,旋律基本无差别。王某丙的继承人王某甲、王某乙于 2019 年将该歌曲进行作品登记。

重庆某大学出版社有限公司(以下简称某出版社)出版的五线谱钢琴曲《中国民歌儿童钢琴曲集》中收录了歌曲《A》,标注为“龚某某编配”。与王某丙版本相比,该版本弱拍起,王某丙版本正拍起,部分小节的旋律相同,部分小节的旋律所使用的音符、节奏上存在一定差异。王某丙的继承人王某甲、王某乙、王某认为王某丙对涉案歌曲享有著作权,龚某某、某出版社的上述行为侵犯了其著作权。请求法院判令龚某某、某出版社停止侵权、公开赔礼道歉并赔偿经济损失。

裁判结果

重庆自由贸易试验区人民法院作出一审判决:龚某某、某出版社停止销售含有涉案钢琴曲《A》的《中国民歌儿童钢琴曲集》,赔偿王某甲、王某乙、王某经济损失及合理费用共计 3000 元。龚某某、某出版社提起上诉。重庆市第一中级人民法院作出二审判决:撤销一审判决,驳回王某甲、王某乙、王某的诉讼请求。

裁判理由

法院生效裁判认为,民歌属于进入公有领域的作品,若记录整理者在原始民歌的基础上对民歌进行记录整理所形成的成果融入了其独创性表达,则构成新的作品,其对该新作品享有著作权。鉴于民歌因口耳相传而具有流变性,原始内容往往难以考证。对民歌进行记录整理通常需要具备专业的音乐素养和艺术审美能力,记录整理所形成的成果能够体现其个性化表达,在无相反证据的情况下,应认定该成果构成演绎作品。本案中,王某丙版本系对哈萨克民歌《A》进行记录和汉化整理的成果,双方当事人均未提交证据证明涉案民歌的原始状态,无法直接通过将原始民歌与王某丙版本进行比对以确定其是否具有独创性。但从现有证据来看,王某丙所付出的艺术劳动并非轻而易举,且王某丙版本与同源民歌的在先版本相比,旋律差异明显,风格迥异,可以认定王某丙整理的涉案民歌,结合了其自身音乐素养和独特的音乐思维,体现了其个性化表达,王某丙对该版本享有著作权。

民歌演绎作品的著作权保护范围仅限于演绎者的独创性表达因而应排除民歌原始内容。当民歌的原始内容无法考证时,若在后演绎作品与在先演绎作品存在实质性差异进而具有独立艺术价值,应允许二者共存,不能仅因二者的主旋律基本相同或相似而认定在后演绎作品侵权。本案中,王某丙版本与龚某某版本均系民歌《A》的演绎作品,王某丙版本系在先演绎作品。涉案民歌的原始状态无法考证,无法确定王某丙的独创性表达内容。将两者进行比对,龚某某版本系五线谱钢琴曲,王某丙版本为简谱声乐曲,两者的旋律或节奏并不完全一致,乐曲体裁以及音乐表现方式(声乐演唱和钢琴演奏)亦不相同。龚某某在和声的使用及钢琴化写作方面体现了其专业的音乐素养和独特的音乐思维,整首钢琴曲具有独立艺术价值,因此,两者可以成为并行存在的作品。鉴于此,龚某某及某出版社的涉案行为不构成侵权。

编写人:张　琰

12 深圳市某某计算机系统有限公司等诉北京某某科技有限公司侵害作品信息网络传播权及不正当竞争纠纷案

裁判文书二维码

关键词

侵害作品信息网络传播权　短视频　海量侵权　应知明知

裁判要旨

1. 平台运营者对平台上明显存在的海量侵权内容有能力治理但未采取有效措施的，可以认定平台运营者存在过错，构成帮助侵权，应当承担停止侵权以及赔偿损失责任。

2. 平台运营者采取的停止侵权措施包括但不限于删除、过滤、拦截等技术措施，且应根据平台运营者治理技术能力的发展而动态进行调整。

案　号

一审：重庆市第一中级人民法院（2021）渝01民初401号民事判决（2020年12月30日）

二审：重庆市高级人民法院（2023）渝民终74号民事裁定（2023年6月28日）

基本案情

原告深圳市某某计算机系统有限公司（以下简称某某深圳公司，系主要视频内容方)等对《某某》动漫视频享有信息网络传播权。被告北京某某科技有限公司(以下简称北京某某公司,系主要平台方)运营的某平台上有大量侵害《某某》信息网络传播权的短视频。在原告持续不断大量发送侵权通知后,虽然被告基本删除了侵权通知列示的侵权短视频,但某平台仍然持续存在海量侵权短视频。原告请求判令被告立即采取有效措施删除平台上的所有相关侵权短视频,并对被告处以惩罚性赔偿,赔偿原告经济损失和为维权所支付的合理开支共计 8 亿元。

裁判结果

重庆市第一中级人民法院作出一审判决:判令被告立即停止侵权,并赔偿原告经济损失 1000 万元及合理开支 722 203.5 元。双方当事人均提起上诉。二审过程中,经二审法院促调,双方达成了全面合作协议,并撤回起诉。重庆市高级人民法院作出二审裁定:撤销一审判决,并准许原告撤回起诉。

裁判理由

法院生效裁判认为,本案证据可证明在北京某某公司目前的传播及治理技术能力范围内,能够在采取相应措施后使平台内侵权视频不明显存在。但原告向被告发出多轮投诉通知后,被告运营的某平台上不仅存在部分已通知的侵权链接未处理的现象,而且在其平台内通过标题关键词搜索等简易方式可取证到数量庞大的涉嫌侵权视频。北京某某公司未及时采取必要措施对某平台内海量侵权视频进行治理,违反了相应注意义务,具有应知的过错,应承担帮助侵权的法律责任,包括停止侵权以及赔偿损失。北京某某公司停止侵权所应采取的相应具体技术措施包括但不限于删除、过滤、拦截等,应依北京某某公司相应治理技术能力的发展而动态进行调整,以平台内持续不明显存在案涉侵权视频为标准。

编写人:戈光应

第二编 专利以及其他技术案件

13 唐某某与中国嘉某工业股份有限公司（集团）等职务专利报酬纠纷案[1]

裁判文书二维码

关键词

职务专利报酬　职务发明　报酬计算

裁判要旨

人民法院计算职务专利报酬时，可以参考市场最近似商品的平均销售价格、平均利润率，根据法律法规规定的职务专利报酬提取比例综合推算，同时还应当兼顾保护职工权益、鼓励创新与推动专利实施及企业发展之间的利益平衡。

案　号

一审：重庆市第一中级人民法院（2008）渝一中民初字第52号民事判决（2008年9月24日）

二审：重庆市高级人民法院（2008）渝高法民终字第246号民事判决（2009年4月16日）

基本案情

唐某某诉称：其原为中国嘉某工业股份有限公司（集团）（以下简称嘉某公司）职工。2004年7月，嘉某公司与重庆力某自动化技术有限责任公司（以下简称力某公司）、重庆吉某实业（集团）有限公司（以下简称吉某公司）共同

〔1〕 本案入选2008年中国法院50件典型知识产权案例。

申请了名为“摩托车用高能点火系统”的实用新型专利,并于2006年1月25日获得授权。该专利的共同专利权人为上述三家公司,并以嘉某公司的职工刘某某、唐某某,力某公司的职工陈某以及吉某公司的职工周某某为共同设计人。嘉某公司实施上述专利以来,一直未向职务设计人支付报酬。2008年2月2日,唐某某诉至法院,请求判令:1. 嘉某公司支付2006年至2007年的职务专利报酬1 630 421元;2. 嘉某公司按照每月110 845元计算并支付2008年1月至5月的职务专利报酬;3. 在涉及本案专利权的放弃、终止、无效纠纷时,通知唐某某共同维护专利权,否则应按照上述第1项、第2项赔偿经济损失;4. 由嘉某公司承担本案诉讼费用。

法院经审理查明:唐某某为嘉某公司职工。2004年7月15日,嘉某公司与力某公司、吉某公司共同申请了名为“一种摩托车用高能点火系统”的实用新型专利,并于2006年1月25日获得授权。该专利的权利人为上述三家公司,设计人为唐某某和力某公司职工陈某、吉某公司职工周某某。自2006年起,嘉某公司开始在摩托车上使用涉案专利系统。2007年3月29日,嘉某公司又申请了名为“一种摩托车用磁电机”的实用新型专利,设计人为嘉某公司的职工刘某某、唐某某。嘉某公司使用涉案专利系统生产摩托车以来,未向职务设计人支付报酬。

裁判结果

重庆市第一中级人民法院作出一审判决:1. 嘉某公司支付唐某某2008年5月前的职务专利报酬2万元;2. 驳回唐某某的其他诉讼请求。双方均提起上诉。重庆市高级人民法院作出二审判决:驳回上诉,维持原判。

裁判理由

法院生效裁判认为,首先,实用新型专利权的保护范围以其权利要求的内容为准,判断是否构成专利实施也应以权利要求内容为准。涉案专利是四项组成要素连接成的整体。嘉某公司按照权利要求所述方式将磁电机、点火器与点火线圈、火花塞连接成高能点火系统后安装于摩托车的行为属于实施专利的行为。其次,双方均未举示涉案专利产品的销售利润情况,本案可以根据《重庆市专利促进与保护条例》规定职务专利报酬提取比例,参照摩托车行业整体情况及摩托车点火器市场的平均销售价格、平均利润率,按照“价格×利润率×数量×报酬比例”的公式进行估算,确定嘉某公司应付唐某某报酬2万元。最后,唐某某仅为职务设计人,并非专利权人,在无特别约定的情况下,无权主张参与涉案专利放弃、终止、无效纠纷处理。

编写人:钟 拯

14 中国某可乐集团公司（重庆）与重庆百某饮料有限公司等侵犯技术秘密纠纷案[1]

关键词

侵害商业秘密　技术秘密　权属纠纷

裁判要旨

1. 构成商业秘密应当具备三个要件：一是该信息不为公众所知悉，即该信息不为其所属领域的相关人员普遍知悉和容易获得；二是该信息能为权利人带来经济利益，具有实用性；三是权利人对该信息采取了保密措施。饮料配方对饮料具有决定性影响，饮料浓缩液的成分、配方及其生产工艺已经投入使用，具有现实的商业价值，能为权利人带来经济利益。为保守秘密，上述信息在研制时签订保密协议，使用中成立了保密小组，对纸质文件标注了“绝密”，相关材料分别由专人保管，限定查阅范围，使用中按商业秘密对待，因此，应认为前述信息不为公众知悉并被采取了保密措施。饮料浓缩液的成分、配方及其生产工艺符合商业秘密的构成要件，属于商业秘密中的技术秘密。

2. 技术秘密权利人同意关联公司使用技术秘密，在该信息被采取保密措施仍然符合技术秘密条件的情况下，该信息仍然属于技术秘密，权利主体也不会因使用变更为使用人。

[1] 本案入选2010年中国法院10大知识产权案件。

案　号

一审:重庆市第五中级人民法院(2009)渝五中法民初字第299号民事判决(2010年11月23日)

基本案情

原告中国某可乐集团公司(重庆)(以下简称某可乐集团)诉称:某可乐集团对某可乐配方及其生产工艺享有商业秘密权。1994年,某可乐集团与百某国际公司的子公司肯某国际控股公司合资成立了重庆百某饮料有限公司(以下简称百某饮料公司)。某可乐集团的出资并不包括某可乐配方及其生产工艺这部分商业秘密。后来百某投资有限公司(以下简称百某投资公司)受让肯某国际控股公司全部股份。百某饮料公司长期非法占有和使用上述商业秘密,生产某可乐。2006年,某可乐集团将对百某饮料公司持有的全部股权转让给百某投资公司,但是百某饮料公司依然占有和使用前述商业秘密。百某投资公司实际控制百某饮料公司,滥用股东权利,应当承担连带责任。某可乐集团请求法院判决:1.确认某可乐配方及其生产工艺商业秘密属于某可乐集团所有;2.判决百某饮料公司立即停止使用涉案商业秘密;3.判决百某饮料公司立即归还商业秘密的技术档案;4.判决百某饮料公司和百某投资公司共同赔偿损失100万元。

裁判结果

重庆市第五中级人民法院作出一审判决:1.某可乐集团是某可乐浓缩液的成分、配方及其生产工艺商业秘密的权利人;2.百某饮料公司停止使用某可乐浓缩液的成分、配方及其生产工艺商业秘密;3.百某饮料公司返还其从某可乐集团取得的与某可乐浓缩液的成分、配方及其生产工艺有关的资料;4.驳回某可乐集团的其他诉讼请求。宣判后,双方均未提起上诉。

裁判理由

法院生效裁判认为,百某饮料公司成立的目的之一是生产某可乐饮料,某可乐集团知悉百某饮料公司使用涉案商业秘密,至本案纠纷发生一直没有以权利人身份明确提出异议和加以制止,因此应当认为某可乐集团许可合资公司使用涉案商业秘密。合资合同没有约定涉案商业秘密的使用费用,至本案纠纷发生某可乐集团也没有主张过使用费,应当认为某可乐集团许可百某饮料公司免费使用。可见,在本案判定之前百某饮料公司对涉案商业秘密的使用属于合法使用,不构成侵权。现在某可乐集团提起诉讼,以权利人身份明确表示不再同意百某饮料公司使用涉案商业秘密,并表示不愿意与其协商涉案商业秘密的许可问题,百某饮料公司应当在判决规定的时间内停止使用涉案商业秘密。百某饮料公司停止使用涉案商业秘密后,继续持有从某可乐集团获取的有关涉案商业秘密的材料已经不必要。为便于某可乐集团使用涉案商业秘密和对其加以保密,百某饮料公司应当将从某可乐集团获取的涉及涉案商业秘密的材料交付某可乐集团。一方面,在本案判定之前百某饮料公司对涉案商业秘密的使用属于合法使用,不构成侵权;另一方面,某可乐集团就其指控百某投资公司滥用股东权利侵犯其商业秘密的事实,没有举证证实。因此,某可乐集团要求百某投资公司与百某饮料公司共同承担民事责任的诉讼请求缺乏事实依据,依法不予支持。

编写人:陈秀良

15 某消防有限公司与某公司侵犯实用新型专利权纠纷案[1]

裁判文书二维码

关键词

侵犯实用新型专利权　司法鉴定意见　司法审查

裁判要旨

1. 法院在进行等同特征判定时，应当对不相同技术特征在手段、功能、效果方面进行比对，若三方面基本相同且该领域的普通技术人员无须经过创造性劳动就能够联想到，应认定构成等同。

2. 鉴定意见明显超出司法鉴定范围，且与人民法院查明事实明显相悖，该鉴定意见不得作为判定侵权与否的依据。

案　号

一审：重庆市第一中级人民法院(2010)渝一中法民初字第00236号民事判决(2011年11月11日)

二审：重庆市高级人民法院(2012)渝高法民终字第00071号民事判决(2012年6月14日)

基本案情

某消防公司向法院提起诉讼称：某公司在承建某变电站消防系统中使用了案外公司生产的××型线型感温火灾探测器，该探测器落入某消防公司某

[1] 本案入选2012年中国法院50件典型知识产权案例。

专利的保护范围。某消防公司于2009年向某公司发送了警告函,但未收到任何回复。某公司未经某消防公司许可,擅自销售使用涉案产品,侵犯了某消防公司的专利权。请求法院判令:1. 某公司立即停止销售使用涉案侵权产品,并拆除安装在某工程上的相关侵权产品;2. 某公司赔偿某消防公司经济损失100万元;3. 某公司赔偿某消防公司为制止侵权所支付的合理费用113 105.3元;4. 某公司承担本案诉讼费用。

法院经审理查明:某消防公司是"一种具有可熔或可融绝缘层的模拟量线型感温探测器"实用新型专利的权利人。2009年3月27日,某公司与重庆某某集团设计院签订合同约定由某公司在其工程中安装智某公司××型火灾探测器。2009年12月2日,某消防公司向某公司发送函件,指出其向重庆某某集团设计院销售的智某公司生产的××型火灾探测器侵犯了其专利权,要求某公司停止销售前述产品。某公司称其销售的涉案产品均来源于通某某公司,并提供了相关材料予以证明。

裁判结果

重庆市第一中级人民法院作出一审判决:1. 某公司立即停止销售涉案××型线型感温火灾探测器;2. 某公司赔偿某消防公司经济损失及合理支出13万元;3. 驳回某消防公司的其他诉讼请求。某公司提起上诉。重庆市高级人民法院作出二审判决:1. 撤销一审判决;2. 驳回某消防公司的全部诉讼请求。

裁判理由

法院生效裁判认为,等同特征是指与所记载的技术特征以基本相同的手段,实现基本相同的功能,达到基本相同的效果,并且本领域的普通技术人员无须经过创造性劳动就能够联想到的特征。因此,等同特征的判断是对案件事实(不相同技术特征)的法律评价。而鉴定结论作为证据的一种,仅能起到证明案件事实的作用,不具有对案件事实(不相同技术特征)进行法律评价的效能。本案中,鉴定机构作出被控侵权产品的技术特征与本案专利所述的特征相同或等同的鉴定意见显然超越了鉴定机构仅应对技术特征等专门性问题进行司法鉴定的范围,对技术特征进行了非事实性的法律评价,其鉴定结论不应作为法院认定案件事实的依据。但是,《鉴定意见书》中关于被控侵权产品的构造、工作原理等鉴定分析内容与法院查明的案件事实直接相关,在无相反证据的情况下,法院予以采信。

编写人:肖　艳

16 广州广某运通金融电子股份有限公司与深圳怡某电脑股份公司侵害外观设计专利权纠纷案[1]

裁判文书二维码

关键词

侵害外观设计专利权　抵触申请　区别技术特征

裁判要旨

现有设计方案或抵触申请均应排除在外观设计专利的保护范围之外。专利权人在专利无效程序中陈述并被专利授权确权机关确认区别于对比设计的设计特征，应当认定为该授权外观设计的区别设计特征，对外观设计产品的整体视觉效果具有显著影响。

案　号

一审：重庆市渝北区人民法院（2016）渝0112民初10433号民事判决（2016年12月15日）

二审：重庆市第一中级人民法院（2017）渝01民终1682号民事判决（2019年4月30日）

基本案情

广州广某运通金融电子股份有限公司（以下简称广某公司）诉称：其系

〔1〕 本案入选重庆法院2019年知识产权司法保护十大典型案例。

"金融终端(A-008)"外观设计专利(专利号为ZL201330628X.X)的专利权人。深圳怡某电脑股份公司(以下简称怡某公司)制造并在其官网展示了VTS-330M及VTS-330MR型号远程柜员机(以下简称被诉侵权产品)的行为侵害了其外观设计专利权,请求法院判令怡某公司停止侵权并赔偿经济损失。

法院经审理查明:广某公司系案涉外观设计专利的专利权人,怡某公司制造并在其官网展示了被诉侵权产品。怡某公司针对案涉专利提出无效宣告申请,并提交了抵触申请作为对比设计。广某公司在专利无效宣告案件中陈述了案涉专利设计与对比设计存在的区别点,专利复审委员会(已撤销)确认上述区别点对整体视觉效果会产生明显的影响,并基于上述区别点即区别设计特征维持该专利权有效。被诉侵权产品并未包含上述区别设计特征。

裁判结果

重庆市渝北区人民法院作出一审判决:怡某公司停止侵权并赔偿广某公司经济损失。怡某公司提起上诉。重庆市第一中级人民法院作出二审判决:1.撤销一审判决;2.驳回广某公司的全部诉讼请求。

裁判理由

法院生效裁判认为,案涉专利证书的简要说明中并未记载其设计特征。案涉专利的区别设计特征至少包括专利权人在专利无效程序中陈述并被专利授权确权机关确认的全部区别设计特征。鉴于被诉侵权设计并未包含上述全部区别设计特征,且专利权人未能证明涉案专利还存在其他设计特征,也未明确指控被诉侵权设计包含涉案专利的其他设计特征,故应当认定被诉侵权设计未落入涉案专利的保护范围。法院遂判决撤销原判,改判驳回广某公司的全部诉讼请求。

编写人:张　琰

17 常州某某味精有限公司与浙江某某食品有限公司等侵害外观设计专利权纠纷案[1]

裁判文书二维码

关键词

侵害外观设计专利权　专利法意义上的公开　微信用户

裁判要旨

微信用户对于其朋友圈发布内容的分享范围有较强的可操控性,在微信朋友圈发布产品外观图片不必然构成专利法意义上的公开,具体需要综合考虑微信朋友圈性质和特点、个案中微信朋友圈的活跃程度、圈子大小、信息发布频率等具体情形以及发布内容是否便于识别技术特征等要素来判断该信息是否处于公众易于得知的状态。

案　号

一审:重庆市第一中级人民法院(2019)渝 01 民初字第 1198 号民事判决(2020 年 3 月 30 日)

二审:重庆市高级人民法院(2020)渝民终 1059 号民事判决(2020 年 11 月 9 日)

---

〔1〕 本案入选重庆法院 2020 年知识产权司法保护十大典型案例。

基本案情

常州某某味精有限公司(以下简称常州某公司)系第ZL201830226814.6号、名称为“包装袋(味精)外观设计专利”(以下简称案涉专利)的权利人。原告常州某公司诉称:由浙江某某食品有限公司(以下简称浙江某公司)委托、重庆某某食品有限公司(以下简称重庆某公司)生产的味精包装袋的外观设计与其授权外观设计构成近似,侵犯了其专利权。原告请求:1. 判令二被告停止制造、销售侵害案涉专利产品的行为;2. 判令二被告连带赔偿经济损失120 000元;3. 本案诉讼费用全部由二被告承担。

被告浙江某公司辩称:1. 涉案专利在申请日前已被销售公开,且其在原告申请专利前已委托厂家生产了与被诉侵权设计大部分图案相同的味精包装袋;2. 被诉侵权设计为现有设计,系在已经公开的涉案专利基础上增加图案而成,不构成侵权。

法院经审理查明:被诉侵权产品的包装袋背面文字显示委托商为浙江某公司、生产商为重庆某公司。微信账户名称为“壹某小某”的用户于2018年4月内共发布8条朋友圈,其中展示有包括原告味精包装袋的图片三张。

裁判结果

重庆市第一中级人民法院作出一审判决:1. 浙江某公司停止制造、销售侵害案涉专利的产品;重庆某公司停止制造侵害案涉专利的产品;2. 浙江某公司、重庆某公司连带赔偿原告经济损失及维权合理费用共计50 000元;3. 驳回原告的其他诉讼请求。宣判后,浙江某公司提起上诉。重庆市高级人民法院作出二审判决:驳回上诉,维持原判。

裁判理由

法院生效判决认为,1. 被诉侵权设计与授权外观设计构成近似,落入案涉专利的保护范围。2. 本案争议微信用户朋友圈发布频率不高且关注度极低,故其将朋友圈专用于商品销售推广的意图并不强烈,而浙江某公司又未能证实近似包装袋的图片信息在发布于朋友圈时已处于公众可获知的状态,未构成专利法意义上的公开,故浙江某公司的现有设计抗辩不成立。

编写人:周　映

18 重庆力某自动化技术有限责任公司与神某机电股份有限公司等专利侵权纠纷案[1]

裁判文书二维码

关键词

专利侵权　目标代码　源代码　同一性

裁判要旨

方法专利中采用软件控制来实现特定技术效果,因客观原因导致被诉侵权产品中所用软件的目标代码无法被提取,在权利人未提供相反证据的情况下,由被诉侵权人另行提供与被诉侵权产品运行代码的相关参数相符的源代码,应认定为与被诉侵权产品的运行代码具有同一性。

案　号

一审:重庆市第一中级人民法院(2018)渝01民初630号民事判决(2021年3月29日)

基本案情

重庆力某自动化技术有限责任公司(以下简称力某公司)系第CN105634021B号、名称为"一种内燃机驱动发电机组并联运行的功率平衡控制方法"(以下简称案涉专利)的发明专利权人。案涉专利通过在每台发动机

[1] 本案获2021年全国法院技术类知识产权和垄断案件优秀裁判文书三等奖。

组中预设输出电压范围和频率范围，并通过发电机输出电压电流的变化，使每台发电机组输出的电压和频率均保持在自身预设的电压和频率范围内变化，从而实现了保证各台发电机之间联网时的功率平衡。力某公司指控神某机电股份有限公司（以下简称神某机电公司）、安某机械公司、神某贸易公司共同生产及安某机械公司、神某贸易公司、晨某机电公司销售的被诉侵权产品落入了案涉专利权利要求 1 的保护范围。

五被告根据其自行委托的鉴定机构所作出的鉴定意见辩称：被诉侵权产品与案涉专利在控制输出电压和频率的方法上不相同且不等同，并就此申请司法鉴定。鉴定中，因被诉侵权产品的运行代码被设置加密保护而无法从芯片中提取，遂采取由被告另行提供其源代码的方式进行鉴定。经鉴定，被诉侵权产品在控制输出电压和频率的方法上与案涉专利不相同且不等同。力某公司以两次鉴定得出不同的公式质疑被告另行提供的源代码与被诉侵权产品的运行代码不具有同一性，同时认为，基于电压和电流的可转换关系，被诉侵权产品与案涉专利控制电压和频率的方法构成等同技术特征。

裁判结果

重庆市第一中级人民法院作出一审判决：驳回力某公司的全部诉讼请求。宣判后，力某公司未提起上诉，裁判已生效。

裁判理由

法院生效裁判认为，无法自被诉侵权产品中提取其软件运行代码是因为芯片被设置加密保护，对此不能归咎于神某机电公司。神某机电公司解释称，两次鉴定所测定的公式之所以不同，是因为其向两个鉴定机构提供的源代码中本身即含有两种不同控制方式的代码段，原告也认可存在理论可能性。基于被控侵权产品的运行代码与神某机电公司提供的源代码在输出电压的频率 f、发电机组输出电流 I、发电机组自身输出电流和发电机组自身输出电压的相位夹角 φ 的关系上均符合案涉专利公式，结合源代码的提取过程及鉴定机构的回复函等，在无相反证据的情况下，可以认定神某机电公司提供的源代码与被控侵权产品的运行代码具有同一性。根据鉴定意见，被诉侵权产品的技术特征 c 采取了与案涉专利权利要求 1 中技术特征 c 不同的公式,前者控制电压V,后者则控制电流I,即便电压V和电流I之间可通过一定的公式进行换算,但二者因系针对不同的信号,需要设定的参数选取、编制的软件源代码及相应的处理和控制均有所不同,故二者采取的手段不同,不构成等同技术特征。

编写人:周 映

19 某某科技（深圳）有限公司等与某某电子材料（重庆）有限公司专利权权属纠纷案[1]

裁判文书二维码

关键词

专利权权属纠纷　发明人　技术启示　实质性特点

裁判要旨

发明人的认定是专利权属纠纷中的核心争议。本案讨论了发明人的认定中对专利“实质性特点”和“作出创造性贡献”认定的具体裁判规则，区分了单纯的技术启示与具体的技术方案之间的界限，明确指出技术启示不属于创造性贡献。

案　号

一审：重庆市第五中级人民法院(2021)渝05民初434号民事判决(2021年7月15日)

基本案情

二原告某某科技(深圳)有限公司、某某技术(深圳)有限公司诉称：被告某某电子材料(重庆)有限公司享有的涉案实用新型专利系原告单位员工的职务发明创造，该专利的第一发明人刘某自2009年先后担任两原告的产品经

〔1〕 本案入选重庆法院2021年知识产权司法保护十大典型案例。

理,刘某有机会接触与涉案专利相关的技术文档。其离职到被告公司后作为发明人之一申请了涉案专利。涉案专利的晶圆盒是原告的主要产品之一,基于原告的在先专利及技术文档可知,涉案专利的内容来源于原告,主张确认涉案专利的权属应由原告享有。

被告辩称:原告所有证据均未涉及涉案专利的发明要点,诉争专利为被告独立研发所形成。

法院经审理查明:原告某某科技(深圳)有限公司享有与晶圆盒包装相关的专利权。刘某于1999~2019年先后在两原告公司担任经理,管理各种技术文档。2019年4月刘某离职后加盟被告。被告于2019年12月30日申请了名为"多片水平放置晶圆盒及隔离环"实用新型专利,授权公告日2020年7月24日,发明人为刘某等。原告以收件人包括刘某的公司内部电子邮件所附的隔离环设计图纸为依据,主张该图纸给出了涉案专利关于隔离环结构的技术启示。被告提供了其与客户交流过程中就解决涉案专利相关发明要点所涉特征的图纸。

裁判结果

重庆市第五中级人民法院作出一审判决:驳回原告某某科技(深圳)有限公司、某某技术(深圳)有限公司的诉讼请求。宣判后,各方当事人均未提起上诉,裁判已生效。

裁判理由

法院生效裁判认为,两原告主张结合其前期的相关专利与图纸已给出涉案专利技术方案的技术启示不能等同于已经对专利的实质性特点作出了创造性贡献。被告图纸的具体结构与涉案专利隔离环的技术特征虽未完全一一对应,但基本反映了涉案专利的实质性特点。综合对比双方的证据,仅凭邮件中的图纸和其主张的现有技术的结合尚不足以证明公司员工已对涉案专利的实质性特点作出了创造性贡献。

编写人:陈　聪

20 重庆某某玻璃制品有限公司与重庆市合川区某某玻璃制品有限公司侵害发明专利权纠纷案[1]

裁判文书二维码

关键词

侵害发明专利权　方法专利　权利要求　等同原则

裁判要旨

本案系限制等同原则适用的案例。等同原则是对全面覆盖原则的补充与矫正，但其不当适用在一定程度上也可能破坏专利制度的公示功能，影响第三人的信赖利益。

案　号

一审：重庆市第一中级人民法院(2021)渝01民初617号民事判决(2022年3月1日)

基本案情

原告重庆某某玻璃制品有限公司系"两步法制作玻璃分酒器的制备方法"(ZL 201510651566.5)发明专利专利权人。该专利的权利要求1为：一种两步法制作玻璃分酒器的制备方法，其特征在于，第一步制作杯身，其制备工艺为：玻璃原料→炉子熔料→供料机下料→吹泡机吹制杯身坯→人工取出杯

[1] 本案入选重庆法院2022年知识产权司法保护十大典型案例。

身坯→人工将杯身坯送入火切口机切口→人工做倒酒口→人工将杯身送入电加热炉退火→出炉检验→半成品。重庆市合川区某某玻璃制品有限公司分酒器的生产方法与权利要求1不相同的步骤如下:第一步人工取出杯身坯后,后续步骤是退火,采用激光冷切口工艺对分酒器坯体切口、对切口边缘进行粗磨倒角细磨等处理。原告主张上述步骤构成等同技术特征,理由是火切口与冷切口属于玻璃工艺中早就存在的惯常的切割手段,两者均是对坯体进行成型。原告请求:1. 判令被告立即停止生产、销售侵犯案涉专利权产品的侵权行为,并销毁库存侵权产品;2. 被告赔偿原告经济损失及合理费用共计100万元;3. 被告承担本案的全部诉讼费用。

法院经审理查明:2015年10月10日,原告向国家知识产权局申请名为“两步法制作玻璃分酒器的制备方法”的发明专利,该专利于2018年8月28日获得授权公告,目前处于有效状态。

裁判结果

重庆市第一中级人民法院作出一审判决:驳回原告重庆某某玻璃制品有限公司的诉讼请求。宣判后,各方当事人均未提起上诉,裁判已生效。

裁判理由

法院生效裁判认为,专利权利人在专利申请时未将其明知或应知的技术方案写入权利要求,应当理解为专利权利人不寻求保护该未写入权利要求的技术方案,在侵权判定时,不宜再通过等同原则将该技术方案纳入专利权保护范围,否则有损社会公众对专利保护范围确定性和可预见性的信赖,损害社会公众利益。“将杯身坯送入火切口机切口”技术手段明确清晰,保护范围清楚,不符合由于技术发展等原因,专利权利要求的字面描述难以完整、精确反映客观技术方案这一适用等同原则的前提。

编写人:陈　聪

21 重庆某果业公司与重庆某农业公司侵害植物新品种权纠纷案[1]

裁判文书二维码

关键词

侵害植物新品种权　标准样品　无性繁殖　繁殖材料　保护范围

裁判要旨

对于以无性繁殖方式扩繁的果树作物,授予植物新品种权时审批机关并未保存其标准样品的,品种权授权审查过程中作为授权机关现场考察对象的母树,以及该母树以无性繁殖方式扩繁所得的其他个体,均可以作为确定授权品种保护范围的繁殖材料。

案　号

一审:重庆市第五中级人民法院(2021)渝05民初3309号民事判决(2021年12月13日)

二审:最高人民法院(2022)最高法知民终782号民事判决(2022年11月11日)

基本案情

原告重庆某果业公司诉称:重庆某果业公司系品种权号为CNA20130475.×、名称为“中柑所5号”的柑橘植物新品种的利害关系人。重庆某农业公司侵

〔1〕 本案入选人民法院种业知识产权司法保护典型案例(第三批)。

害“中柑所 5 号”植物新品种权。

被告重庆某农业公司辩称:涉案检测报告中的“中柑所 5 号”对照样本来源不明,不能证明重庆某农业公司销售的“金秋砂糖橘”苗木与“中柑所 5 号”是同一品种。重庆某农业公司不应承担赔偿责任。

法院经审理查明:涉案授权品种“中柑所 5 号”申请、审查阶段形成的《测试报告》和《农业植物品种 DUS 测试现场考察报告》显示,涉案品种的测试地点为“重庆市某区某镇,中国某科学院柑橘研究所试验基地”,涉案检验报告所使用的对照样品均来源于涉案品种权审批中进行现场考察的考察场所,即中柑所的种植基地,重庆某果业公司对于采集取样过程进行了公证,采集人员出具了来源证明。

裁判结果

重庆市第五中级人民法院作出一审判决:1. 重庆某农业公司立即停止销售侵害“中柑所 5 号”品种权的橘苗;2. 重庆某农业公司赔偿重庆某果业公司经济损失 40 000 元;3. 重庆某农业公司支付重庆某果业公司为制止侵权所支付的合理费用 10 000 元;4. 驳回重庆某果业公司的其他诉讼请求。宣判后,重庆某农业公司提起上诉。最高人民法院作出二审判决:驳回上诉,维持原判。

裁判理由

法院生效裁判认为,授权品种的繁殖材料是植物新品种权的保护范围,是品种权人行使排他独占权的基础。一般而言,用来确定授权品种保护范围的繁殖材料是以品种权人向品种权审批机关提交并保存的标准样品为准。未能按照审批机关的要求提供授权品种繁殖材料,或经检测授权品种不再符合授权时的特征和特性的,品种权终止。涉案品种授权后审批机关并未要求品种权的申请人提交标准样品,因授权品种的标准样品并未被审批机关保存,故在侵权纠纷中无法通过调取审批机关保存的标准样品确定授权品种的性状特征。此情况下应从以下三个方面确定授权品种的保护范围进而进行同一性认定,第一,从“中柑所 5 号”的品种权申请以及审查的事实分析,涉案授权品种在进行品种权申请以及授权的审查中,审批机关在申请人的资源圃对申请品种的种植情况进行了现场考察，形成的《农业植物品种 DUS 测试现场考察报告》记载了申请授权以及进行现场考察的品种种植在重庆市某区的资源圃，因此，可以据此确定授权品种母树的种植地点。第二，涉案授权品种在申请时是以申请人种植在重庆市某区的资源圃的母树作为性状对比的样品，在进行现场考察后认定性状特征具有特异性，并得以授权。因此，资源圃中的母树属于确定涉案授权品种特征特性的样品。第三，从"中柑所 5 号"的繁殖特性分析，"中柑所 5 号"作为柑橘属植物品种，通常通过无性繁殖方式，如扦插、嫁接进行扩繁，生产繁殖出与授权品种特征特性相同的繁殖材料，实现授权品种基因的复制和传递，其植株整体和枝条都可以成为繁殖材料，具有与授权审查时的母树相同的性状特征。中柑所资源圃中对母树的繁殖材料通过无性繁殖方式扩繁的其他个体，可以作为授权品种的繁殖材料进而确定其保护范围。因此，考虑授权品种的上述情况，对于审批机关没有保存标准样品，以无性繁殖方式进行扩繁的果树作物而言，在品种权审查中现场考察指向的母树和通过母树的繁殖材料扩繁的其他个体，可以作为确定授权品种保护范围的繁殖材料。

编写人：黄　键

第三编 商标权案件

22 中国贵州茅某酒厂有限责任公司与南方君某酒店有限公司侵害商标专用权纠纷案[1]

裁判文书二维码

关键词

侵害商标权　销售者　合理审查义务

裁判要旨

销售者尽到合理审查义务，是其免除赔偿责任的前提。对“合理”的判断，应结合产品的来源、价格、国家对特殊产品流通销售的特殊规定等各方因素进行。

案　号

一审：重庆市第五中级人民法院(2009)渝五中法民初字第7号民事判决(2009年4月19日)

二审：重庆市高级人民法院(2009)渝高法民终字第159号民事判决(2009年9月1日)

基本案情

原告中国贵州茅某酒厂有限责任公司(以下简称中国茅某酒厂)诉称：其对“贵州茅某”商标享有注册商标专用权。2008年1月16日，重庆市商业委

〔1〕本案入选2009年中国法院50件典型知识产权案例。

员会接到举报,被告南方君某酒店有限公司(以下简称君某酒店)涉嫌经销假冒贵州茅某酒。调查中,被告君某酒店陈述,其经销的贵州茅某酒是于2007年八九月从茅某文兴酒业祝福祖国酒销售总部重庆业务代表何某某处购进,并表示愿意接受处理。重庆市商业委员会对被告君某酒店作出了没收未销售完的假冒贵州茅某酒及罚款的处罚。2008年12月,原告据此向重庆市第五中级人民法院提起诉讼,要求被告停止侵权、消除影响,并赔偿损失50万元。

裁判结果

重庆市第五中级人民法院作出一审判决:1. 被告君某酒店立即停止侵权行为,即停止销售假冒贵州茅某酒的行为;2. 驳回原告中国茅某酒厂的其他诉讼请求。宣判后,中国茅某酒厂提起上诉。重庆市高级人民法院作出二审判决:1. 维持一审判决第1项;2. 撤销一审判决第2项;3. 被上诉人君某酒店赔偿上诉人中国茅某酒厂经济损失3万元;4. 驳回被上诉人中国茅某酒厂的其他诉讼请求。

裁判理由

法院生效裁判认为,酒类经营是一种特种行业,国家有专门的法律法规,经营者必须遵守。按照《酒类流通管理办法》(已废止)第15条的规定,酒类经营者采购酒类商品时,应向首次供货方索取其营业执照、卫生许可证、生产许可证等复印件。本案中,何某某虽系茅某文兴酒业祝福祖国酒销售总部在重庆的业务代表,但总部给何某某出具的授权书载明何某某的权限为负责"祝福祖国酒"系列产品在重庆的销售工作,该销售部与中国茅某酒厂并无关联,何某某没有得到中国茅某酒厂的授权,其无销售贵州茅某酒的资格。君某酒店作为重庆市挂牌五星级豪华商务酒店,在酒类经营中未按照《酒类流通管理办法》(已废止)的规定向首次供货方索取其营业执照、卫生许可证、生产许可证等复印件。虽然君某酒店向法庭提供了其以正常市场价格购买该批贵州茅某酒的发票以及付款凭证,并说明了该酒是从茅某文兴酒业祝福祖国酒销售总部的重庆业务代表何某某处购进,但上述这些行为均不能免除其作为一个酒类经营者遵守《酒类流通管理办法》(已废止)的义务。因而,君某酒店未尽到作为销售者所应尽到的合理审查义务，其主观上存在过错，依法应承担赔偿责任。

编写人：周　敏

23 成都同某合川桃片有限公司与重庆市合川区同某桃片有限公司等侵害商标权及不正当竞争纠纷案[1]

裁判文书二维码

关键词

侵害商标权　不正当竞争　老字号商业标识

裁判要旨

1. 与“老字号”无历史渊源的个人或企业将“老字号”或与其近似的字号注册为商标后，以“老字号”的历史进行宣传的，应认定为虚假宣传，构成不正当竞争。

2. 与“老字号”具有历史渊源的个人或企业在未违反诚实信用原则的前提下，将“老字号”注册为个体工商户字号或企业名称，未引人误认且未突出使用该字号的，不构成不正当竞争，也不侵犯注册商标专用权。

案　号

一审：重庆市第一中级人民法院（2013）渝一中法民初字第00273号民事判决（2013年7月3日）

二审：重庆市高级人民法院（2013）渝高法民终字00292号民事判决（2013年12月17日）

---

〔1〕 本案为最高人民法院指导案例第58号，入选2013年中国法院50件典型知识产权案例。

基本案情

原告(反诉被告)成都同某合川桃片食品有限公司(以下简称成都同某公司)诉称:成都同某公司为"同德福 TONGDEFU 及图"商标权人,余某某先后成立的个体工商户和重庆市合川区同某桃片有限公司(以下简称重庆同某公司),在其字号及生产的桃片外包装上突出使用了"同德福",侵害了原告享有的"同德福 TONGDEFU 及图"注册商标专用权并构成不正当竞争。请求法院判令:重庆同某公司、余某某停止使用并注销含有"同德福"字号的企业名称;停止侵犯原告商标专用权的行为,登报赔礼道歉、消除影响,赔偿原告经济、商誉损失 50 万元及合理开支 5066.4 元。

被告(反诉原告)重庆同某公司、余某某共同答辩并反诉称:重庆同某公司的前身为始创于 1898 年的同德福斋铺,虽然同德福斋铺因公私合营而停止生产,但未中断独特技艺的代代相传。"同德福"第四代传人余某某继承祖业先后注册了个体工商户和公司,规范使用其企业名称及字号,重庆同某公司、余某某的注册行为是善意的,不构成侵权。成都同某公司与老字号"同德福"并没有直接的历史渊源,但其将"同德福"商标与老字号"同德福"进行关联宣传,属于虚假宣传。而且,成都同某公司擅自使用"同德福"知名商品名称,构成不正当竞争。请求法院判令成都同某公司停止虚假宣传,在全国性报纸上登报消除影响;停止对"同德福"知名商品特有名称的侵权行为。

裁判结果

重庆市第一中级人民法院作出一审判决:1. 成都同某公司立即停止涉案的虚假宣传行为;2. 成都同某公司就其虚假宣传行为在其网站刊登声明消除影响;3. 驳回成都同某公司的全部诉讼请求;4. 驳回重庆同某公司、余某某的其他反诉请求。一审宣判后,成都同某公司不服,提起上诉。重庆市高级人民法院作出二审判决:驳回上诉,维持原判。

裁判理由

法院生效裁判认为,个体工商户余某某及重庆同某公司与成都同某公司经营范围相似,存在竞争关系;其字号中包含"同德福"三个字与成都同德福公司的"同德福 TONGDEFU 及图"注册商标的文字部分相同,与该商标构成近似。其登记字号的行为是否构成不正当竞争的关键在于该行为是否违反诚实信用原则。成都同某公司的证据不足以证明"同德福 TONGDEFU 及图"商标已经具有相当知名度,即便他人将"同德福"登记为字号并规范使用,不会引起相关公众误认,因而不能说明余某某将个体工商户字号注册为"同德福"具有"搭便车"的恶意。而且,在 20 世纪 20 年代至 50 年代,"同德福"商号享有较高商誉。同德福斋铺先后由余某春、余某光、余某祚三代人经营,尤其是在余某光经营期间,同德福斋铺生产的桃片获得了较多荣誉。余某某系余某光之孙、余某祚之子,基于同德福斋铺的商号曾经获得的知名度及其与同德福斋铺经营者之间的直系亲属关系,将个体工商户字号登记为"同德福"具有合理性。余某某登记个体工商户字号的行为是善意的,并未违反诚实信用原则,不构成不正当竞争。基于经营的延续性,其变更个体工商户字号的行为以及重庆同某公司登记公司名称的行为也不构成不正当竞争。

从重庆同某公司产品的外包装来看,重庆同某公司使用的是企业全称,标注于外包装正面底部,"同德福"三个字位于企业全称之中,与整体保持一致,没有以简称等形式单独突出使用,也没有为突出显示而采取任何变化,且整体文字大小、字形、颜色与其他部分相比并不突出。因此,重庆同某公司在产品外包装上标注企业名称的行为系规范使用,不构成突出使用字号,也不构成侵犯商标权。就重庆同某公司标注"同德福颂"的行为而言,"同德福颂"四个字相对于其具体内容(三十六字打油诗)字体略大,但视觉上形成一个整体。其具体内容系根据史料记载的同德福斋铺曾经在商品外包装上使用过的一段类似文字改编,意在表明"同德福"商号的历史和经营理念,并非为突出"同德福"三个字。且重庆同某公司的产品外包装使用了多项商业标识,其中"合川桃片"集体商标特别突出,其自有商标也比较明显,并同时标注了"合川桃片"地理标志及重庆市非物质文化遗产,相对这些标识来看,"同德福颂"及其具体内容仅属于普通描述性文字,明显不具有商业标识的形式,也不够突出醒目,客观上不容易使消费者对商品来源产生误认,也不具备替代商标的功能。因此,重庆同某公司标注"同德福颂"的行为不属于侵犯商标权意义上的"突出使用",不构成侵犯商标权。

成都同某公司的网站上登载的部分"同德福牌"桃片的历史及荣誉,与史料记载的同德福斋铺的历史及荣誉一致,且其在网站上标注了史料来源,但并未举证证明其与同德福斋铺存在何种联系。此外,成都同某公司还在其产品外包装标明其为“百年老牌”“老字号”“始创于清朝乾隆年间”等字样，而其“同德福 TONGDEFU 及图”商标核准注册的时间是 1998 年，就其采取前述标注行为的依据，成都同某公司也未举证证明。成都同某公司的前述行为与事实不符，容易使消费者对于其品牌的起源、历史及其与同德福斋铺的关系产生误解，进而取得竞争上的优势，构成虚假宣传，应承担相应的停止侵权、消除影响的民事责任。

编写人：刘娟娟

24 四川省古某酒厂有限公司与张某某侵害商标权纠纷案[1]

裁判文书二维码

关键词

侵害商标权　销售者　合理审查义务　赔偿责任

裁判要旨

酒类产品属于特许经营产品，按照《酒类流通管理办法》（已废止）的规定，应严格执行酒类流通随附单制度。酒类经营者在购入酒类商品时如没有按照规定索取有效的产品质量检验合格证明复印件以及加盖酒类经营者印章的《随附单》，应视为其未尽到合理审查义务，不能免除销售者的赔偿责任。

案　号

一审：重庆市第三中级人民法院（2015）渝三中法民初字第00084号民事判决（2015年9月14日）

二审：重庆市高级人民法院（2015）渝高法民终字第00509号民事判决（2015年12月30日）

基本案情

四川省古某酒厂有限公司（以下简称古某酒厂公司）诉称：1997年4月，国家商标局审定古某酒厂公司使用的"郎"商标为驰名商标。经国家商标局核准，古蔺县久某投资有限公司于酒类商品取得"郎"注册商标，古蔺县久某

〔1〕 本案入选2015年中国法院50件典型知识产权案例。

投资有限公司许可古某酒厂公司独占使用“郎”商标,许可使用期限为2011年3月1日起至2015年7月29日止。张某某于2013年在重庆市涪陵区建涪路明瑜国际5栋平层(明娱茶楼旁)经营某香唐餐厅,经营范围为餐饮服务。2014年1月9日,经举报,涪陵区工商局在张某某经营的某香唐餐厅库房和运输车内检查到139瓶贵宾郎酒,经委托鉴定,均系假冒。张某某之前以单价7.5元/瓶采购了贵宾郎酒240瓶,并在自己经营的某香唐餐厅进行销售,售价20元/瓶,共售出101瓶。该批涉案酒在酒瓶瓶身和包装盒上标有“郎”字样。涪陵区工商局认为其销售假冒贵宾郎酒是侵权行为,并于2014年3月对张某某作出行政处罚。古某酒厂公司遂向一审法院起诉请求判令:1.张某某立即停止销售假冒郎酒(侵害第230457号注册商标)的行为;2.张某某赔偿古某酒厂公司的损失和为制止侵权行为所支付的合理开支5万元。

裁判结果

重庆市第三中级人民法院作出一审判决:1.张某停止侵害第230457号“郎”注册商标专用权的行为,不得再销售假冒上述商标的商品;2.驳回古某酒厂公司的其他诉讼请求。一审宣判后,古某酒厂公司不服,提起上诉。重庆市高级人民法院作出二审判决:1.维持一审判决第1项;2.撤销一审判决第2项;3.被上诉人张某某赔偿古某酒厂公司经济损失5000元;4.驳回上诉人古某酒厂公司的其他诉讼请求。

裁判理由

法院生效裁判认为,根据《酒类流通管理办法》(已废止)第15条的规定,酒类经营者对每批购进的酒类商品应索取有效的产品质量检验合格证明复印件以及加盖酒类经营者印章的《随附单》。《随附单》随附于酒类商品流通的全过程,单随货走,单货相符,具有对酒类商品进行溯源和便于酒类经营者、酒类消费者识别酒类商品真伪的重要作用。酒类经营者在购进酒类商品时,只有严格遵守了上述规定,方能认定其尽到了合理审查义务,进货来源合法。虽然张某某主张其销售的涉案郎酒系从重庆市江北区盘溪市场重庆运鸿酒业经营部经营者苑某处购进,同时提供了进货清单、中国农业银行转账凭证及经销商名片予以佐证,但酒类产品属于特许经营产品,张某某未向供货方索取有效的产品质量检验合格证明复印件以及加盖酒类经营者印章的酒水《随附单》,违反了《酒类流通管理办法》(已废止)的相关规定,没有在购买涉案郎酒时尽到合理的审查义务,无法证明进货渠道的合法性。因此,张某某依法应对古某酒厂公司承担侵犯注册商标专用权的赔偿责任。

编写人:宋黎黎

25 北京美某医院管理咨询有限公司与北碚和某医院侵害商标权纠纷案

裁判文书二维码

关键词

侵害商标权　英文商标　证明妨碍　法定赔偿

裁判要旨

1. 单独使用字号的行为是否属于行为人合法使用企业名称的问题,应当结合企业名称区别商业经营主体的基本功能来认定。单独使用字号必然导致其指向范围扩大,只有行为人通过持续使用致使单独字号与完整企业名称、商业主体之间能够产生对应关系时,单独使用字号的行为才能发挥企业名称的功能。反之,其突出使用行为仍构成商标性使用。

2. 注册商标由中英文共同组成,尽管因语言文字习惯,中文部分较之英文部分更具显著性,但不妨碍英文部分在特定条件下仍成为该商标重要组成部分。英文标识侵权与否不以对应中文标识侵权与否为前提条件,即便使用对应中文标识不构成侵权,若英文标识与权利人英文商标相同或者近似且足以导致相关公众混淆的,仍应被商标法所禁止。

3. 人民法院适用法定赔偿方式确定赔偿额时,除考虑法律规定因素外,还可以考虑双方当事人盈利能力、证据保全执行情况、证明妨碍等因素。

案　号

一审:重庆市第一中级人民法院(2015)渝一中法民初字第01153号民事判决(2015年12月17日)

基本案情

原告北京美某医院管理咨询有限公司(以下简称北京美某医院)诉称:其系第4182184号、第4182278号、第5007438号注册商标专用权人,先后无偿授权北京、上海、广州等地16家医院使用上述商标。经使用,上述商标已经在中国范围内享有较高知名度。被告北碚和某医院于2009年9月15日经卫生主管机关批准成立,嗣后在其经营的三个网站及医院店招、宣传广告、就诊卡等多处突出使用与权利标识相同或近似的商业标识,侵害了原告享有的注册商标专用权。北京美某医院提起诉讼,请求判令:1.北碚和某医院立即停止侵犯北京美某医院注册商标专用权的行为;2.北碚和某医院赔偿北京美某医院经济损失302万元(含维权合理开支12万元);3.北碚和某医院在《南方周末》《重庆晨报》声明致歉;4.诉讼费用由北碚和某医院承担。

被告北碚和某医院辩称:1.其企业名称核准时间早于权利商标获准注册时间,依法享有先用抗辩权;2.被控"United Family Healthcare"英文标识是其企业名称英文翻译,与权利人"United Family 和睦家"中英文商标既不相同也不近似;3.被控""图形标识系从他处购买所得,其对商标权归属不知情且无主观过错等。

法院经审理查明:北京美某医院系第4182184号""、第4182278号"United Family 和睦家"、第5007438号"和美家"注册商标专用权人,三枚商标的核准项目均为第44类"医院、保健、医药咨询等服务"。第4182184号、第4182278号商标的注册公告日均为2007年11月7日至2017年11月6日,第5007438号商标的申请日为2005年11月17日,注册公告日为2009年10月14日。北京美某医院先后许可北京、上海、天津等地16家医院使用上述权利标识,通过多家期刊媒体进行广告宣传,且获得国际医疗卫生机构认证联合委员会颁布的JCI认证证书与多项荣誉证书。北碚和某医院于2009年9月15日经卫生主管机关批准成立。北京美某医院于2015年5月、6月公证取证显示,北碚和某医院于其经营网站与医院内多处突出使用"""和美家""北碚和美家医院""和美家医院""和美家医院""北碚和美家医院 United Family Healthcare"等标识。北京美某医院明确其指控侵权行为是北碚和某医院于其经营网站与医院内多处突出使用前述标识，不包括北碚和某医院规范使用企业名称的行为。另外，一审法院根据原告申请于 2015 年 8 月 20 日裁定被告提交其财务账簿、报表、纳税证明以及近两年的银行账户收支明细，但被告仅提交了 2013 年、2014 年资产负债表和利润表。

裁判结果

重庆市第一中级人民法院作出一审判决：1. 被告立即停止在医院服务上使用“ ”“United Family Healthcare”标识，并立即停止在医院服务上突出使用“和美家”标识；2. 被告赔偿原告经济损失 100 万元；3. 被告赔偿原告维权合理费用 10 万元；4. 被告在《重庆晨报》上刊登声明（内容需经法院审核），消除影响；5. 驳回原告的其他诉讼请求。一审宣判后，双方当事人均未提起上诉，一审判决已生效。

裁判理由

法院生效裁判认为，首先，关于图形商标侵权与否的问题。被告在相同服务上使用相同标识“ ”，属于《中华人民共和国商标法》第 57 条第 1 项规定的侵犯注册商标专用权之行为。被告是否具有主观过错，可能影响其民事责任承担，但不影响其行为的定性评价。其次，关于中文商标侵权与否的问题。其一，针对“和美家”系被告合法使用企业字号的抗辩意见，关键在于评判被告之行为是否构成商标法意义上的“商标性使用”。企业名称的基本功能是识别商业经营主体。通常情况下，字号被单独使用必然会扩大其指向范围进而无法实现前述企业名称的基本功能，只有在字号经长期使用并与企业名称形成稳定对应关系的特定情况下，方能发挥企业名称的功能。被告并未证明其单独字号与完整企业名称之间通过使用行为形成了对应关系，故其突出使用“和美家”标识的行为不属于合法使用企业名称的行为，客观上仍起到识别服务来源的作用。其二，针对先用抗辩权的意见，被告获准设立不意味着其已经实际使用被控标识，即便其关于设立之日开始使用的主张成立，其使用时间亦晚于权利标识的申请日期，且其未举示“一定影响”的证据，因此其先用抗辩意见不能成立。再次,关于英文商标侵权与否的问题。英文标识是否侵权并不以对应中文标识是否侵权为前提条件,即便使用对应中文标识不构成侵权,若英文标识与权利人英文商标相同或者近似,仍应被商标法所禁止;被控侵权标识“United Family Healthcare”中“Healthcare”(医疗、卫生保健)在本案语境下仅指服务项目,不能起到识别服务来源之作用,“United Family”构成被控侵权标识的显著性部分。结合权利商标已具有一定市场知名度,被告的使用行为容易导致相关公众混淆,属于侵犯商标权的行为。最后,关于损害赔偿确定的问题。在案证据不足以支持精确赔偿,结合涉案商标的知名度及其许可使用情况,被告的经营规模、持续时间、盈利能力及主观过错程度,证据保全执行情况等,酌定被告赔付原告经济损失100万元及维权合理开支10万元。

编写人:赵志强

26 重庆松某管道设备厂与上海松某橡胶制品厂等侵害商标权纠纷案〔1〕

裁判文书二维码

关键词

侵害商标权　组合商标　行政区划名称　近似判断

裁判要旨

将县级以上行政区划的名称作为组合商标的一部分申请商标注册并获得注册的，如被控侵权人将与该行政区划名称的字形近似的文字或者组合作为其产品标识使用的，在判断该组合商标和标识是否构成近似时，应综合考虑该地名在整个组合商标中所占比例或者是否构成组合商标的主要部分，组合商标和被控侵权标识在隔离观察下的近似程度，以及被控侵权标识在相关地域的使用情况等因素。

案　号

一审：重庆市第五中级人民法院（2015）渝五中法民初字第01143号民事判决（2016年1月27日）

二审：重庆市高级人民法院（2016）渝民终151号民事判决（2016年10月17日）

基本案情

重庆松某管道设备厂（以下简称重庆松某厂）诉称：其于2005年8月和

〔1〕 本案入选2016年中国法院50件典型知识产权案例。

2008年9月取得了"凇江"组合商标和"松江"组合商标的注册。"松江"商标经多年经营使用,具有广泛知名度和美誉度,于2012年12月获得了重庆市著名商标。重庆松某厂发现上海松某橡胶制品厂(以下简称上海松某厂)在其生产、销售的管道用橡胶接头类产品上使用了由"淞江"文字、"SJ"字母及"菱形"图案构成的图文标识,与其注册商标在字形、字音上都极其近似,足以造成消费者误认,侵犯了其注册商标专用权。重庆环某管道设备有限公司(以下简称环某公司)、重庆市高新技术产业开发区昌某阀门销售部(以下简称昌某销售部)销售了涉案侵权产品并在互联网上进行宣传,构成了共同侵权。综上,重庆松某厂起诉请求:1. 上海松某厂立即停止生产、销售侵犯重庆松某厂商标专用权的产品,并停止侵权行为;2. 上海松某厂在重庆、上海两地报纸上刊登启事,消除其侵权行为造成的影响;3. 环某公司、昌某销售部停止销售侵权产品;4. 上海松某厂、环某公司、昌某销售部赔偿经济损失100万元;5. 上海松某厂、环某公司、昌某销售部赔偿为制止侵权行为付出的差旅费、律师费、公证费、侵权物品采购费等费用4万元;6. 上海松某厂、环某公司、昌某销售部承担本案诉讼费用。

被告辩称:"松江"商标与"淞江"标识不构成近似,也不会引起混淆,请求驳回重庆松某厂的上诉请求。

法院经审理查明:1. 原告分别取得"松江"组合商标和"凇江"组合商标的商标专用权,后者为防御性商标注册,未实际使用。2. 被诉侵权产品使用了"淞江"标识。

裁判结果

重庆市第五中级人民法院作出一审判决:驳回原告重庆松某厂的诉讼请求。一审宣判后,重庆松某厂不服,提起上诉。重庆市高级人民法院作出二审判决:驳回上诉,维持原判。

裁判理由

法院生效裁判认为,判断商标近似时,要充分考虑"松江"二字在"松江"图文组合商标中所起到的作用。重庆松某厂在其"松江"图文组合商标被核准注册之前和之后,曾多次申请注册含有"松江"文字的图文组合的其他商标,但申请均被驳回,由此可知“松江”二字作为县级以上行政区划名称如果要单独注册或者作为商标的主要部分进行注册,将不予核准。而要想将含有“松江”文字的组合商标注册成功,只有尽量降低“松江”文字的比例或者突出图形或符号在整个组合商标中的位置和比例,尽可能让“松江”组合商标的整体含义与地名相分离,使该商标具有区别于地名的其他含义,而这在重庆松某厂所注册成功的涉案“松江”组合商标的文字、图形和符号的构成上得到了体现。因此在判断“松江”组合商标与“淞江”标识是否构成近似时,应以图形、符号为主要部分,而“松江”文字作为次要部分。经过比对,虽然“松江”“淞江”两个组合商标和“淞江”标识的个别要素相同或近似,但整体和主要部分存在明显区别,因此不构成商标近似。由于“松江”和“淞江”组合商标与“淞江”标识并不近似,且“淞江”组合商标也并未实际使用,故相关公众不会将“淞江”标识所标注商品与“淞江”组合商标所标注商品的来源产生误认,进而不构成混淆。

编写人:黑小兵

27 法国轩某某公司与蓬某酒业有限公司侵害商标权纠纷案〔1〕

裁判文书二维码

关键词

侵害商标权　立体商标　三维标志　显著性

裁判要旨

组合立体商标的专用权范围由三维标志和平面要素的显著性决定。当两要素均具有显著性，且三维标志相对于平面要素视觉冲击力更大，特征更明显时，相关公众能够第一时间通过该三维标志识别商品来源，对立体商标的保护范围更具影响。

案　号

一审：重庆市渝北区人民法院（2016）渝0112民初17407号民事判决（2017年11月22日）

基本案情

原告法国轩某某公司诉称：法国轩某某公司是世界著名酒类生产公司，其生产的“Hennessy”系列酒品成为世界著名的法国名酒品牌。就法国轩某某公司生产的V.S.O.P系列酒品而言，其圆柱形的酒瓶下微宽上微窄，瓶子底部较窄，瓶肩部有一个特定的弧度，瓶颈较短。该三维立体形状具有较强的显著性，作为立体商标在中国商标局获准注册，注册号为第4842349号。蓬

〔1〕 本案入选2017年中国法院50件典型知识产权案例。

某酒业有限公司先后在重庆、成都的展会上销售其生产的白兰地酒，上述酒使用的酒瓶形状与法国轩某某公司的立体商标高度近似，侵害了法国轩某某公司享有的商标权。请求判令：1. 蓬某酒业有限公司停止侵害法国轩某某公司第 4842349 号注册商标专用权的行为，即停止销售侵权产品，并停止对其销售的葡萄酒产品使用与第 4842349 号注册商标相同或相似的酒瓶和包装；2. 蓬某酒业有限公司赔偿法国轩某某公司经济损失 3 000 000 元（包括律师费 90 000 元，检索费用 5752 元）。

被告蓬某酒业有限公司辩称：1. 涉案商标不具有显著性，酒瓶本身与酒不能分离；2. 被控侵权产品与原告商品存在极其显著的差异，不相似、不会导致消费者混淆和误认，不构成对原告商标的侵权。

法院经审理查明：1. 法国轩某某公司系案涉立体商标专用权人。2. 被控侵权产品上相关企业名称显示为"蓬某酒业有限公司"字样。当庭拆封上述物品并查看涉案"万事好金奖白兰地"酒，该酒的外形特征为：酒呈暗红色，放在一个透明的圆形玻璃瓶内，玻璃瓶由瓶盖、瓶颈、瓶身和底座组成；瓶颈裹有深色塑料贴，塑料贴与瓶盖相连；瓶身上部有呈近似扁平椭圆形的瓶贴，上有"V · S · O · P"字样，该瓶贴正下方为近似正方形的瓶贴，上有"Waterwall"、"V · S · O · P"及"万事好金奖白兰地"字样。

裁判结果

重庆市渝北区人民法院作出一审判决：1. 被告蓬某酒业有限公司立即停止在其生产的商品上使用与第 4842349 号商标相同或近似的酒瓶及瓶贴；2. 被告蓬某酒业有限公司赔偿原告法国轩某某公司经济损失及合理费用共计 15 万元；3. 驳回原告法国轩某某公司的其他诉讼请求。宣判后，各方当事人均未提起上诉，裁判已生效。

裁判理由

法院生效裁判认为，商标权的保护范围应当以商标注册证上显示的标识特征为准，立体商标的保护范围应当以商标注册证上的图形或照片为准。具体到本案，第 4842349 号注册商标的核定使用商品为酒类商品，商标注册证上的照片共计 6 幅，由以上照片看，第 4842349 号立体商标的特征不仅包含商品的立体形状,还包括附着于该商品装潢的形状及所处位置,既包含具有独特形状、比例的立体瓶型,还包括附着于瓶型的瓶贴形状及所处的位置。上述特征的组合,区别于一般的酒瓶,具有显著特征,能够识别商品来源,共同构成该商标的特征。且涉案立体商标经过原告的广泛宣传使用,具有较高的知名度,相关公众已将该立体商标——尤其是立体商标中的立体形状与原告建立了稳定的联系,该立体商标中的立体形状已不仅仅是商品的容器,其已经起到识别商品来源的作用。被控侵权商品使用的瓶型以及瓶型上使用的瓶贴的形状及位置均与权利标识高度相似。在上述立体权利标识已具有较高知名度的前提下,即使瓶贴内容有所差别,涉案商品使用上述组合特征的立体标识,也易使相关公众对商品来源产生误认,故涉案商品上使用的立体标识与第 4842349 号注册商标构成近似,被告在涉案商品上使用上述立体标识的行为构成侵权。

编写人:余　博

28 秀山土家族苗族自治县某经济协会与重庆君某商贸有限公司等侵害商标权纠纷案[1]

裁判文书二维码

关键词

侵害商标权　地理标志　证明商标

裁判要旨

证明商标不同于普通商标。被告在其生产、销售的商品上使用原告的证明商标,其目的是借助证明商标的良好信誉和影响力,故意制造混淆、误导公众,令公众将该商品误判为权利人证明商标的商品,因此,该行为构成商标侵权,应承担相应的法律责任。

案　号

一审:重庆自由贸易试验区人民法院(2019)渝 0192 民初 1476 号民事判决(2019 年 10 月 8 日)

基本案情

原告秀山土家族苗族自治县某经济协会(以下简称秀山某协会)诉称:其于 2005 年 12 月正式成立,并于 2010 年 6 月申请注册了"秀山土鸡"地理标志证明商标,核准注册在第 29 类非活鸡和第 31 类活鸡商品上,注册号分别为第

[1] 本案入选重庆法院民营经济司法保护典型案例(第四批)。

8422039号、第8422040号,商标专用权期限为2010年11月21日至2020年11月20日。2017年3月2日,重庆市工商行政管理局认定秀山某协会第8422040号"秀山土鸡"图文组合商标为重庆市著名商标。2018年11月10日,原告向被告重庆君某商贸有限公司(以下简称君某公司)出具授权书,载明秀山某协会授权君某公司于2018年11月10日至2019年11月9日在重庆市区域内经销秀山土鸡、土鸡蛋,负责协会系列产品在该区域的招商推广、宣传、销售及售后服务等。2019年1月,原告发现被告君某公司、被告蒋某某自行印制带有"秀山土鸡"标识的标签粘贴在非原告授权的供应商提供的鸡上,并在被告成都盒某鲜生网络科技有限公司(以下简称盒某公司)及其他超市销售。2019年1月,重庆市南岸区食药监管理所在南岸区白鹤路130号附60的贻农汇原产地生鲜超市处查扣君某公司"秀山土鸡""秀山土鸭"等标签以及几只尚未贴标签的鸡(非活体),其中带有"秀山土鸡"标识的标签数量为6217张,该标签中"秀山土鸡"的字体、大小以及标签整体颜色、组成与原告"秀山土鸡"商标整体近似。原告认为君某公司、蒋某某、盒某公司上述行为已经构成恶意侵权,遂诉至法院请求判令三被告停止侵权、消除影响、赔偿损失等。

被告君某公司辩称:被控侵权标识与原告注册商标有明显差异,不会引起消费者混淆。被告盒某公司、蒋某某辩称:盒某公司对君某公司、蒋某某的侵权行为不知情,不应承担连带责任。

法院经审理查明:1. 案涉侵权产品包装盒标签上突出使用"秀山老鸭"标识。2. 盒某公司销售涉案"秀山土鸡"有合法来源,尽到了合理的审查义务。

裁判结果

重庆自由贸易试验区人民法院作出一审判决:1. 君某公司立即停止销售侵犯秀山某协会第8422039号、第8422040号注册商标专用权的涉案商品;2. 盒某公司立即停止销售侵犯秀山某协会第8422039号、第8422040号注册商标专用权的涉案商品;3. 君某公司在"华龙网"持续刊登声明15天以消除影响(内容需经法院审核);4. 君某公司于本判决生效之日起5日内赔偿原告秀山某协会经济损失6万元;5. 蒋某某对本判决第4项确定的君某公司的付款义务承担连带清偿责任;6. 驳回秀山某协会的其他诉讼请求。宣判后,各方当事人均未提起上诉,裁判已生效。

裁判理由

法院生效判决认为,秀山某协会依法享有涉案"秀山土鸡"图文组合证明商标权。被告君某公司生产、销售的鸡上使用的"秀山土鸡"标识与原告主张的涉案商标构成近似。君某公司将自行印制的带有"秀山土鸡"标识的标签粘贴在非原告授权供应商提供的鸡上进行销售的行为构成商标侵权,应当承担停止侵权、消除影响、赔偿损失的民事责任。被告蒋某某系被告君某公司的唯一股东,个人财产没有独立于君某公司的财产,因此,其应当对被告君某公司的债务承担连带责任。盒某公司销售涉案商品具有合法来源,不承担赔偿责任。

编写人:贺海艳

29 重庆某某防水材料有限公司等与重庆某某防水建材有限公司侵害商标权及不正当竞争纠纷案[1]

裁判文书二维码

关键词

侵害商标权　不正当竞争　恶意注册　权利基础正当性

裁判要旨

被诉侵权人有意借由商品在区分表类别归属不明，在后于其他类别注册与权利人商标相近似的商标，并使用在权利人已具有市场影响力的同一种商品之上造成市场混淆，被诉侵权人的行为违背诚实信用原则构成权利滥用，其使用自有商标的抗辩不应得到司法支持，法院应当认定侵权成立。

案　号

一审：重庆市第一中级人民法院（2017）渝01民初843号民事判决（2020年10月23日）

二审：重庆市高级人民法院（2021）渝民终96号民事判决（2021年6月25日）

基本案情

沈阳某经贸公司享有第1347502号劳亚尔商标，1999年注册，核定使用

[1] 本案入选2021年中国法院50件典型知识产权案例。

商品为第 1 类,2005 年授权给重庆某某防水材料有限公司(以下简称重庆某材料公司)用于生产销售防水浆料系列商品。截至 2013 年,"劳亚尔"品牌在防水行业具有较高知名度。重庆市袖某厂享有第 5270376 号劳亚尔商标,2009 年注册,核定使用商品为第 19 类,2013 年重庆某某防水建材有限公司(以下简称重庆某建材公司)从其发展前身重庆袖某厂受让该商标。2017 年,沈阳某经贸公司在三门县公证购买了标有重庆某建材公司的三种防水浆料商品,其上有劳亚尔商标。重庆某材料公司、沈阳某经贸公司认为,重庆某建材公司构成侵害商标权。重庆某建材公司辩称其系合法使用自有商标,并未侵权。

裁判结果

重庆市第一中级人民法院作出一审判决:1. 重庆某建材公司立即停止侵害第 1347502 号商标专用权的注册商标的行为;2. 重庆某建材公司立即停止在其生产销售的涉案商品外包装上使用与重庆某材料公司、沈阳某经贸公司特有装潢相近似装潢的不正当竞争行为;3. 重庆某建材公司在《重庆晚报》上刊登声明、消除因侵权行为给重庆某材料公司、沈阳某经贸公司带来的影响;4. 重庆某建材公司赔偿重庆某材料公司、沈阳某经贸公司的经济损失及为制止侵权支付的合理费用共计 50 万元;5. 驳回重庆某材料公司、沈阳某经贸公司的其他诉讼请求。一审宣判后,重庆某建材公司不服,提起上诉。重庆市高级人民法院作出二审判决:驳回上诉,维持原判。

裁判理由

法院生效裁判认为,被控侵权人援引自有商标权作正当性抗辩,应对其权利基础进行必要审查,借此合理裁量司法保护范围和力度。基于知识产权保护激励创新的目的和比例原则,司法保护范围和强度应当与其显著性和知名度相适应。更为重要的是,申请注册和使用商标,应当遵循诚实信用原则。在后注册使用的商标,在具体商品可能存在种类归属不清之时,理应对同一行业内同种商品上的在先商标进行合理避让,以保护在先合法权利或利益,避免对他人已有合法权益的入侵或掠夺。重庆某建材公司作为相同地域内、经营范围高度重合的生产经营者,对权利人商标完全不了解的可能性极低;

"劳亚尔"本身为无固定含义臆造词,具有较强固有显著性,因巧合而出现雷同注册的可能性极低;涉案产品在区分表归属长期未有定论,从重庆某建材公司拥有的注册商标类别可以推知其对此现象有所认知的可能性极高。重庆某建材公司对于权利人商标非但没有进行合理避让,反而将商标长期大量使用于生产销售同类商品之上,造成市场混淆误认,明显具有攀附在先商标所载商誉的故意。重庆某建材公司在后非善意取得使用注册商标,其行为违反诚实信用原则,构成权利滥用。

编写人:王　乐

30 某有限公司与佛山市某陶瓷有限公司等侵害商标权纠纷案[1]

裁判文书二维码

关键词

侵害商标权　不规范使用商标　近似商标

裁判要旨

在商标使用过程中以字体变更等方式不规范使用商标，与权利人驰名商标构成近似的，容易使相关公众对商品来源产生混淆，仍构成商标侵权。

案　号

一审：重庆市渝中区人民法院（2022）渝 0103 民初 29705 号民事判决（2023 年 3 月 13 日）

基本案情

某有限公司（以下简称某公司）系“
”驰名商标权利人。某公司发现高新技术产业开发区某建材销售中心（以下简称某建材销售中心）售卖印有“
”标识的瓷砖，外包装侧面印有佛山市某陶瓷有限公司（以下简称佛山某公司）的名称及地址，扫描二维码出现“冠军印象瓷砖”公众号。原告某公司诉称：佛山某公司、某建材销售中心的生产、销售行为明显具有攀附“冠军瓷砖”品牌知名度的故意，易造成消费者混淆误认，损害某公司驰名商

〔1〕 本案入选重庆法院民营经济司法保护典型案例（第十一批）。

标声誉,故要求其停止侵权行为并赔偿损失。

被告佛山某公司辩称:其法定代表人毛某某系"冠军印象 GUANJUNYINXIANG"商标专有权人,该商标使用在其核定使用的商品上,且国家知识产权局已认定"冠军印象 GUANJUNYINXIANG"商标不存在容易误导误认的情形,裁定维持该商标。因此,其使用上述商标的行为正当合法。

裁判结果

重庆市渝中区人民法院作出一审判决:1. 被告某建材销售中心立即停止侵害原告某公司注册商标专用权的行为,即停止销售带有"冠軍大理石"标识的产品以及在店铺门头、店内宣传不规范使用"冠军印象 GUANJUNYINXIANG"商标标识;2. 被告佛山某公司停止侵害原告某公司"冠軍""冠軍"注册商标专用权的行为,即停止生产带有"冠軍大理石"标识的产品;3. 被告某建材销售中心10日内赔偿原告某公司经济损失及合理费用共计2.5万元;4. 被告佛山某公司、毛某某10日内连带赔偿原告某公司经济损失及合理费用共计8万元;5. 驳回原告某公司的其他诉讼请求。宣判后,各方当事人均未提起上诉,裁判已生效。

裁判理由

法院生效裁判认为,国家知识产权局虽已认定"冠军印象 GUANJUNYINXIANG"商标不存在容易误导误认的情形并予以维持,但应以规范使用商标为前提。当出现商标使用不规范情形,与他人在先注册商标专用权产生冲突时,仍应按照《商标法》的相关规定对不规范使用商标的行为进行判断。佛山某公司在瓷砖样品广告中使用的"冠軍陶瓷"标识,系将"冠军印象 GUANJUNYINXIANG"商标中的"冠军"变更为"冠軍"使用,且在"冠軍陶瓷"宣传标识中还将"印象"二字故意缩小,使"冠軍陶瓷"字样更为突出。上述标识中所包含的"冠軍"字样与某公司享有的驰名商标"冠軍"字样相同,构成近似商标。佛山某公司与某建材销售中心作为专业的建材从业商,理应知晓"冠軍"商标,但未尽到合理注意义务,仍生产、销售含"冠軍"字样的商品,应当承担侵权责任。

编写人:龚　箭

31 某米科技有限责任公司与北京某饮品公司侵害商标权及不正当竞争纠纷案[1]

裁判文书二维码

关键词

驰名商标　跨类保护　比例原则

裁判要旨

对于采取多元化模式进行经营的驰名商标主体,有必要契合比例原则进行强化的跨类保护。具体而言,不应局限于相关核准注册商品种类的联想范围,而应当对强显著性和高知名度的驰名商标实行更大程度的跨类保护,对恶意攀附商誉的"搭便车"行为予以坚决的否定性评价,以充分有效地维护权利人的合法权益。

案　号

一审:重庆市第一中级人民法院(2022)渝01民初3284号民事判决(2023年7月31日)

二审:重庆市高级人民法院(2023)渝01民终299号民事判决(2023年12月29日)

基本案情

某米科技有限责任公司(以下简称某米科技公司)注册了第8228211号

〔1〕 本案入选重庆法院2023年知识产权司法保护十大典型案例。

“小米”、第 8911270 号“”商标，核定使用商品为第 9 类即手提电话等；后又注册了第 10674562 号、第 25789474 号“小米”商标，核定使用商品为第 32 类。某米科技公司第 8228211 号“小米”、第 8911270 号“”商标系驰名商标，具有很高的市场知名度。原告诉称：市场上有大量未经授权侵犯原告注册商标专用权的“小米可乐”在售，北京某饮品公司委托天津某公司、某食品公司等生产“小米可乐”饮品，并使用易被误认为是某米科技公司商品或者与某米科技公司存在特定联系的橙白配色、“小米可乐，不负‘小米’之名”、“2010 年，小米，致敬苹果，2018 年，小米致敬可乐”、“小米手机，为发烧而生，小米可乐，为发酵而生”等广告语宣传被诉侵权商品。某米科技公司据此向法院起诉北京某饮品公司构成商标侵权及不正当竞争行为。

被告辩称：其行为不构成商标侵权和不正当竞争，且原告也未对涉案商标进行使用，应当驳回原告的全部诉讼请求。

裁判结果

重庆市第一中级人民法院作出一审判决：1. 北京某饮品公司立即停止商标侵权及不正当竞争行为；2. 北京某饮品公司赔偿某米科技公司经济损失 500 万元及合理费用 13 万余元。北京某饮品公司不服，提起上诉。重庆市高级人民法院作出二审判决：驳回上诉，维持原判。

裁判理由

法院生效裁判认为，综合考量某米科技公司的多元化经营模式、案涉商标知名度及商誉辐射情况和被控侵权产品的产品标识、装潢、广告宣传及营销方式等整体因素，被控侵权标识的使用既易于使相关公众将被控侵权产品与某米科技公司建立特定联系从而导致市场区分的混淆，也易于使相关公众将该被控侵权标识与某米科技公司的案涉驰名商标建立相当程度的联系，从而不正当利用某米科技公司驰名商标的市场声誉，侵犯了某米科技公司享有的相关案涉注册商标专用权，其使用的广告宣传语、产品及宣传中使用的与某米科技公司近似的橙白配色等，整体上已形成对某米科技公司商誉的攀附，北京某饮品公司的行为构成不正当竞争行为，应承担侵权责任。天津某公司、某食品公司作为委托生产商,未尽合理审查注意义务,应承担相应的侵权责任。

编写人:徐　真

第四编

反不正当竞争与垄断案件

32 太某集团重庆涪陵制药厂有限公司与沈阳恒某生物保健品有限公司、重庆市渝中区恒某堂药房不正当竞争纠纷案[1]

裁判文书二维码

关键词

不正当竞争　知名商品[2]　特有装潢

裁判要旨

1. 人民法院在认定知名商品时,主要考虑商品的销售时间、销售区域、销售金额和销售对象以及对该商品进行宣传的持续时间、程度和地域范围、曾经作为知名商品受保护的情况等因素。

2. 对知名商品的保护反映了社会公众对商品知名后的普遍认同,其前提必然是该商品能够为公众所轻易识别。缺乏显著特征的商品名称、包装、装潢难以起到识别作用,不能受到法律保护。

案　号

一审:重庆市第五中级人民法院(2007)渝五中民初字第225号民事判决(2008年3月21日)

---

[1] 本案入选2008年中国法院50件典型知识产权案例。

[2] 2019年《反不正当竞争法》修订时,将"知名商品"修改为"有一定影响的商品",下同。

基本案情

太某集团重庆涪陵制药厂有限公司(以下简称太某涪陵制药厂)诉称:太某涪陵制药厂生产的“曲美”减肥胶囊,因其安全方便、疗效显著,在减肥市场上获得了极高的产品声誉和市场占有率,已经成为中国减肥市场上的第一品牌。沈阳恒某生物保健品有限公司(以下简称沈阳恒某公司)、重庆市渝中区恒某堂药房(以下简称恒某堂药房)以生产、经营为目的,擅自使用了与其知名商品近似的包装、装潢,使普通消费者难以区分,侵犯了太某涪陵制药厂的合法权益,太某涪陵制药厂遂诉至法院,请求判令:1. 沈阳恒某公司停止生产、销售侵权产品,恒某堂药房停止销售侵权产品;2. 沈阳恒某公司、恒某堂药房撤回在市场上销售的全部侵权产品并交太某涪陵制药厂销毁;3. 沈阳恒某公司赔偿太某涪陵制药厂经济损失 15 万元,恒某堂药房在不能说明产品合法来源的情况下与沈阳恒某公司承担连带赔偿责任;4. 沈阳恒某公司、恒某堂药房承担太某涪陵制药厂侵权调查费 1428.09 元;5. 沈阳恒某公司、恒某堂药房承担本案诉讼费用。

被告恒某堂药房辩称:原告的诉讼请求没有事实和法律依据,被告销售的产品具有合法来源且没有义务知道所销售的产品侵犯了原告的权利。

裁判结果

重庆市第五中级人民法院作出一审判决:1. 沈阳恒某公司立即停止侵权行为,包括停止生产、销售使用侵权装潢的“曲线美”减肥胶囊;2. 恒某堂药房立即停止侵权行为,包括停止销售使用侵权装潢的“曲线美”减肥胶囊;3. 沈阳恒某公司赔偿太某涪陵制药厂经济损失 15 万元;4. 驳回太某涪陵制药厂的其他诉讼请求。

裁判理由

法院生效裁判认为,首先,知名商品是指在市场上具有一定知名度,为相关公众所知悉的商品。太某涪陵制药厂生产的“曲美”减肥胶囊获得了国家和重庆市的多项奖励,具有较高声誉;其于 2001 年至 2007 年通过明星代言、电视媒体、报刊和车身广告等方式面向全国对“曲美”减肥胶囊进行了持续宣传,影响覆盖面较广;“曲美”减肥胶囊的销售区域遍布 25 个省、直辖市,覆盖了国内主要市场，证明“曲美”减肥胶囊已经具有较高的市场知名度，为消费者和行业内其他经营者、销售者等相关公众所熟知。因此，“曲美”减肥胶囊应属减肥药品领域内的知名商品。其次，特有的包装、装潢是指非为相关商品所通用，并具有显著区别性特征的包装、装潢。包装是指为识别商品以及方便携带、储运而使用在商品上的辅助物和容器；装潢是指为识别与美化商品而在商品或者其包装上附加的文字、图案、色彩及其排列组合。“曲美”减肥胶囊使用了呈长方体状的纸盒包装，该包装为胶囊类药品所通用，不具有区别商品来源的显著特征，因而不能构成“曲美”减肥胶囊特有的包装。对于商品装潢是否相似的判断应当根据装潢的主要部分和整体印象来作认定，并以一般购买者施以普通注意力是否会发生误认为标准。虽然“曲线美”减肥胶囊的装潢与“曲美”减肥胶囊在局部细节上存在区别，但从整体上观察，都是在柠檬黄的底色上突出标识了“曲美”或“曲线美”字样以及“S”形图案，并且在装潢的主要部分即“曲”字和“S”形图案、胶囊图案以及同拼音字体的组合等方面十分近似。因此，沈阳恒某公司在“曲线美”减肥胶囊上使用了与“曲美”减肥胶囊近似的装潢。最后，判断沈阳恒某公司的使用行为是否构成不正当竞争行为，应当考虑该使用行为是否损害了太某涪陵制药厂的合法权益。双方产品疗效和消费人群相同，且二者的销售渠道均是通过药房对外销售，由于“曲线美”减肥胶囊使用了与“曲美”减肥胶囊近似的装潢，足以使一般购买者在仅施以普通注意力的情况下将“曲线美”减肥胶囊误认为是“曲美”减肥胶囊。因此，沈阳恒某公司在“曲线美”减肥胶囊上使用与“曲美”减肥胶囊特有装潢近似的装潢已经构成了不正当竞争行为，应承担侵权责任。

编写人：曹　柯

33 重庆银某文化传媒有限公司与重庆某某大学等虚假宣传纠纷案[1]

裁判文书二维码

关键词

不正当竞争　虚假宣传　公平竞争秩序

裁判要旨

宣传公益活动的行为具有间接营利性的特点，而在公益宣传中各个主体之间也存在广义上的竞争关系。因此，在公益活动中就活动相关信息进行假冒宣传或夸大宣传的行为，如果破坏了公平竞争秩序，误导了消费者，损害了其他竞争者的合法权益，也应认定为《中华人民共和国反不正当竞争法》第8条所规定的虚假宣传行为，追究其民事责任。

案　号

一审：重庆市第五中级人民法院(2009)渝五中法民初字第247号民事判决(2009年11月3日)

基本案情

原告重庆银某文化传媒有限公司(以下简称银某公司)诉称：2009年6月，在原告承办的“2009中国·重庆绿色形象大使活动”开展过程中，被告重庆某某大学与被告重庆方某乐园旅游有限公司(以下简称方某公司)签订了协议，由被告方某公司对“方某绿色形象大使活动”冠名。二被告进行大量宣

[1] 本案入选2009年中国法院50件典型知识产权案例。

传,积极招募"方某绿色形象大使"。在其宣传资料中,注明活动主办方与"2009 中国・重庆绿色形象大使活动"的主办方相同,并且对活动流程的描述也与"2009 中国・重庆绿色形象大使活动"一致。原告认为,二被告的行为属于虚假宣传行为,对原告合法利益造成了侵害,遂诉至法院,请求:1. 判令二被告立即停止侵害,即取消"方某绿色形象大使活动";2. 判令二被告消除影响并向原告赔礼道歉;3. 判令二被告连带赔偿原告经济损失 5 万元;4. 本案诉讼费用由二被告承担。

被告重庆某某大学辩称:其未虚假宣传行为。原告银某公司在被告举办的活动结束以后才获得了独家授权,被告没有侵犯原告的合法权益。被告方某公司辩称:方某公司的赞助行为属于公益性质的活动。二被告与原告没有竞争关系,不符合不正当竞争的主体条件,不会侵犯原告的经济利益。二被告的行为也不会使相关公众产生误解,不构成虚假宣传行为。

裁判结果

重庆市第五中级人民法院作出一审判决:1. 被告重庆某某大学和方某公司向原告银某公司赔偿经济损失 1 万元;2. 驳回原告银某公司的其他诉讼请求。

裁判理由

法院生效裁判认为,首先,关于两被告之行为是否属于虚假宣传的认定。对于从事商品经营或者营利性服务的主体而言,承办公益活动或在公益活动中冠名可以起到扩大其知名度的作用,有利于承办者或冠名者所从事的商品经营或者营利性服务,增强其竞争实力和交易机会。因而,承办公益活动以及在公益活动中冠名的行为具有广告宣传的商业价值,应当遵循诚实信用原则及商业道德,不得作出引人误解的虚假宣传。本案中,重庆某某大学为"方某绿色形象大使招募活动"的承办者,而被告方某公司为冠名赞助者。两被告均没有提供充分证据证明其已经获得合法授权承办或冠名"2009 中国・重庆绿色形象大使活动",也未提供充分证据证明海报上所记载的相关内容属实。因此,法院根据日常生活经验、相关公众一般注意力、发生误解的事实和被宣传对象的实际情况等因素,认定该行为属于引人误解的虚假宣传行为。

其次,关于两被告之行为是否侵犯了原告的合法权益的认定。“2009 中国·重庆绿色形象大使活动”具有一定的广告商业价值,并且原告作为活动承办单位能够在承办活动中进行商业赞助招商等商业行为,因而享有合法的商业利益。两被告实施虚假宣传行为,足以导致相关公众的混淆和误解,其主观上存在过错。而被告方某公司作为冠名单位也未尽到合理的审查义务。因此,二被告违反了诚实信用原则和公认的商业道德,扰乱了社会经济秩序,损害了原告银某公司的商业利益,构成不正当竞争行为。

编写人:曹　柯

34 海某中国皮革城股份有限公司与重庆空港浙某皮革城管理有限公司侵害商标权及不正当竞争纠纷诉中禁令案[1]

裁判文书二维码

关键词

侵害商标权　不正当竞争　诉中禁令

裁判要旨

在侵害商标权及不正当竞争纠纷案件中，一审法院已经认定被控侵权人构成侵权，但被控侵权人在二审审理过程中仍继续从事被诉商标侵权及不正当竞争行为的，若被控侵权人的该行为最终被认定侵权的可能性较大，且不及时制止该行为将对权利人的竞争优势、市场份额造成难以弥补的损害后果的，则在权利人提供适当担保的前提下，人民法院可以对被控侵权人的商标侵权及不正当竞争行为发布诉中临时禁令。

案　号

禁令：重庆市高级人民法院（2016）渝民终536号民事裁定（2016年12月19日）

基本案情

海某中国皮革城股份有限公司（以下简称海某皮革城公司）主张“海某皮

〔1〕本案入选2016年中国法院50件典型知识产权案例。

革城”是其知名服务特有的名称。重庆空港浙某皮革城管理有限公司(以下简称浙某皮革城公司)在重庆市开办了空港海某皮革城市场。浙某皮革城公司在该皮革市场建筑物、微信号、网站等广告宣传中,使用了“海某皮革城”“空港海某皮革城”“重庆空港海某皮革城”“重庆浙某空港(海某)皮革城”“空港(海某)皮革城”等标识、标语。为此,海某皮革城公司起诉请求:浙某皮革城公司立即停止商标侵权行为和不正当竞争行为,并赔偿使用“海某皮革城”名称给海某皮革城公司造成的经济损失1312.5万元,支付为制止侵权所支出的合理开支2.5万元。同时,海某皮革城公司在诉讼中申请诉中禁令,请求:1. 浙某皮革城公司不得以“海某皮革城”名义[包括“空港海某皮革城”“重庆空港海某皮革城”“重庆浙某空港(海某)皮革城”“空港(海某)皮革城”等字样]开展广告宣传活动,销毁其印制的带有“海宁皮革城”名称的宣传资料;2. 浙某皮革城公司立即停止使用“海某皮革城”名称,拆除其市场招牌、路牌、广告牌上使用的“海宁皮革城”名称;删除k×××××微信号以及www.k×××××.com网站上使用的“海宁皮革城”名称及图片。

被告浙某皮革城公司辩称:原告提供的证据不能证明其前身为“海某皮革城”,“海某皮革城”不是其知名服务特有名称,被控侵权标识与原告的商标不相似,不构成侵犯商标权。浙某皮革城公司与原告均不存在商品销售行为,故本案不构成不正当竞争。

裁判结果

重庆市高级人民法院作出裁定:1. 浙某皮革城公司立即停止使用“海某皮革城”名义[包括“空港海某皮革城”“重庆空港海某皮革城”“重庆浙某空港(海某)皮革城”“空港(海某)皮革城”等字样]开展广告宣传活动,并销毁印制有“海某皮革城”“空港海某皮革城”“重庆空港海某皮革城”“重庆浙某空港(海某)皮革城”“空港(海某)皮革城”等字样的宣传资料;2. 浙某皮革城公司立即停止使用“海某皮革城”名称[包括“空港海某皮革城”“重庆空港海某皮革城”“重庆浙某空港(海某)皮革城”“空港(海某)皮革城”等],删除其市场招聘、路牌、广告牌上使用的“海某皮革城”“空港海某皮革城”“重庆空港海某皮革城”“重庆浙某空港(海某)皮革城”“空港(海某)皮革城”等字样名称,删除k×××××微信号以及www.k×××××.com网站上使用的“海某皮革城”“空港海某皮革城”“重庆空港海某皮革城”“重庆浙某空港(海某)

皮革城”“空港(海某)皮革城”等字样的名称及图片。

裁判理由

法院生效裁判认为,海某皮革城公司与浙某皮革城公司均从事专业皮革市场相关服务,具有直接竞争关系。浙某皮革城公司使用“海某皮革城”名称[包括“空港海某皮革城”“重庆空港海某皮革城”“重庆浙某空港(海某)皮革城”“空港(海某)皮革城”等字样]宣传、经营涉嫌侵犯海某皮革城公司的权益,有可能构成不正当竞争。当时季节是重庆皮革服装销售旺季,若不及时制止浙某皮革城公司的上述行为,可能对海某皮革城公司的竞争优势、市场份额造成难以弥补的损害后果,在海某皮革城公司提供适当担保的前提下,有必要对浙某皮革城公司的上述行为发布禁令。

编写人:戈光应

35 渝中区晓某老火锅与渝北区林峰晓某餐饮店不正当竞争纠纷案〔1〕

裁判文书二维码

关键词

不正当竞争　关联企业　知名度共享

裁判要旨

具有较紧密关联关系的企业使用近似标识，且上述标识使用在同种或类似商品服务上，如果其中一个标识经过使用获得一定知名度后，会导致相关公众认为另一个标识与其存在特定联系，那么该标识的知名度及其承载的商誉可正向传导到另一个标识。

案　号

一审：重庆市渝北区人民法院（2017）渝0112民初7238号民事判决（2017年12月1日）

基本案情

原告渝中区晓某老火锅诉称：2010年7月5日，原告注册成立，经营范围为火锅。原告成立伊始使用的店招即为"晓某火锅"，2014年11月28日之后加"渝味"二字改为"渝味晓某火锅"。2012年3月22日，"晓某火锅"被评为"重庆火锅50强"。2013年夏天，中央电视台著名美食栏目《舌尖上的中国》第二季栏目组选中"晓某火锅"作为节目素材之一，对渝中区晓某老火锅进行

〔1〕 本案入选2017年中国法院50件典型知识产权案例。

了采访。已有包括原告(总店)在内的直营店、连锁店、联营店覆盖了重庆、江苏、广东、成都、内蒙古、新疆等几十个城市。2016 年 7 月 7 日,被告渝北区林峰晓某餐饮店注册成立。被告工商登记的名称使用了“晓某”字样且在经营过程中使用“晓某老火锅”作为自己火锅店的名称,并在户外广告、订餐卡、点菜单、楼梯贴纸、店内宣传贴等宣传载体上使用“晓某老火锅”“晓某火锅”字样。原告认为,被告的上述行为足以让消费者产生误解,让消费者以为被告经营的“晓某老火锅”就是原告经营的,或者与原告有关联。请求判令:1. 被告在餐饮服务上立即停止使用带有“晓某”字样的店面招牌以及其他任何使用“晓某”字样进行经营活动的不正当竞争行为;2. 被告变更企业名称中的字号,变更后不得含有与“晓某”相同或近似字样;3. 被告在《重庆晨报》、华龙网上公开发文消除对原告造成的影响并向原告赔礼道歉;4. 被告赔偿原告损失 407 865 元(包含为制止侵权产生的费用,即公证费 2000 元、律师服务费及差旅费 5500 元、餐费 238 元、照片冲洗费 127 元)。

被告渝北区林峰晓某餐饮店辩称:个体工商户字号不属于《中华人民共和国反不正当竞争法》第 6 条规定的企业名称,原告没有提供证据证明“晓某”标识的知名度,即使晓某属于知名字号,其权利人应该是张某个人而非原告;被告使用的商标系合法注册所得,被告不存在主观恶意,也不会造成相关公众混淆误认;原告的注册商标是“渝味晓某”,而非“晓某”,企业名称的知名度会随着时间的变化而变化,原告 2014 年后就没有使用“晓某”字号,故其没有较高知名度。

裁判结果

重庆市渝北区人民法院作出一审判决:1. 被告立即停止使用带有“晓某”字样的店面招牌以及其他任何使用“晓某”字样进行经营活动的不正当竞争行为。2. 被告变更登记其企业名称,变更后的企业名称中不得使用“晓某”二字。3. 被告在华龙网上刊登声明以消除影响(内容需经法院审核);如逾期不履行,法院将在华龙网上公布本判决的主要内容,刊登费用由被告负担。4. 被告赔偿原告经济损失 70 000 元。5. 驳回原告的其他诉讼请求。

裁判理由

法院生效裁判认为,虽然涉案奖项被授予主体并不完全是原告,也有其关联公司晓某公司,但原告的经营者与该关联公司的法定代表人均为同一人,该关联公司的主营业务是推广"晓某火锅""渝味晓某火锅"品牌,且原告是该关联公司的直营店,双方均是经营"晓某火锅""渝味晓某火锅"品牌的主体,故原告与其关联公司是具有紧密联系的民商事主体,上述品牌所获荣誉以及积累的商誉原告也可以享有。原告在实际经营过程中先后使用了"晓某火锅"和"渝味晓某火锅",两者起识别作用的均为"晓某"二字,两者的区别仅在于后者比前者多了"渝味"两个字,而"渝味"通常理解为"重庆味道",后者与前者是包含与被包含关系,故原告并未放弃使用"晓某火锅",原告使用"渝味晓某火锅"应视为对"晓某火锅"连续持续的使用。原告在经营过程中使用的店招始终有"晓某"二字,且起主要识别作用的也是"晓某"。原告对"渝味晓某火锅"的宣传使用应当视为对"晓某火锅"的宣传使用,且在"晓某火锅""渝味晓某火锅"经过广泛宣传使用,具有一定知名度的前提下,"晓某"二字已经凝聚了原告的商誉,故"晓某"同时作为原告的字号,该字号在火锅行业亦具有较高的知名度,为相关公众所知悉,相关公众会将该字号与原告建立稳定的联系,属于受反不正当竞争法保护的企业名称。被告在店面门头上突出使用"晓某"字样侵害了原告享有的企业名称权,被告在店内玻璃墙、点菜单、订餐卡、预结单、宣传贴、楼梯贴纸上使用"晓某"字样侵害了原告享有的知名服务特有名称权利。

编写人:余　博

36 重庆天某食品有限责任公司与成都天某味精有限公司等不正当竞争纠纷案[1]

裁判文书二维码

关键词

不正当竞争　包装装潢权　标识共存

裁判要旨

1. 商品装潢与注册商标均具备区别商品来源的标识性作用。通常情况下，商标核准注册后，在其核定使用的商品范围内，与其相同或者近似的商品装潢，不能再通过实际使用行为而使相应主体享有商品装潢相关权益，否则将损害商标注册制度的基本价值。但如果基于历史原因，商品装潢与注册商标分属于不同的主体，两者在长期使用过程中形成了共存的状态，在商品装潢具有较高知名度的情况下，该商品装潢应当受到反不正当竞争法的保护。

2. 企业名称权因登记而取得，具有地域性，其保护范围应与其知名度范围一致。企业名称在先登记的权利人有权排除他人在相同行政区划范围内登记同一名称，但能否禁止他人在核准登记的区域范围外以相同或近似的字号登记为企业名称，则取决于企业字号的知名度大小及知名度范围。

案　号

一审：重庆市渝北区人民法院（2016）渝0112民初9726号民事判决（2017年3月31日）

二审：重庆市第一中级人民法院（2017）渝01民终3926号民事判决

[1] 本案入选2018年中国法院50件典型知识产权案例。

(2018年5月28日)

基本案情

重庆天某食品有限责任公司(以下简称重庆天某公司)诉称:重庆天某公司前身系吴某初先生和张某云先生于1923年在上海创办的天某味精制造厂。其生产的谷氨酸钠含量为80%的粉末状味精深受消费者喜爱,先后获得众多荣誉称号,在国内味精行业享有盛誉。其将具有显著特征的外包装持续用于上述味精产品,并经过长期广泛的推广宣传,该外包装已具有区别同类商品来源的显著特征,是上述味精产品特有的包装装潢。重庆天某公司"天某"字号也被评为"企业法人知名字号"。成都天某味精有限公司(以下简称成都天某公司)自成立以来,未经许可,将原告的知名字号"天某"作为其企业名称,并在其生产的同类味精产品上擅自使用与原告特有包装近似的外包装,极易误导消费者认为两者具有同一性或具有关联关系,其行为构成不正当竞争。江北区双某食品经营部(以下简称双某经营部)作为成都天某公司的总代理在重庆盘溪市场批发销售该味精,而刘某是双某经营部的实际经营者和销售者。成都天某公司、双某经营部、刘某的行为构成共同侵权,应承担连带赔偿责任。请求判令:1. 成都天某公司立即停止生产、销售外包装与重庆天某公司产品相同或近似的产品,并销毁上述侵权产品,停止在网站上宣传上述侵权产品;双某经营部、刘某停止销售上述侵权产品。2. 成都天某公司、双某经营部、刘某连带赔偿重庆天某公司经济损失共计1 000 000元(含重庆天某公司为本案诉讼支付的合理开支包括公证费14 000元、律师费100 000元)。3. 成都天某公司停止在其企业名称中使用"天某"字号,并在《重庆日报》、《四川日报》、《广东日报》、重庆卫视、四川卫视、广东卫视向重庆天某公司公开赔礼道歉,以消除影响。

被告成都天某公司辩称:原告主张的包装装潢权益不能成立,被告使用的商业标识与原告主张权利的商业标识完全不同,不会导致消费者混淆或者关联误认;原告不享有"天某"字号专用权,虽然被告于2009年之前曾使用过"天某"字号,但之后使用的是"天某天雁"字号而未再继续使用"天某"字号。另外,在味精制造行业,全国范围内多家商业主体均存在使用"天某"字号之情形,并非原告所能独有垄断,故被告不构成不正当竞争,应当驳回原告的诉讼请求。

裁判结果

重庆市渝北区人民法院作出一审判决:1. 成都天某公司立即停止在其生产、销售、网络宣传的味精产品中使用与重庆天某公司生产的谷氨酸钠含量为80%的粉末状袋装味精包装装潢相近似的包装装潢,双某经营部、刘某立即停止销售包装装潢与重庆天某公司生产的谷氨酸钠含量为80%的粉末状袋装味精包装装潢相近似的味精产品;2. 成都天某公司赔偿重庆天某公司经济损失及合理费用共计人民币100 000元,双某经营部、刘某共同赔偿重庆天某公司经济损失及合理费用共计10 000元;3. 成都天某公司立即停止使用含有"天某"字样的企业名称;4. 驳回重庆天某公司的其他诉讼请求。成都天某公司、双某经营部、刘某均不服一审判决,提起上诉。重庆市第一中级人民法院作出二审判决:1. 维持一审判决第1项、第4项;2. 撤销一审判决第3项;3. 变更一审判决第2项为:上诉人成都天某公司赔偿被上诉人重庆天某公司经济损失及合理费用80 000元。

裁判理由

法院生效裁判认为,通常情形下,包装装潢中的主要部分被他人申请注册为商标后,该包装装潢不应当再获得反不正当竞争法的保护,原因在于反不正当竞争法对于包装装潢的保护本质上是对未注册商标的保护,相对于商标法对注册商标的保护而言具有补充性。商标核准注册后即具有专用权,在其核定使用的商品范围内,与其相同或者近似的标识,不能再通过实际使用行为而使相应主体享有包装装潢的相关权益,否则将损害商标注册制度的基本价值。本案中,案外人将涉案包装装潢的主要部分注册为商标,但案外人与重庆天某公司均源于吴某初创办的天某味精厂,两者之间具有历史渊源关系。双方签订的协议从表面上看是一种商标许可,实质上是基于特定历史背景下的商标共存使用。涉案包装装潢具有较高知名度,具备识别商品来源的作用,重庆天某公司有权就该包装装潢主张权利。成都天某公司在相同商品上使用了与涉案包装装潢近似的包装装潢,足以使相关消费者对两者的来源发生混淆,产生误认,其行为构成不正当竞争。

编写人:张　琰

37 重庆易某科技有限公司与黄某不正当竞争纠纷案[1]

裁判文书二维码

关键词

不正当竞争　微信公众号　经营者　竞争关系　商业诋毁

裁判要旨

自然人虽没有直接从事商品生产、经营或提供服务，但其利用社交网络平台发布文章获利、接受赞助、为其他经营者做广告宣传等，可以认定其在从事或参与经营活动，进而被认定为反不正当竞争法上的经营者。

案　号

一审：(2019)渝0192民初243号民事判决(2019年6月11日)

基本案情

原告重庆易某科技有限公司(以下简称易某公司)诉称：原告成立于2008年，是国内领先专注宠物行业的互联网公司，原告旗下电子商务平台"E宠www.epet.com"是备受青睐的宠物用品独立B2C平台。原告发现被告举办的"爱某"微信公众号发布的原创文章捏造、散布虚伪事实，对原告的商品进行恶意诋毁、贬低，以此达到吸引读者眼球、谋取不当得利的目的，削弱了原

[1] 本案入选重庆法院2019年知识产权司法保护十大典型案例、重庆法院民营经济司法保护典型案例(第四批)。

告的市场竞争力。被告的行为构成商业诋毁。故原告起诉要求被告立即停止商业诋毁行为，发表致歉声明以消除不良影响。

被告黄某未到庭应诉亦未作出答辩。

法院经审理查明：易某公司成立于2008年3月25日，E宠商城系其旗下的电子商务平台。易某公司获得"重庆市电子商务示范企业""优秀互联网信息服务企业"等多项荣誉。被告黄某系微信公众号"爱某"的运营者，该公众号简介为"爱猫，一个猫咪公众号"，主要有三个板块：科普、公益、合作。该公众号曾发文宣传E宠商城、感谢赞助商、介绍医疗团队等。2018年12月14日，该公众号发文"渴望说它的粮没有质量问题？我来狠抽它脸！"2018年12月21日，该公众号发文"E宠销售的临期猫粮，是问题粮？假粮？"中有"但如果从猫粮外观判断，看着问题也非常之大""但可以说E宠销售的2.22批次临期渴望猫粮问题非常大！疑似假货""爱猫君个人建议：基本不在该平台购买宠物粮，毕竟口碑不算太好"等内容。

裁判结果

重庆自由贸易试验区人民法院作出一审判决：1. 被告黄某立即停止商业诋毁行为，即删除其"爱某"微信公众号（微信号：a×××××××××）中发布的文章"E宠销售的临期猫粮，是问题粮？假粮？"；2. 被告黄某在其"爱某"微信公众号（微信号：a×××××××××）头条连续30天公开发表致歉声明以消除影响（声明内容须经法院审核）；3. 驳回原告易某公司的其他诉讼请求。判决作出后双方均未上诉，一审判决已生效。

裁判理由

法院生效判决认为，本案黄某虽是自然人，没有直接从事商品生产、经营或提供服务，但其作为爱某公众号开办者，通过在公众号上发布文章开通打赏功能获利、接收赞助并为赞助商家做推广宣传及在公众号上为其他商家和团队做广告推广，可认定为从事或参与经济活动，应当被认定为反不正当竞争法上的经营者。易某公司开办的E宠商城主要销售宠物用品，直接或间接从事涉及猫粮产业的经济活动，而无论黄某是为其他商家做广告推广抑或曝光其他商家猫粮，其结果必然导致其他商家获得竞争优势或者破坏其他商家竞争优势,对猫粮市场造成影响。因此,原、被告在上述领域存在相应竞争关系。黄某发布的“渴望说它的粮没有质量问题?我来狠抽它脸!”文章不构成商业诋毁。在“E宠销售的临期猫粮,是问题粮?假粮?”文章中,黄某在明知E宠商城临期渴望猫粮检测报告和正常渴望猫粮检测报告数值相差不大,没有其他证据的情况下,仍然在文中使用“但如果从猫粮外观判断,看着问题也非常之大”“但可以说E宠销售的2.22批次临期渴望猫粮问题非常大!疑似假货”等内容,已超出正当商业评价范畴,属于误导性信息,容易使该类商品或服务的消费者以及与该商品或服务的营销有密切关系的其他经营者,因上述信息陷入错误认识,对易某公司产生错误评价,损害易某公司的商誉,明显有违诚信原则和商业道德,构成商业诋毁。

编写人:贺海艳

38 重庆指某建材有限公司与重庆市某材料协会等不正当竞争纠纷案[1]

裁判文书二维码

关键词

不正当竞争　行业协会　经营者　行为主体　虚假信息

裁判要旨

1.《中华人民共和国反不正当竞争法》第 2 条对“经营者”的界定采用的是“行为标准”。行业协会从事商品生产或者提供服务等经营活动的,应认定为经营者。

2. 区分行业协会行为、会员行为以及协会与会员的共同行为,应当综合考虑实施该行为的主体身份、职责、行为名义、业务范围、受益人、行为性质等因素。若行业协会的特定会员与协会存在身份、利益混同且对协会具有控制能力,则对以协会名义实施的以该会员为直接受益对象的经营行为,应认定为协会和该会员的共同行为。

3. 界定某一信息是否属于《中华人民共和国反不正当竞争法》第 11 条规定的“虚假信息”,应以信息发布时的实际情况为据。若信息内容在信息发布时属于“编造”,即应认定为虚假信息。即便信息发布者事后能证明该信息的真实性,也不能补正其此前行为的“正当性”。

案　号

一审:重庆市渝北区人民法院(2018)渝 0112 民初 10211 号民事判决

[1] 本案裁判文书获评第三届全国法院“百篇优秀裁判文书”。

(2018年12月16日)

二审:重庆市第一中级人民法院(2019)渝01民终1026号民事判决(2019年10月25日)

基本案情

指某公司在与多某公司等就公租房使用的烟道防火止回阀项目竞标中,其产品被重庆市地某集团纳入指定产品。之后,烟道专委会分别致函重庆市地某集团及其项目部,称指某公司生产的防火止回阀与标准规范要求不符合,希望地某集团慎重等。函末联系电话的使用者为吴某,其系重庆市某协会二级分会烟道专委会的负责人,又是小某牌防火止回阀产品的重庆总代理、多某公司的股东和经理,还是云某公司的法定代表人和股东,云某公司系万某牌防火止回阀的重庆总代理,小某牌、万某牌防火止回阀与指某公司的产品同为公租房指定使用品牌,多某公司和云某公司均为重庆市地某集团的供货商。指某公司认为,烟道专委会的函件针对其产品质量现状所作的陈述无事实依据,属于捏造事实,构成商业诋毁,遂提起诉讼。

被告重庆市某协会、吴某共同辩称:烟道专委会发送案涉函件是规范行业的行为,其向特定第三人发送案涉函件的行为并不构成侵权,其内容也不存在捏造事实和诋毁的情形。指某公司举示的证据不足以证明其产品为合格产品。

裁判结果

重庆市渝北区人民法院作出一审判决:重庆市某协会立即停止向第三人发布与案涉函件内容相同的商业诋毁内容并赔偿指某公司经济损失30 000元(含合理费用)。重庆市某协会、指某公司不服一审判决,提起上诉。重庆市第一中级人民法院作出二审判决:1. 撤销一审判决;2. 吴某立即停止发布与案涉函件内容相同或近似的函件;3. 吴某向重庆市地某集团、重庆市地某集团培都佳园项目部发出书面声明以消除影响;4. 吴某、重庆市某协会向指某公司支付为制止侵权行为所支付的合理费用25 000元。

裁判理由

法院生效裁判认为,首先,对反不正当竞争法中经营者的认定,应采用“行为标准”,即不论其主体资格如何,只要其从事或参与了商品生产、经营或者提供服务的市场行为,均应认定为经营者。据重庆市某协会章程所载服务内容,其可构成反不正当竞争法意义上的经营者。关于本案行为主体问题,法院认为,案涉函件内容超出了烟道专委会的业务职责范围,其与其会员单位多某公司在人员、场地和其他方面具有高度重合性,吴某作为多某公司的股东和总经理,具有加盖烟道专委会印章的条件和便利性等因素,吴某与烟道专委会应系本案的共同行为主体。其次,反不正当竞争法所称虚假信息是指与真实信息情况不相符的信息,但此处的“真实情况”不是指“绝对真实”,而是指在特定时间相关主体所认可的“真实”。“特定时间”点应确定为经营者编造或者传播相关信息的时间点。本案重庆市某协会及吴某当庭确认案涉函件发出时,其中陈述的内容并无证据予以佐证,应属于编造、传播了“虚假信息”,因而构成反不正当竞争法上的商业诋毁。至于被诉行为实施后作出的检测报告,无论其结论如何,均不能补正该行为的正当性进而影响该行为的定性。最后,案涉函件系由烟道专委会和吴某共同发出,依法应当由二者承担连带责任,因烟道专委会系重庆市某协会的二级分会,烟道专委会的相应责任应由后者承担。

编写人:周　映

39 上海冠某园食品有限公司与重庆某食品有限公司等侵害商标权及不正当竞争纠纷案[1]

裁判文书二维码

关键词

侵害商标权　不正当竞争　许可标注　实质性审查

裁判要旨

企业名称的登记注册具有地域性。在境外登记注册的企业名称(字号)与境内有一定影响企业字号相同或近似的情况下,人民法院在审查境内被许可人对企业字号的使用是否具有正当性时,不能仅凭许可关系即认定行为合法,应依据诚实信用原则,从授权许可的真实目的、境内外企业之间是否存在关联关系及其相关使用行为是否造成相关公众混淆等方面进行全面的实质性审查,从而规制利用企业名称的区域性登记注册规则来实施《中华人民共和国反不正当竞争法》第6条第2项规定的混淆行为。

案　号

一审:重庆自由贸易试验区人民法院(2019)渝0192民初6600号民事判决(2019年9月3日)

二审:重庆市第一中级人民法院(2019)渝01民终10705号民事判决(2019年12月13日)

---

〔1〕 本案入选2019年中国法院50件典型知识产权案例。

基本案情

上海冠某园食品有限公司系驰名商标"冠某园"及企业字号"冠某园"的权利人。重庆某食品有限公司经台湾冠某园集团(香港)有限公司授权,在其生产、销售的"广式台冠月饼"产品包装袋侧面标注了授权商企业全称"台湾冠某园集团(香港)有限公司"字样,南岸区某食品超市销售了涉案月饼,并在打印的小票上标注"冠某园多口"字样。上海冠某园食品有限公司认为上述行为构成对其"冠某园"商标权的侵犯,同时存在攀附其"冠某园"企业字号的故意,导致消费者混淆误认,也构成不正当竞争。原告上海冠某园食品有限公司向法院提起诉讼,请求判令:1. 二被告立即停止侵害原告注册商标专用权的行为;2. 被告重庆某食品有限公司立即停止在其生产的涉案月饼上使用"台湾冠某园集团(香港)有限公司"名称;3. 被告南岸区某食品超市赔偿原告经济损失 50 000 元;4. 被告重庆某食品公司赔供原告经济损失 150 000 元;5. 本案诉讼费用由二被告承担。

被告重庆某食品公司辩称:其行为不构成商标侵权和不正当竞争。被告南岸某食品超市辩称:其销售的涉案商品具有合法来源,且在进货时未注意到月饼上有"冠某园"文字。

裁判结果

重庆市自由贸易试验区人民法院作出一审判决:1. 重庆某食品有限公司停止在其生产的涉案月饼上使用含有"冠某园"字样的企业名称;2. 重庆某食品有限公司赔偿原告经济损失 80 000 元;3. 驳回原告的其他诉讼请求。重庆某食品有限公司不服,提起上诉,后申请撤回上诉,重庆市第一中级人民法院作出二审裁定:准予撤回上诉。

裁判理由

法院生效裁判认为,"冠某园"可被认定为具有一定影响的企业字号。重庆某食品有限公司在涉案月饼上标示授权商为台湾冠某园集团(香港)有限公司的行为,系其作为同业竞争企业,在明知上海冠某园食品有限公司企业字号具有极高市场知名度与影响力的情况下,违反诚实信用原则,利用其公司法定代表人同时为台湾冠某园集团(香港)有限公司唯一董事的身份地位,以签订授权委托的形式,在其生产的涉案月饼上标注字号与上海冠某园食品有限公司企业字号相同的公司名称,引人误认为涉案产品、企业主体之间存在特定联系,构成不正当竞争行为。

编写人:樊雯龑

40 重庆某工商咨询公司与谭某等侵害商业秘密纠纷案[1]

裁判文书二维码

关键词

不正当竞争　商业秘密

裁判要旨

1. 客户名单,交易意向包括具体需求、价格咨询等具有即时性和私密性且能带来现实利益的商业信息应当作为商业秘密予以保护。

2. 公司(权利人)内部员工为谋取私利,串通公司同业竞争者共同实施非法获取、披露、使用公司商业秘密,损害公司利益并使公司同业竞争者获利,构成共同侵权,情节严重的,员工和同业竞争者应承担侵权所获收益1倍至5倍的惩罚性连带赔偿责任。

案　号

一审:重庆市第五中级人民法院(2019)渝05民初1225号民事判决(2019年12月20日)

基本案情

原告重庆某工商咨询公司诉称:被告谭某在原告任职期间,多次将其掌握的原告已采取保密措施的客户名单及交易意向等商业信息披露给重庆某企业管理咨询公司不当利用,后者获利后与谭某分成。原告认为,谭某与重

〔1〕 本案入选2019年中国法院50件典型知识产权案例。

庆某企业管理咨询公司的侵权行为构成不正当竞争,给其造成了经济损失,遂提起诉讼,请求判令:1. 二被告立即停止侵权行为,不得披露、使用或允许他人使用已知悉的原告商业秘密信息;2. 二被告向原告连带赔偿因侵权造成的损失 10 万元;3. 本案原告因制止侵权支出的合理费用和诉讼费用由二被告承担。

被告谭某辩称:原告举示证据系非法取得,不应予以采信;原告主张的客户名单不构成反不正当竞争法上的商业秘密;被告对外寻找客户并未利用原告主张的经营信息。被告重庆某企业管理咨询公司辩称:原告的客户名单信息不符合商业秘密的法定构成要件;被告重庆某企业管理咨询公司未实施原告指控的贿赂行为;原告主张的经济损失没有依据,原告系恶意诉讼。

裁判结果

重庆市第五中级人民法院作出一审判决:1. 被告谭某、重庆某企业管理咨询公司立即停止不正当竞争行为;2. 被告谭某、重庆某企业管理咨询公司向原告重庆某工商咨询公司连带赔偿经济损失 74 130 元;3. 被告谭某、重庆某企业管理咨询公司连带赔偿为制止侵权产生的合理费用 4500 元;4. 驳回原告的其他诉讼请求。

裁判理由

法院生效裁判认为,本案所涉原告拥有的客户信息包括客户的姓名、电话、微信名片、证照、家庭地址,以及交易意向和需求。其中交易意向和需求包括代办工商注册登记、代办营业执照、代为记账、代为报税,以及询价、报价、成交价等商业信息具有即时性、私密性,属于非公知信息。同时,二被告将客户信息进行交换、买卖,并从中牟利分成的行为,表明案涉商业信息具有一定商业价值。另外,被告谭某在劳动合同中承诺保守原告商业秘密,原告对此种商业秘密采取了相应保密措施。故案涉原告拥有的一般商业信息构成商业秘密。被告谭某在其任原告公司商务顾问期间,违反合同保密义务和要求,利用职务便利,将自己掌握的原告商业秘密以买卖方式披露给被告重庆某企业管理咨询公司,从中牟利,并默许被告重庆某企业管理咨询公司用于其经营活动,其主观恶意明显。而被告重庆某企业管理咨询公司明知被告谭某的身份,引诱被告谭某实施上述违法行为,通过被告谭某获取、使用该商业秘密,并用于其经营活动,也构成对原告商业秘密的侵犯。二被告披露、获取原告商业秘密主观恶意明显,情节严重,构成共同侵权。对于二被告的不正当竞争行为应适用惩罚性赔偿,即以二被告买卖原告商业秘密交易金额24 710 元作为被告因侵权所获利益,并以此为基数的 3 倍,确定二被告连带赔偿原告经济损失 74 130 元。

编写人:黄　键

41 深圳某计算机系统有限公司等与某重庆网络科技有限公司等不正当竞争纠纷案[1]

裁判文书二维码

关键词

不正当竞争　网络技术　虚假刷量　共同侵权

裁判要旨

经营者利用网络技术手段，提供虚假刷量服务，干扰其他经营者正常经营模式和活动，损害其他经营者及用户和消费者合法权益，获取不当利益，扰乱正常竞争秩序，破坏良性竞争关系，构成不正当竞争，应当承担侵权责任。

案　号

一审：重庆市第五中级人民法院（2019）渝 05 民初 3618 号民事判决（2020 年 4 月 26 日）

基本案情

原告深圳某计算机系统有限公司和某科技（深圳）有限公司共同诉称：原告是中国最大的互联网综合服务提供商之一，也是中国服务用户最多的互联网企业之一。原告旗下的产品包括某某空间、某某游戏、某某快报、某某视

[1] 本案入选互联网十大典型案例、2020 年中国法院 50 大知识产权典型案例、2021 年人民法院反垄断和反不正当竞争典型案例。

频、某信、某某微视覆盖 PC 端、移动端、电视端等，在全球范围内具有极强的影响力，已成为用户社交和通信的必备工具。原告调查发现，二被告某重庆网络科技有限公司和谭某登记运营的 www. jiywe * . com 企鹅代商网、www. qieh * . com 企鹅代商网、www. b22. qieh * . com 金招代刷网、www. jz. qieh * . com 金招代刷网、www. diss. qieh * . com 全媒体代刷网、www. souzhuank * . com 搜篆客营销网，利用原告网站和产品从事刷量、刷单有偿服务，并进行推广宣传。刷量、刷单对象不仅包括原告旗下产品，还有与原告相竞争的其他互联网公司旗下产品，如某某头条、爱某艺视频、某音等。二被告利用技术手段，针对原告以及原告同行的网络产品实施有偿刷单、刷量行为，人为虚假提高网络视频、文章的阅读量、点击量和用户粉丝数量，误导消费者，侵害了消费者合法权益，误导原告对产品和特定用户的判断和决策，损害了原告正常经营和合法权益，扰乱了市场竞争秩序，破坏了互联网正当的竞争关系，依据《网络交易监督管理办法》和《反不正当竞争法》，构成不正当竞争。

被告某重庆网络科技有限公司和谭某共同辩称：被告谭某并非适格被告，公司人格独立和股东有限责任是我国公司法的基本原则，公司应以其财产对其债务承担全部责任。被告某重庆网络科技有限公司的经营行为不构成对原告的不正当竞争行为。

法院经审理查明：某重庆网络科技有限公司是自然人独资有限责任公司，谭某系某重庆网络科技有限公司执行董事兼总经理，是该公司的唯一股东。二被告自 2017 年 12 月至 2019 年 7 月分别开设了 www. qieh * . com 企鹅代商网、www. b22. qieh * . com 金招代刷网、www. souzhuank * . com 搜篆客营销网、www. jz. qieh * . com 金招代刷网、www. diss. qieh * . com 全媒体代刷网、www. jiywe * . com 企鹅代商网六个网站。二被告通过其网站高价接受客户委托刷量订单，低价将订单转让或转托他人网络营销平台，并借助和利用网络营销平台技术手段，针对原告网站的产品和服务，虚假提高内容信息的点击量、浏览量、阅读量，并予以宣传，获取委托刷量订单与转托刷量之间的差价，其利润率最高可达 153%。二被告为招揽客户，获取订单，扩大流量，还在其网站上宣传、教授客户如何利用域名建立二级网站，如何代理刷量，利用刷量赚钱等刷量技巧和方法，回答有关刷量疑难问题。

裁判结果

重庆市第五中级人民法院作出一审判决:1. 被告某重庆网络科技有限公司和谭某立即停止不正当竞争行为,即停止在其主办网站上针对深圳某计算机系统公司和某科技(深圳)有限公司互联网产品或服务及其内容信息提供虚假刷量服务;2. 某重庆网络科技有限公司和谭某连带赔偿原告深圳某计算机系统公司和某科技(深圳)有限公司经济损失及为制止不正当竞争行为支出的合理费用共计 120 万元;3. 某重庆网络科技有限公司和谭某在《法治日报》上刊登声明,消除影响;4. 驳回深圳某计算机系统公司和某科技(深圳)有限公司的其他诉讼请求。

裁判理由

法院生效裁判认为,本案诉争的行为是被告接受针对原告和其他互联网经营者的产品或服务进行有偿虚假刷量服务委托后,将刷量订单转交给彩虹系统等专门从事刷量服务的网络营销平台服务商完成,提供互联网产品或服务的虚高或虚假数据,赚取客户缴费与网络营销平台服务商收费之间的差价。被告为故意躲避互联网经营者监管,必然会采取互联网领域现有的插入、搭载、链接或者劫持等技术手段暗中实施刷量行为。被告为实施虚假刷量,在接受客户委托前后,已经在网络技术手段方面做足准备。被告上述行为符合《中华人民共和国反不正当竞争法》第 12 条第 2 款第 4 项关于经营者不得利用技术手段,通过影响用户选择或者其他方式,实施其他妨碍、破坏其他经营者合法提供的网络产品或者服务正常运行的行为的规定,构成不正当竞争。首先,二被告对原告产品或服务或者与其相竞争的产品或服务提供有偿刷量服务,提供虚高或虚假数据,不正当地利用他人已经取得的市场地位和商誉,为自己谋取商业机会和利益,违背了诚实信用原则和商业道德。其次,二被告对互联网产品或服务进行虚假刷量,提供无效访问数据,置互联网经营者(包括原告)于虚假宣传的不当境地,影响互联网经营者的经营决策,干扰互联网经营者的经营模式,降低互联网经营者服务质量,增加互联网经营者的经营成本。再次,二被告针对原告产品或服务或与其有竞争关系的产品或服务,实施对特定互联网产品或服务的虚假刷量行为,欺骗和误导用户和消费者,侵害了用户和消费者的知情权和选择权等合法权益。最后,二被告虚假刷量行为损害了社会公共利益,扰乱了正常市场秩序和良性竞争关系。二被告主观上具有共同实施不正当竞争行为的意思联络,客观上分工合作,构成不正当竞争的共同侵权,应当承担相应的民事责任。

编写人:黄　键

42 某米科技有限责任公司与重庆某科技有限公司不正当竞争纠纷案[1]

裁判文书二维码

关键词

不正当竞争　诉前行为保全

裁判要旨

人民法院审查知识产权诉前行为保全时,应当综合考虑申请人指控的侵权行为是否具有事实基础和法律依据,不采取保全措施是否会对申请人造成难以弥补的损害,采取行为保全措施是否会导致当事人之间利益显著失衡以及是否会损害社会公共利益等因素加以判定。

案　号

保全:重庆市第一中级人民法院(2020)渝01行保1号民事裁定(2020年6月23日)

基本案情

申请人某米科技有限责任公司负责小米电视4系列产品的品牌运营和销售。被申请人重庆某科技有限公司针对小米4A、4C、4X和荣耀智慧屏X1机型开展了一场智能电视直播测评。直播中,被申请人使用压力喷枪对荣耀智慧屏X1以及小米4A的后壳进行火焰喷射,试验结果为小米后壳起火燃烧而荣耀后壳未燃烧。在该直播测评前后数日内,被申请人在其官方微博中发布

[1] 本案入选重庆法院网络空间司法保障典型案例(第二批)。

包括“一场真正的专业折机全程回顾”和“一场真正的专业折机　荣耀智慧屏PK小米电视！”在内的16个微博视频、文章，累计观看次数超过240万次。申请人指控被申请人发布的案涉视频和微博内容属于误导性信息，导致质疑小米电视质量的话题迅速在互联网中发酵，严重误导社会公众对小米电视质量的评价，损害申请人的商业信誉和商品声誉，给申请人造成了难以弥补的重大损失，遂申请诉前行为保全。

裁判结果

重庆市第一中级人民法院作出裁定：重庆某科技有限公司立即删除案涉视频、文章，效力维持至本案判决生效为止。

裁判理由

法院审查认为，申请人与被申请人具有竞争关系。就案涉对比燃烧试验而言，被申请人在对象选择、试验方法、实验完整性、对比条件等方面均存在问题，极有可能误导消费者。案涉视频及相关文章在客观上已导致大量对申请人案涉电视的否定性评价，极可能降低申请人的商业信誉和商品声誉。结合互联网的传播特点，若不及时制止被申请人的行为，将可能继续对申请人造成损害，且该损害将难以弥补。要求被申请人删除案涉视频和文章，不会影响其正常经营。遂裁定被申请人立即删除案涉视频及文章。

编写人：周　映

43 重庆胖某食品有限责任公司与重庆老某食品有限公司侵害商标权及不正当竞争纠纷案[1]

裁判文书二维码

关键词

不正当竞争　惩罚性赔偿　赔偿数额　计算基数

裁判要旨

惩罚性赔偿的适用应以原告提出请求为前提,且惩罚性赔偿数额的计算基数应以法律规定为准,而现行商标法规定的计算惩罚性赔偿数额的基数为原告损失或被告获利或可参考的商标许可使用费三种。因此在前述三种数额均无法查明的情况下,人民法院不应将以前生效判决所确定的法定赔偿数额作为惩罚性赔偿数额的计算基数,而应适用法定赔偿制度酌情确定赔偿数额,但应将被告的主观恶意、情节严重、重复侵权等作为判决较高赔偿数额的酌情考虑因素。

案　号

一审:重庆市第五中级人民法院(2019)渝 05 民初 2046 号民事判决(2020 年 1 月 2 日)

二审:重庆市高级人民法院(2020)渝民终 454 号民事判决(2020 年 7 月 27 日)

---

〔1〕 本案入选 2020 年中国法院 50 件典型知识产权案例。

基本案情

重庆胖某食品有限责任公司(以下简称胖某公司)诉称:重庆胖某公司在2017年11月曾就重庆老某食品有限公司(以下简称老某公司)生产、销售侵犯胖某公司商标权和不正当竞争的产品向法院起诉,重庆市第五中级人民法院于2018年5月14日作出(2017)渝05民初1638号民事判决,判决老某公司停止生产、销售侵权产品,停止相关的不正当竞争行为,赔偿经济损失10万元。判决生效后,胖某公司向法院申请强制执行,法院将该案执行完毕后于2018年12月14日结案。2019年4月10日,胖某公司在杭州地区发现老某公司又在大量生产销售与胖某公司产品商标和包装装潢相近似的产品。老某公司在产品的包装箱和桶装产品上标注"月半之子"标识,此标识被国家商标评审委员会(已撤销)宣告无效。老某公司在其产品的包装箱、桶装产品和袋装产品上使用的装潢与胖某公司"胖某"麻辣鱼的装潢几乎一致(与上次侵权几乎无差别),容易导致混淆,构成不正当竞争。老某公司此次侵权从产品的包装箱到桶装产品、袋装产品全面侵权,且此次侵权属于典型的二次侵权,具有十分明显的恶意。综上,胖某公司起诉请求:1.老某公司停止侵犯胖某公司的"胖某"商标权,停止生产、销售侵权产品;2.老某公司停止使用与胖某公司"胖某"产品相近似的包装装潢,停止不正当竞争;3.老某公司赔偿胖某公司经济损失及合理费用100万元;4.老某公司在全国发行的报纸除中缝外版面发表道歉声明,以排除妨碍、消除影响(内容需经胖某公司审核);5.老某公司承担本案诉讼费用。

裁判结果

重庆市第五中级人民法院作出一审判决:1.老某公司立即停止生产、销售侵犯胖某公司"胖某"商标专用权的桶装麻辣鱼佐料;2.老某公司立即停止使用与胖某公司胖某牌麻辣鱼近似包装装潢的不正当竞争行为;3.老某公司赔偿胖某公司经济损失及为制止侵权所支付的合理开支共计41.5万元;4.驳回胖某公司的其他诉讼请求。老某公司提起上诉。重庆市高级人民法院作出二审判决:1.维持重庆市第五中级人民法院(2019)渝05民初2046号民事判决第1项、第2项;2.撤销重庆市第五中级人民法院(2019)渝05民初2046号民事判决第3项、第4项;3.老某公司赔偿胖某公司经济损失及为制止侵权所支付的合理开支共计25万元;4.驳回胖某公司的其他诉讼请求。

裁判理由

法院生效裁判认为,胖某公司没有举证证明其遭受的损失、老某公司因侵权行为所获得的利益,以及可参照的商标许可使用费,故无法根据上述方法确定赔偿数额,也就不能据此对老某公司适用惩罚性赔偿。因此,一审法院以(2017)渝05民初1638号案件中确定的法定赔偿额10万元作为惩罚性赔偿的基数,并适用《中华人民共和国商标法》第63条第1款中关于"一倍以上五倍以下"的标准,以10万元的4倍即40万元作为老某公司赔偿胖某公司经济损失的数额,显然属于适用法律错误,应予改判。二审法院考虑胖某公司涉案商标的知名度、产品包装装潢的影响力、老某公司属于重复侵权且主观恶意明显、胖某公司委托律师参加诉讼必然会产生律师费等因素,酌情确定老某公司向胖某公司赔偿经济损失及为制止侵权所支付的合理开支共计25万元。

编写人:黑小兵

44 重庆玉某口腔门诊部有限公司与重庆某博士某嘉口腔医院有限公司等不正当竞争纠纷案[1]

裁判文书二维码

关键词

不正当竞争　搜索关键词　隐性使用

裁判要旨

经营者将竞争对手的企业字号设为搜索关键词的目的并非向用户表明其是该关键词所代表的经营者,该行为不会导致用户产生混淆或误认。但经营者若没有合理理由将他人享有合法利益的特定词设定为隐性关键词进而损害他人的利益,则该行为违反诚实信用原则和一般商业伦理而构成不正当竞争,应受《中华人民共和国反不正当竞争法》第2条的规制。

案　号

一审:重庆自由贸易试验区人民法院(2019)渝0192民初14019号民事判决(2020年2月20日)

二审:重庆市第一中级人民法院(2020)渝01民终4220号民事判决(2020年9月7日)

---

[1] 本案入选重庆法院网络空间司法保障典型案例(第一批)。

基本案情

重庆玉某口腔门诊部有限公司(以下简称玉某公司)诉称:“玉某”“玉某口腔”系其企业字号或简称,重庆某博士某嘉口腔医院有限公司(以下简称某博士公司)购买“玉某”“玉某口腔”作为搜索关键词的行为构成不正当竞争,请求法院判令某博士公司停止侵权并赔偿经济损失。

某博士公司辩称:其案涉行为并无攀附的故意,不构成不正当竞争。

法院经审理查明:玉某口腔门诊部成立于2011年12月,后于2015年5月更名为玉某公司。某博士公司成立于2012年3月。两者的经营范围均包括口腔科,经营地址相距4.2公里。某博士公司在某搜索平台购买了“玉某”“玉某口腔”等搜索关键词,并设置其公司网址为上述关键词的搜索结果。用户在某搜索平台上搜索“玉某”“玉某口腔”等关键词,搜索结果首页中出现含“玉某口腔”字样的链接,点击该链接直接进入某博士公司网站,网页显示的所有内容均指向某博士公司,不涉及玉某公司。

裁判结果

重庆自由贸易试验区人民法院作出一审判决:驳回玉某公司的全部诉讼请求。宣判后,玉某公司提起上诉。重庆市第一中级人民法院作出二审判决:1.撤销原审判决;2.某博士公司赔偿玉某公司经济损失及合理费用2万元。

裁判理由

法院生效裁判认为,玉某公司与某博士公司具有竞争关系。玉某公司对案涉关键词“玉某”“玉某口腔”享有合法利益,某博士公司并无使用前述关键词的合理依据。某博士公司将“玉某”“玉某口腔”设置为搜索关键词的行为实质是“劫持”了玉某公司的部分潜在客户,进而抢夺交易机会,违反了《中华人民共和国反不正当竞争法》第2条之规定,构成不正当竞争。遂判决撤销原审判决,某博士公司赔偿玉某公司经济损失。

编写人:张　琰

45 瑞安某车辆配件有限公司与唐某等不正当竞争纠纷案[1]

裁判文书二维码

关键词

不正当竞争　诚实信用

裁判要旨

公平、诚实、开放、有序的市场竞争秩序是社会主义市场经济的内在要求。在市场竞争中,市场主体最常见的竞争利益是竞争优势、商业机会和商业模式,市场鼓励经营者以自强方式获得竞争利益,禁止以损害他人方式,尤其是以不正当手段获得竞争利益。唐某在供职公司利用职务便利,攫取供职公司商业交易机会,提供给个人设立的公司,以此谋取竞争优势,获得非法商业利益,属于典型的不正当竞争行为,同样也违背基本的商业道德。

案　号

一审:重庆市第五中级人民法院(2019)渝 05 民初 122 号民事判决(2019 年 12 月 27 日)

二审:重庆市高级人民法院(2020)渝民终 717 号民事判决(2020 年 9 月 18 日)

基本案情

瑞安某车辆配件有限公司经营范围为汽车配件、摩托车配件及标准件制

〔1〕 本案入选重庆法院弘扬社会主义核心价值观典型案例(第一批)。

造、销售。重庆某机电有限公司经营范围为加工、销售汽车零配件、摩托车零配件。唐某曾长期供职于瑞安某车辆配件有限公司,从事库房管理、记账、发货等工作,掌握公司主要客户华某公司的产品需求等信息。唐某在供职期间设立重庆某机电有限公司。华某公司与瑞安某车辆配件有限公司合作多年,且由唐某联系发货。在重庆某机电有限公司成立后,唐某开始以该公司的名义供货,华某公司相应减少对瑞安某车辆配件有限公司相关产品的采购。瑞安某车辆配件有限公司遂向法院起诉请求判令重庆某机电有限公司和唐某连带赔偿经济损失 10 万元。

裁判结果

重庆市第五中级人民法院作出一审判决:1. 重庆某机电有限公司、唐某连带赔偿瑞安某车辆配件有限公司经济损失 2 万元;2. 驳回瑞安某车辆配件有限公司的其他诉讼请求。唐某、重庆某机电有限公司不服,提起上诉。重庆市高级人民法院作出二审判决:驳回上诉,维持原判。

裁判理由

法院生效裁判认为,重庆某机电有限公司在市场活动中应当诚实经营,在不损害他人合法利益、社会公共利益和市场秩序的前提下实现自身利益。瑞安某车辆配件有限公司经过多年经营积累与华某公司建立较稳定的交易关系,唐某在瑞安某车辆配件有限公司工作期间,明知华某公司系瑞安某车辆配件有限公司客户,利用职务之便为重庆某机电有限公司攫取了本应由瑞安某车辆配件有限公司获得的现实商业利益。同时,重庆某机电有限公司并非通过公平竞争而是利用唐某在瑞安某车辆配件有限公司的特殊身份获得竞争优势以及商业利益,违背诚实信用原则和公认的商业道德,为法律所禁止。唐某在瑞安某车辆配件有限公司就职期间,利用职务之便与重庆某机电有限公司合意实施上述行为,二者构成共同侵权。

编写人:刘光英

46 重庆巴将军饮食文化发展有限公司与重庆晓宇餐饮文化管理有限公司不正当竞争纠纷案[1]

裁判文书二维码

关键词

不正当竞争　关键词相关性　排名搜索规则　引流

裁判要旨

网络用户检索关键词出现的结果会根据搜索结果网页中包含的关键词数量、相关性、页面点击量等因素排序。经营者利用关键词相关性排名搜索规则,将同行具有竞争关系企业的名称大量用于其官网,并在相关信息页面使用本企业相关的照片、标识、加盟热线电话、宣传语等,构成不正当竞争。

案　号

一审:重庆市渝中区人民法院(2021)渝0103民初34053号民事判决(2021年12月24日)

基本案情

2021年8月10日,重庆巴将军饮食文化发展有限公司(以下简称重庆巴将军饮食公司)在"百度"搜索"巴将军火锅加盟",显示第二条标题为"潼南区巴将军火锅加盟多少钱……"标题下有重庆晓宇餐饮文化管理有限公司

---

[1] 本案入选重庆法院网络空间司法保障典型案例(第四批)。

(以下简称重庆晓宇餐饮公司)法定代表人照片及“如想了解巴将军火锅加盟信息,请联系渝味晓宇火锅咨询平台”等描述语。点击此条搜索结果,跳转到重庆晓宇餐饮公司网站,页面自上而下有《潼南区巴将军火锅加盟项目优势在哪里》等标题含有“巴将军”的数篇文章,文章使用了重庆晓宇餐饮公司法定代表人照片及晓宇火锅菜品照片。该页面下方有“巴将军火锅加盟”文字。点击“巴将军火锅加盟”,跳转页面底部显示“渝味晓宇火锅加盟官网——《舌尖上的中国2》唯一推荐的重庆火锅品牌50强”。重庆巴将军饮食公司认为重庆晓宇餐饮公司的上述行为构成不正当竞争,请求判令重庆晓宇餐饮公司停止上述行为并赔偿损失。

裁判结果

重庆市渝中区人民法院作出一审判决:1. 重庆晓宇餐饮公司在本判决生效后立即赔偿重庆巴将军饮食公司经济损失(含为制止不正当竞争行为支出的合理费用)8000元;2. 驳回原告重庆巴将军饮食公司的其他诉讼请求。一审判决后双方均未提起上诉,该判决已生效。

裁判理由

法院生效裁判认为,重庆晓宇餐饮公司在本企业网站发布大量含有重庆巴将军饮食公司具有一定影响力的“巴将军”字号的信息,使重庆晓宇餐饮公司网站链接在相关网络用户搜索带有“巴将军”的关键词时位列搜索结果前列,从而增加其网站点击量。同时,重庆晓宇餐饮公司在上述信息中使用本企业照片、标识、加盟热线、宣传语等,进一步造成影响用户选择、给本企业带来潜在交易机会的结果,也会让相关公众误认其与重庆巴将军饮食公司存在特定联系,属于擅自使用他人有一定影响的企业名称导致混淆的不正当竞争行为,应承担相应法律责任。

编写人:谢　琼

47 重庆某信息技术有限公司等与广州某网络科技有限公司不正当竞争纠纷案[1]

裁判文书二维码

关键词

不正当竞争　网络游戏　游戏外挂

裁判要旨

游戏外挂经营者违背诚实信用原则和游戏市场领域商业道德,运行非法辅助脚本破坏游戏生态环境,损害网络游戏经营者和游戏消费者的合法权益的,构成不正当竞争。

案　号

一审:重庆市第一中级人民法院(2019)渝01民初677号民事判决(2021年4月9日)

二审:重庆市高级人民法院(2021)渝民终378号民事裁定(2022年3月31日)

基本案情

"一起来捉妖"手机游戏设有"真实定位""手动捉妖""商城充值"等运行规则,系由原告重庆某信息技术有限公司(以下简称重庆某公司)开发、深圳市某计算机系统有限公司(以下简称深圳某公司)运营的游戏。被告广州某网络科技有限公司(以下简称广州某公司)通过其运营的叉叉助手官网及叉

[1] 本案入选重庆法院网络空间司法保障典型案例(第五批)。

叉IPA精灵微信公众号宣传推广叉叉助手手机App和叉叉IPA精灵手机App,网络用户通过该两款App可以运行涉案游戏脚本以及购买针对涉案游戏的非法辅助脚本,实现“虚拟定位”“自动捉妖”“自动敲鼓”等游戏行为,以达到快速达成游戏成就的目的。原告重庆某公司、深圳某公司指控被告通过叉叉助手手机App和叉叉IPA精灵手机App售卖二原告的游戏脚本和游戏外挂,谋取不正当利益,构成不正当竞争,起诉要求被告立即停止侵害、赔礼道歉并消除影响,同时要求被告赔偿经济损失及合理费用1000万元。

裁判结果

重庆市第一中级人民法院作出一审判决:1. 被告广州某公司立即停止对“一起来捉妖”游戏相关脚本程序的推广和传播,彻底删除和下架所有关于“一起来捉妖”游戏的外挂脚本;2. 被告广州某公司刊登声明,消除因侵权行为给二原告带来的影响;3. 被告广州某公司赔偿二原告经济损失及其为制止侵权产生的合理费用共计1000万元。一审宣判后,广州某公司不服,依法提起上诉,二审审理中广州某公司撤回上诉。

裁判理由

法院生效裁判认为,被告广州某公司引导用户在二原告经营的涉案游戏中运行非法辅助脚本扰乱了游戏正常运行秩序,破坏了涉案游戏的经营模式,也损害了正常用户的合法权益,降低了现有用户的游戏体验,故广州某公司的行为构成不正当竞争,应当承担停止侵害、消除影响和赔偿损失的责任。由于广州某公司通过销售针对涉案游戏的非法辅助脚本获利数额巨大,已经超过了二原告主张的赔偿金额,同时二原告在本案中支出了相应的维权费用,故认定二原告主张1000万元的经济损失及合理开支具有合理依据。

编写人:谭　颖

48 重庆某思奇网络科技有限公司与陈某萍侵害商业秘密纠纷案[1]

裁判文书二维码

关键词

侵害商业秘密　数字经济　意向客户名单

裁判要旨

对于暂未发生交易的意向客户名单,系经营者通过花费人力、财力等努力,将公开信息进行收集整理,并挖掘培养为区别于普通公知信息的特殊信息,能够使经营者取得经营策略上的竞争优势,可以为经营者未来交易提供营销依据,应被作为商业秘密进行保护。

案　号

一审:重庆市自由贸易试验区人民法院(2022)渝0192民初716号民事判决(2022年8月5日)

基本案情

原告重庆某思奇网络科技有限公司(以下简称某思奇公司)诉称:被告陈某萍于2021年4月入职原告公司,于2021年9月签订正式劳动合同,合同载明被告主要工作内容是根据客户的"精准需求"信息推荐整形医院,促成服务,被告可以接触原告公司系统总后台所有客户信息。被告在原告任职期

[1] 本案入选重庆法院2023年十大反不正当竞争司法保护典型案例、重庆法院民营经济司法保护典型案例(第十批)。

间,多次私自收集原告系统中客户信息,再联系与原告有合作关系的整形医院,利用重庆唯某网络科技公司与整形医院签订合作协议,且原告发现被告与合作的整形医院曾签订合同,收款账号为被告账号,原告有充分理由认为被告利用原告资源私自联系合作整形医院,导致原告损失中介费用。重庆唯某网络科技公司的董事陈某某系被告之子。被告的行为构成侵害原告经营秘密的行为。

法院经审理查明:2021 年 4 月 5 日至 9 月 5 日,被告陈某萍系原告员工。被告工作岗位为“商务”,需要接触原告公司系统总后台账号及密码。原告认为被告管理系统总后台“客户管理”栏目内的客户信息是其商业秘密;原告系统总后台的客户信息是由原告员工通过小红书、抖音等网络渠道发帖或跟帖收集而来,员工私信客户索要电话、询问意向项目,并将收集到的信息录入系统。原告公司管理系统总后台“客户管理”栏目内有多条客户信息,原告举示了其中 5 条信息,认为被告将其系统信息窃取后以第三方公司名义促成客户与医院签订合同。被告陈述该 5 条信息系其自有信息,被告先向原告公司提供该客户信息,原告公司未能成功交易,被告再将该客户信息用于其他第三方平台,但无法举证证明该信息为自有信息。

裁判结果

重庆自由贸易试验区人民法院作出一审判决:1. 陈某萍立即停止侵害某思奇公司商业秘密的不正当竞争行为,即不得披露、使用或允许他人使用某思奇公司享有的涉案商业秘密;2. 陈某萍赔偿某思奇公司经济损失及合理开支共计 1 万元;3. 驳回某思奇公司的其他诉讼请求。一审宣判后,双方均未提起上诉。

裁判理由

法院生效裁判认为,某思奇公司主张的系统总后台客户信息是不为相关人员普遍知悉和容易获得的特殊客户信息,能带来竞争优势和经济效益,并已采取了合理保密措施的商业秘密。某思奇公司是该系统总后台客户信息的经营主体,有权对侵犯该商业秘密的行为主张权利。不能认为交易次数少或没有交易的客户信息就不可能构成商业秘密,没有交易的客户不意味着与竞争优势无关。某思奇公司系统总后台的深度客户信息符合商业秘密的构成要件,能使某思奇公司取得经营资源上的竞争优势,应按商业秘密进行保护。涉案信息中电话号码、意向项目与某思奇公司系统客户信息的电话号码、意向项目、备注信息完全重合,并且客户电话号码、意向项目、备注信息均为原告系统客户信息的核心秘密信息,不为相关人员普遍知悉,所属领域相关人员应当容易想到被告提供的客户信息与原告系统客户信息是一致的。陈某萍作为某思奇公司的员工,在职期间使用这些客户信息,更应当证明这些客户信息的来源,并证明获得这些客户信息并未利用某思奇公司提供的物质条件、交易平台等。陈某萍未说明其具体如何获得涉案客户信息,更未举示证据证明涉案客户信息系其自有信息。陈某萍违反权利人即某思奇公司有关保守系统总后台客户信息等商业秘密的要求,披露、使用其所掌握的商业秘密,侵犯了某思奇公司的权利。

编写人:王雁苗

49 重庆市某房地产公司与重庆某供电公司等滥用市场支配地位纠纷案

裁判文书二维码

关键词

滥用市场支配地位纠纷　指定交易　举证责任

裁判要旨

在诉争合同本身不具备无效或可撤销情形时,即便根据在案证据足以认定一方当事人占有市场支配地位,仍需由主张方对指定行为的存在(明示指定及默示指定)进行举证,其未能完成举证的,则应承担举证不能的不利后果。

案　号

一审:重庆市第一中级人民法院(2022)渝01民初1875号民事判决(2022年10月24日)

基本案情

重庆市某房地产公司系"科友新城"小区的开发企业,与重庆某供电公司建立有供电合同关系,由该公司向"科友新城"小区提供供电服务。从2015年小区开工建设直至2020年竣工,重庆市某房地产公司与重庆某供电公司、重庆三峡水利电力建设有限公司就供配电工程签订有多份合同。除重庆市某房地产公司与重庆三峡水利电力建设有限公司2020年9月8日签订的《科友星城新建居民住宅小区供配电工程(专线二)施工合同》外,其余合同均已履行完毕。原告认为,根据国务院及重庆市政府的相关文件,该合同所涉供配电工程应由重庆某供电公司修建，重庆某供电公司利用其市场支配地位，要求重庆市某房地产公司修建，否则不予供电，并指定该供配电工程合同相对方为重庆三峡水利电力建设有限公司。故提起本案诉讼，要求确认被告实施了指定交易的滥用市场支配地位的行为，《科友星城新建居民住宅小区供配电工程(专线二)施工合同》无效，并返还已付款项，赔付利息损失。

裁判结果

重庆市第一中级人民法院作出一审判决：驳回重庆市某房地产公司的诉讼请求。宣判后，双方当事人均未提起上诉。

裁判理由

法院生效裁判认为，重庆某供电公司虽依法在本案认定的相关市场占有市场支配地位，但是诉争的供配电工程按照合同约定应由重庆市某房地产公司自行承建，重庆市某房地产公司所称的国务院及重庆市政府的文件明确规定了适用期间，上述文件不具有溯及力，不能据此支持重庆市某房地产公司的主张。重庆市某房地产公司主张重庆某供电公司利用市场支配地位指定其与重庆三峡水利电力建设有限公司签订诉争供配电工程合同，但无论是明示指定，还是默示指定，均需由重庆市某房地产公司对其主张的指定行为的存在进行举证，但其未能完成举证，故法院判决驳回重庆市某房地产公司的诉讼请求。

编写人：张振华

50 重庆某文化传媒有限公司与游某某等不正当竞争纠纷案〔1〕

裁判文书二维码

关键词

不正当竞争　网络直播账号　虚拟财产

裁判要旨

在当事人双方对网络直播账号权益归属未明确约定的情况下，应按照诚实信用原则和公平原则，综合考量案涉账号的注册目的、注册过程、运营情况及运营结果等认定权益归属。

案　号

一审：重庆市第一中级人民法院（2020）渝01民初1035号民事判决（2022年6月29日）

二审：重庆市高级人民法院（2022）渝民终859号民事判决（2022年12月26日）

基本案情

原告重庆某文化传媒有限公司（以下简称重庆某公司）诉称：被告游某某一直在原告公司担任法定代表人、执行董事兼总经理职务，属于公司董事、高级管理人员，并实际控制原告公司旗下签约艺人李某某用以发布短视频的抖音账号、快手账号。李某某的抖音账号累计粉丝3946.3万人，获赞总数超

〔1〕 本案入选2022年中国法院50大知识产权典型案例。

4.8 亿个;快手账号共有粉丝 2947.5 万人,在短视频领域具有一定的知名度和影响力。原告发现,被告游某某利用在原告处任职期间掌握上述账号信息的职务便利,与被告某某仙(重庆)文化传媒有限公司(以下简称某某仙公司)合作提供与原告公司相同的短视频服务,构成不正当竞争。被告某某仙公司在明知李某某艺名为"某某仙大胃王"且为原告公司签约艺人的情况下仍使用"某某仙"作为企业名称并提供与原告公司相同业务领域的服务,足以使相关公众混淆,损害了原告的权益,构成不正当竞争。故请求判令:1. 确认抖音名为"某某仙"、抖音号为"lang××××××yx"的抖音账号和快手名为"某某仙"、快手号为"lang×××××n"的快手账号归属原告所有,并判令被告将该抖音账户及密码和快手账户及密码交付给原告;2. 判令被告游某某、某某仙公司立即停止不正当竞争行为;3. 判令被告游某某、某某仙公司连带共同赔偿原告经济损失 618 万元;4. 本案诉讼费用、保全费用由被告承担。

被告游某某辩称:游某某与原告的合作关系、劳动关系均因原告及其股东大会违法撤销游某某执行董事及法人代表职务、并事实上终止劳动关系的行为于 2020 年 7 月解除,游某某与原告现已无任何法律关系,游某某在此后使用自有账号与他人合作并不构成不正当竞争。原告也未提供证据证明游某某实施了被控不正当竞争行为,也无证据证明其损失,其诉请应被驳回。

被告某某仙公司辩称:第一,"某某仙"系李某某艺名,并非原告企业名称,原告也未注册"某某仙"商标。在原告与李某某的艺人经济合同于 2020 年 7 月 23 日解除后,某某仙公司使用其艺名"某某仙"作为企业名称无须经原告同意,不构成不正当竞争。第二,原告与李某某合作期间拍摄的短视频无任何包含原告的内容,不会导致混淆的发生。第三,某某仙公司在与李某某合作前已核实了其与原告合作终止的情况,尽到了善意第三人的合理注意义务,不存在不正当竞争的主观故意。

法院经审理查明:2018 年 2 月 7 日,重庆某公司核准成立,公司首届股东会决议显示,游某某为公司执行董事及法定代表人,并担任公司经理。2018 年 7 月,重庆某公司与李某某(艺名为某某仙大胃王)签订经纪合同,约定重庆某公司全权代理李某某网络平台主播等活动,期限为 3 年。2020 年 7 月 14 日,重庆某公司股东会免去游某某执行董事和经理职务。2020 年 7 月 23 日,李某某向重庆某公司发出函告,称双方经纪合同期限将至,李某某不再续签。之后,李某某与某某仙公司建立合作关系(3 个月左右)。2020 年 8 月 21 日,李某某向重庆某公司邮寄告知函,称合作终止,不得以其名义对外承接商业活动、招揽艺人等。经查明,案涉账号注册用户均为游某某。重庆某公司称游某某系代管公司账号,并在庭审中举示了员工沟通案涉账号运营问题的多份微信聊天记录用以证明案涉账号系公司资产,并陈述为保障案涉账号的"热门"推荐等推广服务的顺利开展而没有进行企业号认证。重庆某公司自2020年2月至5月经核准注册了4个"大胃王某某仙"图文商标,分别核定使用于第29类、第31类、第41类、第43类上,且在本案审理时均处于无效宣告申请审查状态。

某某仙公司成立于2020年7月29日,其经营范围包括个人互联网直播服务等。在本案审理过程中,游某某、李某某、某某仙公司表示,某某仙公司在得知游某某、李某某与重庆某公司终止合作后,在征得李某某同意的情况下,以其艺名作为公司名称,公司成立的主要目的就是与李某某进行合作。

裁判结果

重庆市第一中级人民法院作出一审判决:1. 确认抖音名为"某某仙"、抖音号为"lang××××××××yx"的抖音账号以及快手名为"某某仙"、快手号为"lang××××××n"的快手账号归属重庆某公司,游某某将前述抖音账户及密码、快手账户及密码交付给重庆某公司;2. 驳回重庆某公司的其他诉讼请求。被告游某某、某某仙公司不服,提起上诉。重庆市高级人民法院作出二审判决:驳回上诉,维持原判。

裁判理由

法院生效裁判认为,关于案涉账号的权属问题。从案涉账号注册过程、使用情况、交流管理情况、运营结果来看,游某某注册时系重庆某公司工作人员,合作期间发布内容均系李某某的活动视频,游某某曾表示账号属于重庆某公司,案涉账户经过重庆某公司的经营积累了数千万粉丝。虽然案涉账号由游某某个人注册并实际持有,但游某某在重庆某公司任职期间注册、使用该账号的行为代表了重庆某公司行使艺人独家代理权的法人意志,属于完成工作安排。游某某对案涉账号的注册、使用、管理应属职务行为,案涉账号应属于重庆某公司的虚拟财产。关于被告是否构成不正当竞争。针对被告使用"某某仙"作为企业名称的问题,本案中,李某某与重庆某公司在签约前就已使用其艺名"某某仙",该艺名并非在重庆某公司运营过程中形成,重庆某公司对该艺名的使用仅基于李某某对其艺名的授权许可,在李某某离开重庆某公司后,二者合作终止,重庆某公司不再享有"某某仙"艺名的使用权。鉴于某某仙公司成立于李某某与重庆某公司的合作终止之后,李某某授权许可某某仙公司使用其艺名并无不妥。而重庆某公司申请的"大胃王某某仙"商标的核定使用范围与某某仙公司的经营范围并不相同,在重庆某公司为举证证明该标识经其使用宣传使用后具有一定影响力的前提下,不能认定某某仙公司使用"某某仙"作为企业名称易造成公众混淆构成不正当竞争。针对被告使用案涉账号发布相关视频的问题。案涉账号系游某某以个人名义注册,其上未标注重庆某公司名称,也未有原告公司的相关宣传内容,在法院对账号权属作出相关认定之前,某某仙公司主张其不知晓账号属于公司资产具有一定合理性,主观上不具有不正当性,不构成不正当竞争。

编写人:姜　蓓

51 北京某网讯科技有限公司与广州某品牌策划有限公司等不正当竞争纠纷案〔1〕

裁判文书二维码

关键词

不正当竞争　用户数据　技术手段　套户　网络实名制

裁判要旨

经营者为谋取利益利用新技术手段模拟人工点击方式干扰平台经营者数据分析,损害了健康有序的网络秩序,阻碍了数字经济新模式、新业态的创新发展,“套户”还会导致网络实名制被架空、损害消费者知情权,“刷指数”行为和将第三方注册后没有使用的空户进行买卖的“套户”行为构成不正当竞争。

案　号

一审:重庆市第一中级人民法院(2022)渝01民初3538号民事判决(2023年7月3日)

基本案情

原告北京某网讯科技有限公司(以下简称某网讯公司)提供百度指数和百度推广服务。百度指数系以百度海量网络行为数据为基础的数据分析平

〔1〕 本案入选2023年中国法院50件知识产权典型案例。

台，某网讯公司运用某个关键词在百度的搜索规模、区间段涨跌态势以及相关新闻舆论的变化，以及关注这些词的网民群体的特征、分布等，形成数据分析。百度推广账户是指在百度推广平台上注册的账户，通过该账户可以进行百度搜索推广、百度信息流推广、百度网盟推广等多种广告投放，是企业或个人进行网络广告投放的重要工具，可以帮助广告主实现品牌宣传、产品推广、流量引导等目标。被告广州某品牌策划有限公司（以下简称广州某公司）、济南某网络科技有限公司（以下简称济南某公司）在某电商平台开设店铺，提供淘宝天猫、京东、拼多多、百度、抖音、微博等推广营销、下拉词营销、指数提升等多项服务。被告接受客户有偿虚假刷百度指数的委托后，通过技术手段将特定搜索关键词在百度指数的数值予以提升。同时，被告从事了利用第三方主体资质注册的百度推广空户的买卖行为。原告认为被告的上述行为破坏了互联网公平的竞争秩序，违反了诚实信用原则和公认的商业道德，构成不正当竞争，要求被告赔偿损失。

裁判结果

重庆市第一中级人民法院作出一审判决：1. 被告广州某公司、济南某公司立即停止通过猪八戒网向他人提供“刷百度指数”及提供百度推广账户服务的不正当竞争行为；2. 被告广州某公司、济南某公司赔偿原告某网讯公司经济损失（含合理费用开支）共计150万元；3. 被告广州某公司、济南某公司在《法治日报》上刊登声明，消除影响（内容需经法院审查）；4. 驳回原告某网讯公司的其他诉讼请求。

裁判理由

法院生效裁判认为，百度指数无论是作为百度公司提供的服务，还是为一般公众提供检索查询，均具有鲜明的社会公共利益属性。原告举示的证据足以证明被告在没有获得互联网经营者许可的情况下，故意逃避互联网经营者的监督，通过技术手段使原告服务器产生了不真实的搜索记录，造成百度搜索引擎算法失准，对原告合法提供的网络服务的正常运行产生妨碍，构成《中华人民共和国反不正当竞争法》第12条第2款第4项规定的不正当竞争行为。同时，被告提供“百度套户”服务，实际是为他人的违约提供帮助，以达到规避百度公司管理的目的,此种通过扰乱正常网络经营活动而获取利益的经营模式,只会增加互联网经营者的监管成本、影响排序模型算法的训练和迭代,对促进互联网技术进步、提高市场经营效益均无益,应当纳入反不正当竞争法予以规制。

编写人:杨青青

52 重庆某宇摩托车制造有限公司与广州某雅摩托车有限公司侵害商业秘密纠纷案[1]

裁判文书二维码

关键词

侵害商业秘密　数据交易　注意义务

裁判要旨

数据交易的买受人与商业秘密权利人之间存在直接竞争关系并有前诉纠纷,且交易数据客观上脱敏程度低,数据买受人明知或应当知道数据涉及他人商业秘密仍予以接收并使用的,应当承担不正当获取他人商业秘密的责任。

案　号

一审:重庆市自由贸易试验区人民法院(2022)渝0192民初8589号民事判决(2023年8月4日)

基本案情

原告重庆某宇摩托车制造有限公司(以下简称某宇公司)诉称:原告生产出口的摩托车都是销售给目的地的经销商,再由经销商自行定价销售。原告出口摩托车的相关商业信息不仅记录了各型号摩托车的单价、数量、销售国

[1] 本案入选重庆法院民营经济司法保护典型案例(第十一批)。

家,还详细地记录了目的地经销商名称、成交方式、运输方式等内容,系原告在特定市场的商业信息,该商业信息不为所属领域的相关人员普遍知晓或容易获得,具有未公开性,且原告对其商业秘密已经采取了相应保密措施。该商业信息在生产经营中具有价值性,能为原告带来现实及潜在的商业价值和竞争优势,对这些信息的了解和掌握有助于在市场交易中取得竞争的主动权。故原告出口摩托车相关商业信息构成原告的商业秘密。被告广州某雅摩托车有限公司(以下简称某雅公司)于2019年和北京某某科技有限公司签订《数据服务协议》,约定:北京某某科技有限公司给被告提供出口数据。而这些出口数据是原告的商业秘密,不能通过公开或合法途径获取,被告采取不正当方式进行了获取。原告与被告同为摩托车生产销售商,具有多年的直接竞争关系,在摩托车出口市场上,被告掌握原告上述商业秘密,在市场竞争中给原告带来了严重影响,侵害了原告的商业秘密。故原告诉至法院,请求判令:1.被告立即停止侵害原告商业秘密的行为;2.被告赔偿原告经济损失300万元;3.被告承担本案诉讼费用。

法院经审理查明:原告某宇公司与被告某雅公司同为摩托车生产、出口企业。2019年4月17日,某雅公司与第三方数据公司订立合同,约定购买摩托车出口量前十位的企业数据。第三方数据公司向某雅公司提供了含某宇公司在内的多家摩托车企业出口报关详情信息,包括出口目的地、规格型号、排量、美元单价、美元总价、申报数量等21项具体项目。某雅公司接收上述信息后,认可第三方数据公司的交付行为,同时向他人披露、使用了某宇公司的上述信息。

裁判结果

重庆自由贸易试验区人民法院作出一审判决:1.某雅公司立即停止侵害某宇公司商业秘密的不正当竞争行为,即不得披露、使用或允许他人使用某宇公司构成商业秘密的涉案经营信息;2.某雅公司赔偿某宇公司经济损失及合理开支共计5万元;3.驳回某宇公司的其他诉讼请求。一审宣判后,双方均未提起上诉。

裁判理由

法院生效裁判认为,数据往往载有大量个人信息、商业秘密及公共利益相关信息,这要求数据使用者在接受、控制、处理、运用数据时应尽合理审慎义务。诉争两者为同业竞争主体,具有类似的外贸经营模式,某雅公司在发现数据涉及竞争企业出口产品的具体品牌、型号、数量、单价等特殊组合信息时,理应清楚该数据信息涉及他人商业秘密,应当要求数据提供方说明数据来源的正当性,否则应当承担不正当获取他人商业秘密的责任。法院判决数据买受人明知数据涉及他人商业秘密仍予接收使用的,应当与数据提供者承担共同侵权责任。

编写人:王雁苗

53 重庆某建材有限公司与重庆市市场监督管理局反垄断行政处罚纠纷案[1]

裁判文书二维码

关键词

行政处罚　横向协议　固定价格

裁判要旨

固定商品价格的垄断协议所涉及的固定价格方式，不仅包括固定最低价格或者直接确定具体价格，还包括固定价格幅度或者固定能够据以间接控制价格的计算方式、标准等。

案　号

一审：重庆市第一中级人民法院（2022）渝 01 行初 55 号行政判决（2022 年 10 月 8 日）

二审：最高人民法院（2023）最高法知行终 29 号行政判决（2023 年 8 月 31 日）

基本案情

重庆市市场监督管理局于 2021 年 6 月 15 日作出被诉行政处罚决定，认为重庆某建材有限公司经调查存在以下违法行为及事实：1. 重庆某建材有限公司与具有竞争关系的经营者达成"固定或者变更商品价格、分割销售市场或者原材料采购市场"的垄断协议（以下简称涉案协议）。2014 年年初，作为

〔1〕 本案入选 2023 年人民法院反垄断和反不正当竞争典型案例。

重庆市丰都县内仅有的两家实际生产、销售商砼的企业，重庆某建材有限公司和重庆某混凝土有限公司为了不相互杀价、消除恶性竞争，开始磋商联营事宜，并于2014年4月达成涉案协议。2. 重庆某建材有限公司与具有竞争关系的经营者重庆某混凝土有限公司实施了固定商品价格及分割销售市场的行为。其中，实施分割销售市场的行为包括划分商品销售地域、销售商品数量及销售利润。双方前述行为破坏了公平竞争的市场环境，严重排除、限制竞争，损害了消费者利益。根据2007年《中华人民共和国反垄断法》第46条第1款〔1〕的规定，决定对重庆某建材有限公司处以上一年度销售额5%(12 149 260.88元)的罚款。

重庆某建材有限公司不服被诉行政处罚决定，提起行政诉讼。

裁判结果

重庆市第一中级人民法院作出一审判决：驳回重庆某建材有限公司的诉讼请求。重庆某建材有限公司不服，提起上诉。最高人民法院作出二审判决：驳回上诉，维持原判。

裁判理由

法院生效裁判认为，涉案协议主要内容涵盖固定商砼的供应价格、划分两公司的商砼销售市场、按照协商的商砼市场份额划分两公司的销售方量和利润、确定足以确保协议得到落实的监督方式，可见涉案协议内容符合2007年《中华人民共和国反垄断法》第13条〔2〕所规制的“固定或者变更商品价格”和“分割销售市场”。重庆某建材有限公司与重庆某混凝土有限公司通过涉案协议固定价格的具体表现是：通过约定“价格变动幅度”“不同灌注方式的灌注费和一定运输距离以上的运输费”“据以计算价格的标准算法”“未经参加协议的其他经营者同意不得变更价格”等多种条件共同实现对不同型号商砼价格的固定。2007年《中华人民共和国反垄断法》第13条第1款第1项规定的固定商品价格的横向垄断协议所涉及的固定价格方式，不仅包括固定

〔1〕 2022年修正后改为第56条第1款。

〔2〕 2022年修正后改为第17条。

最低价格或者直接确定价值的具体数值,也包括固定价格幅度或者固定能够据以间接控制价格数值的计算方式、标准等。按照涉案协议的约定,双方在协议存续期间因特殊情况并非不可以低于约定的标准价进行销售,只要报经双方负责人同意即可,故这种调整价格需经双方同意的做法仍然属于双方协商固定商品价格的一种方式。重庆某建材有限公司以其没有固定最低价格或者可能低于约定标准价销售为由主张涉案协议不构成固定商品价格的横向垄断协议,与2007年《中华人民共和国反垄断法》第13条第1款第1项规定的内涵不符,不予支持。

编写人:徐　华

第五编

其他知识产权案件

54 某美术学院与某公司委托创作合同纠纷案[1]

裁判文书二维码

关键词

著作权权属纠纷　三维动画　源文件

裁判要旨

三维动画片是以类似摄制电影的方法创作的作品，其源文件是在制作三维动画片的过程中运用计算机技术所产生的所有过程文件，与计算机程序的源程序和目标程序的关系不同，动画片与其源文件不构成同一作品。结合源文件的范围、特点及其作用，法院适用公平原则和诚实信用原则，判令部分主要源文件（动画片主角的建模文件，包括模型、贴图和绑定文件以及特有场景的建模文件，包括模型和贴图文件）属于应当交付的范围，有效平衡了各方当事人的利益，推动了动漫产业健康有序发展。

案　号

一审：重庆市第一中级人民法院（2011）民初字 00623 号民事判决（2012 年 2 月 27 日）

二审：重庆市高级人民法院（2012）民终字第 00115 号民事判决（2012 年 12 月 17 日）

---

〔1〕 本案入选 2012 年中国法院 50 件典型知识产权案例。

基本案情

某美术学院诉称:其与某公司签订两份《委托创作合同》,其已按该合同约定向某公司交付了三维动画片 100 集,某公司未按约支付制作费。遂请求法院依法判令:1. 某公司立即给付制作费 64 万元;2. 某公司立即支付违约金 15 万元;3. 某公司承担本案诉讼费用及某美术学院为本案支付的律师费 3 万元。

某公司反诉称:某美术学院直至 2011 年 1 月才交付全部 100 集动画片,其行为违反合同约定,应承担合同约定违约金 15 万元。同时,交付源文件是三维动画行业约定俗成的行业规范。某美术学院未交付源文件,给某公司带来了巨大的损失。据此,提出反诉,请求法院依法判令:1. 某美术学院支付合同违约金 15 万元;2. 某美术学院交付三维动画制作过程中的源文件;3. 如某美术学院不能交付源文件,则应免除某公司 64 万元制作费的交付义务,并赔偿某公司经济损失 52 万元;4. 某美术学院承担全部诉讼费用。

裁判结果

重庆市第一中级人民法院作出一审判决:1. 某公司支付某美术学院制作费 64 万元;2. 驳回某美术学院的其他诉讼请求;3. 驳回某公司的全部反诉请求。某美术学院和某公司均不服,提起上诉。重庆市高级人民法院作出二审判决:1. 维持一审判决第 1 项;2. 撤销一审判决第 2 项、第 3 项;3. 某美术学院向某公司交付三维动画片主角五人的建模文件(包括模型、贴图和绑定文件)以及特有场景的建模文件(包括模型和贴图文件);4. 驳回某美术学院、某公司的其他诉讼请求。

裁判理由

法院生效裁判认为,三维动画片是借助计算机技术来制作的动画片,其人物、动作、场景等是用专门的三维动画制作软件制作的,动画片的摄制是利用计算机软件虚拟的摄像机完成拍摄并最终通过专业软件制作完成。因此,三维动画片是我国著作权法规定的“以类似摄制电影的方法创作的作品”,依法享有著作权。从合同条款内容来看,合同双方没有关于源文件的任何约定,某公司依据合同约定要求某美术学院交付源文件,超出了某美术学院对合同履行的正常预期。同时,三维动画片是以类似摄制电影的方法创作的作品,其与计算机软件是不同种类的作品形式。对于计算机软件中的源程序而言,其是编程人员能够读懂的文件,而目标程序是计算机能够读懂的文件,两者一一对应,虽然存在两个文件形式,却是运行的一个计算机程序,两者构成同一作品。但是,三维动画片的源文件是在制作三维动画片的过程中运用计算机技术所产生的所有过程文件,其与最终可以视频播放的动画片之间是过程与结果的关系,不是一一对应的关系,我国现行法律没有对三维动画片源文件与动画片是同一作品作出界定,某公司也未能充分证明这两种不同形式作品的源文件具有相似性,法院没有充分理由参照《计算机软件保护条例》第3条的规定认定三维动画片源文件与动画片构成同一作品,因此,某公司不能因其是三维动画片的著作权人当然享有对所有源文件的权利。此外,某公司也未能举示充分的证据证明动画影视业有交付源文件的行业惯例。鉴于此,法院认为,动漫行业有其区别于传统文化产业的特殊性,为了促进动漫产业的发展,在保护投资人(委托方)利益、促成其合同目的实现的同时,应当充分衡量源文件给付的必要性和可行性,公平合理地确定受托方给付源文件的内容,不能对受托方加以过重的给付义务。

编写人:肖　艳

55 重庆市足某软件职业培训学院与毛某某合同纠纷案[1]

裁判文书二维码

关键词

侵害商业秘密纠纷　自然人个人信息　权利冲突　和解协议效力

裁判要旨

1.《中华人民共和国反不正当竞争法》并未明确规定合法性为商业秘密的构成要件，但是法律保护的民事权益必须具有合法性是法律解释与适用的应有之义。非经合法途径获得的自然人个人信息不具有合法性，不能作为商业秘密受到法律保护。

2. 当事人为排除争议法律关系的不确定性，相互让步进而对权利基础、行为性质、标的物数量等事项进行确认或约定达成和解协议后，一方当事人以确认或约定的事项与权利的真实状态不符为由对和解协议效力提出异议的，人民法院不予支持。但是，和解协议所依据的权利基础因违反法律规定或公共利益而不受法律保护的，和解协议应当被认定无效。

案　号

一审：重庆市沙坪坝区人民法院(2017)渝 0106 民初 3840 号民事判决(2017 年 5 月 3 日)

二审：重庆市第一中级人民法院(2017)渝 01 民终 4750 号民事判决

---

[1] 本案入选 2017 年中国法院 50 件典型知识产权案例。

(2017年12月6日)

基本案情

本诉原告重庆市足某软件职业培训学院(以下简称足某软件学院)诉称:毛某某涉嫌侵犯足某软件学院商业秘密,双方就此签订《和解协议书》。毛某某未按约履行,故足某软件学院请求判令毛某某支付赔偿款34万元并给付利息损失。

本诉被告毛某某答辩并提起反诉称:《和解协议书》是在足某软件学院以毛某某涉嫌侵犯商业秘密罪向公安机关报案的情况下所签订,系因受胁迫而为,故提起反诉并请求判令撤销涉案《和解协议书》;足某软件学院返还毛某某已支付的赔偿费用及利息损失。

裁判结果

重庆市沙坪坝区人民法院作出一审判决:1.毛某某立即给付足某软件学院赔偿款34万元;2.驳回足某软件学院的其他诉讼请求;3.驳回毛某某的反诉请求。毛某某不服,提起上诉。重庆市第一中级人民法院作出二审判决:1.撤销一审判决;2.驳回足某软件学院的全部本诉请求;3.足某软件学院向毛某某返还8万元;4.足某软件学院向毛某某返还重庆某教育咨询有限公司10%股份;若不能返还前述股份,则向毛某某返还8万元;5.驳回毛某某的其他反诉请求。

裁判理由

法院生效裁判认为,和解合同相对于争议法律关系具有一定的独立性。尤其是,确认争议法律关系必须在现行法律框架之下,其权利基础必须为受法律保护的合法权益,否则和解合同将成为规避法律的手段。本案中,足某软件学院主张的权益是商业秘密。现行法律将商业秘密界定为不为公众所知悉、具有商业价值并经权利人采取相应保密措施的技术信息和经营信息等商业信息。然而,这只是民事主体享有商业秘密权益的必要条件,而非充分条件。根据法律规定,民事法律保护的权益必须具有合法性,商业秘密需具备合法性应为当然之义。若信息本身、形成过程或获取手段违反了法律规定,则不应受法律保护。于本案而言,足某软件学院主张其享有“商业秘密”权益的经营信息主要为2014年在校应届高中毕业生的信息,总量达20万条,内容包括毕业生的姓名、性别、电话号码以及毕业院校。自然人个人信息具有人身属性,与人身、财产安全密切相关。对自然人个人信息的收集、处理、利用,应当事先经过自然人同意。在案证据显示公安机关已经对足某软件学院侵犯公民个人信息一案立案侦查。在此情形下,足某软件学院仅声称取得手段合法而不举示相应证据,难以使人相信其获取、处理、使用涉案个人信息经过所涉自然人同意。足某软件学院不能因其侵权行为获得不正当利益,其对涉案信息不享有受法律保护的民事权益。尽管双方达成了和解协议,但所涉争议法律关系的权利基础缺乏合法性,则和解协议也因违反法律规定及社会公共利益而归于无效。

编写人:刘娟娟

56 重庆某科技有限公司与陈某亮技术委托开发合同纠纷案〔1〕

裁判文书二维码

关键词

技术委托开发合同　技术转化　市场转化价值　预期利益

裁判要旨

附技术转化协议的技术委托开发合同当事人，对履行利益预期包含有技术转化的市场价值预期。在相应证据不足以证明守约方具体损失数额的情况下，一方当事人根本违约导致的损失数额并不直接受限于委托开发费用金额。双方在技术委托开发合同条款中约定远高于委托开发费用的违约金，系双方对技术成果市场转化价值的特殊安排，人民法院酌情确定违约损失赔偿数额时应予以考虑。

案　号

一审：重庆市自由贸易试验区人民法院（2019）渝0192民初100号民事判决（2019年5月20日）

二审：重庆市第一中级人民法院（2019）渝01民终9969号民事判决（2020年3月3日）

---

〔1〕 本案入选重庆法院2020年知识产权司法保护十大典型案例。

基本案情

2017年5月17日,重庆某科技有限公司与陈某亮签订《委托研发协议》,约定:重庆某科技有限公司委托陈某亮设计智能水生物阻隔系统。该协议约定了相应的设备要求、验收要求、研发费用的分期支付等条款,其中特别约定了违约方赔偿对方经济损失50万元的违约金条款。双方均认可实际研发费用为3.5万元,费用已支付完毕。双方同日另签订《5.17协议》,对涉案研发设备产品的批量生产方式进行了约定,双方确认该补充协议未实际履行。双方后又再行签订《9.18协议》,约定由陈某亮按期退还已收取的费用,如逾期,则除退还费用外,还需赔偿重庆某科技有限公司50万元。《9.18协议》后,陈某亮并未退还委托研发费用,双方又实际就委托研发事项进行沟通交流并达成继续履行意向,由陈某亮履行委托研发事项。因就《委托研发协议》的履行发生争议,重庆某科技有限公司于2018年年初向法院提起诉讼,要求陈某亮继续履行合同,后重庆某科技有限公司撤回起诉。2018年11月16日,重庆某科技有限公司再次通过微信向陈某亮发送信息,催告要求陈某亮于5日内交付合同约定的电源、分电器、主控机及检测仪。其间,陈某亮并未按照合同约定向重庆某科技有限公司提交整套智能水生物阻隔系统以供联调联试并整体验收合格。重庆某科技有限公司认为,陈某亮迟延履行合同义务,且经催告拒不履行,致使合同目的无法得到实现,构成根本违约,故诉请解除合同、陈某亮退还全部研发费用且支付违约金50万元。

裁判结果

重庆市自由贸易试验区人民法院作出一审判决:1.重庆某科技有限公司与陈某亮在2017年5月17日签订的《委托研发协议》于2019年1月18日解除;2.陈某亮返还某科技有限公司委托研发费用3.5万元并赔偿某科技有限公司经济损失7万元;3.驳回某科技有限公司的其他诉讼请求。陈某亮不服,提起上诉。重庆市第一中级人民法院作出二审判决:驳回上诉,维持原判。

裁判理由

法院生效裁判认为,双方当事人以实际行为再次变更《9.18协议》中关于委托研发费用退还及相应后果条款,继续履行《委托研发协议》所确定的委托研发内容,故双方应依照《委托研发协议》及《5.17 协议》履行合同义务。被告并未按照合同约定向原告提交整套智能水生物阻隔系统以供联调联试并整体验收合格,其行为属于迟延履行合同主要义务,经催告后在合理期限内仍未履行的情况,构成根本违约。对原告要求解除合同、返还委托研发费用的诉请,法院依法予以支持。关于损失赔偿,虽然涉案委托研发费用仅为3.5万元,但基于涉案产品的研发还配套相应的委托生产合同,且从双方在合同中多次约定高达50万元的违约金可以看出双方对产品研发生产的市场预期度,另综合其他因素,法院酌情确定被告赔偿原告经济损失。

编写人:樊雯龑

57 刘某佳等与重庆绿某企业管理咨询有限公司特许经营合同纠纷案[1]

裁判文书二维码

关键词

特许经营合同纠纷　冷静期　单方解除

裁判要旨

在特许经营合同纠纷中,被特许人在"冷静期"内的单方解除权系法定权利,即使双方订立的特许经营合同中缺少专门约定,被特许人仍可以在合理期限内单方要求解除合同。"冷静期"合理期限应根据行业特点、合同期限等综合确定。合理期限时间不宜过长,且通常应以特许人的经营资源尚未为被特许人实际利用之前为宜。

案　号

一审:重庆市自由贸易试验区人民法院(2019)渝0192民初13346号民事判决(2020年1月10日)

二审:重庆市第一中级人民法院(2020)渝01民终3236号民事判决(2020年6月16日)

基本案情

2019年6月26日,原告刘某佳、雷某与被告重庆绿某企业管理咨询有限公司(以下简称绿某公司)签订了《只只酸奶牛品牌拓展合同》,主要约定:原

〔1〕 本案入选重庆法院2020年知识产权司法保护十大典型案例。

告加盟被告的“只只酸奶牛”餐饮项目,被告为原告餐饮项目提供运营指导、管理培训和技术信息转让服务;原告向被告缴纳技术信息转让费 24 500 元、培训费 8750 元、运营指导费 1750 元,合计 35 000 元;合同有效期为 1 年。合同签订当日,原告通过刷卡的方式向被告支付了 35 000 元。被告向原告提供了《技术手册》。2019 年 6 月 26 日至 7 月 13 日的微信聊天记录显示,原告向被告提出了选址的要求,之后被告陆续在为原告选店铺,但原告认为选址位置不好、人流量不大、租金过高等最终没有确定店铺的选址,原告并未在浙江杭州开设“只只酸奶牛”店铺。签订合同后,被告没有参与过原告的开店运营咨询,也没有对原告进行实际操作培训和技术指导。2019 年 7 月 11 日,刘某佳在群内提出了退加盟费未果,2019 年 7 月 25 日刘某佳向法院提起诉讼,要求解除合同,并要求被告返还合同款项人民币 35 000 元。

裁判结果

重庆自由贸易试验区人民法院作出一审判决:1. 原告刘某佳、雷某与被告绿某公司于 2019 年 6 月 26 日签订的《只只酸奶牛品牌拓展合同》于本判决生效之日起解除;2. 被告绿某公司返还原告刘某佳、雷某合同款项 35 000 元。绿某公司不服,提起上诉。重庆市第一中级人民法院作出判决:驳回上诉,维持原判。

裁判理由

法院生效裁判认为,涉案合同符合《商业特许经营管理条例》中商业特许经营的构成要件。该条例第 12 条明确规定了特许经营合同中应当约定受特许人在合同订立后一定期限内享有单方解除权,该权利并不因双方当事人未按法律规定在合同中进行约定而丧失,因而刘某佳、雷某享有单方解除权。鉴于自合同签订之日(2019 年 6 月 26 日)至刘某佳、雷某作出解除合同的意思表示之日(2019 年 7 月 11 日)的时间较短,且涉案合同签订后,未能实质性地开设相关店铺,未能实际利用绿某公司所提供的特许经营资源。因此刘某佳、雷某在合理期限内行使单方解除权,要求解除双方签订的涉案合同,应予以支持。依照《中华人民共和国合同法》[1]第97条的规定,绿某公司并未对刘某佳、雷某进行实际的技术指导和操作培训,刘某佳、雷某未能实际利用绿某公司的经营资源,其经营利益不会因涉案合同解除而受到实质性影响,因此刘某佳、雷某要求绿某公司返还合同款项35 000元,应予支持。

编写人:贺海艳

〔1〕 已废止,对应《中华人民共和国民法典》第566条。

58 卢某与重庆某通知识产权服务有限公司商标代理合同纠纷案[1]

裁判文书二维码

关键词

商标代理合同　欺诈　可撤销　诚实信用

裁判要旨

以牟利为目的，冒用他人名义且虚构事实对委托人实施欺诈而签订的知识产权代理合同属于可撤销合同。知识产权代理机构应当秉持专业、谨慎的态度进行代理服务，不得为牟利而冒用他人名义且虚构事实对委托人实施欺诈。

案　号

一审：重庆市自由贸易试验区人民法院(2019)渝0192民初17849号民事判决(2020年8月21日)

基本案情

2018年年初，卢某与重庆某通知识产权服务有限公司(以下简称某通公司)签订了申请"周老师快乐作文"图文商标注册代理合同，申请在3个服务类别注册商标。2018年5月底，某通公司经理宋某安排员工王某某冒充北京"快乐营"公司给卢某打电话，自称申请了"曹老师快乐作文"注册商标，因卢某申请注册"周老师快乐作文"商标而被驳回，要求卢某转让"周老师快乐作

[1] 本案入选重庆法院弘扬社会主义核心价值观典型案例(第一批)。

文”商标,不然其会通过“其他方式”得到商标。卢某接到“恐吓”后联系某通公司员工郭某,郭某称这种“其他方式”可能是如果商标局收到超过全类别45类的一半数量申请时,会考虑通过类别多的商标注册申请,驳回卢某申请的3个类别注册商标,建议卢某再申请20个类别注册商标。卢某又与某通公司签订申请“周老师快乐作文”商标注册代理合同《知识产权服务委托协议》(签订时间落款为2018年5月30日),申请服务类别数量为20个,并支付了相应费用40 000元。后王某某继续冒充“快乐营”公司给卢某打电话,某通公司建议卢某继续申请剩余22个类别注册商标,即全类别申请,并建议卢某对“周老师快乐作文”图文作品进行版权登记,确保之前注册商标能申请成功,卢某又与某通公司签订剩余22个服务类别的“周老师快乐作文”商标注册代理合同《知识产权服务委托协议》及办理版权登记的《知识产权服务委托协议》,并向某通公司支付了相应的费用。2018年10月,某通公司员工又冒充北京知识产权公司给卢某打电话,称有办法快速复议其被驳回的商标注册申请,卢某察觉到其声音很像之前“快乐营”的刘总,卢某感觉自己被骗,便向公安机关报警。公安机关对某通公司的员工郭某进行讯问时,郭某供述某通公司三次冒充第三方公司打电话“恐吓”卢某并提供错误的商标注册规定信息,促使卢某与某通公司继续签订更多的知识产权代理合同。卢某现起诉至法院,请求撤销《知识产权服务委托协议》(签订时间落款为2018年5月30日),并要求某通公司退还相应的费用。

裁判结果

重庆自由贸易试验区人民法院作出一审判决:1. 撤销卢某与某通公司于2018年5月30日签订的《知识产权服务委托协议》;2. 某通公司退还卢某26 296.3元;3. 驳回卢某的其他诉讼请求。本判决已生效。

裁判理由

法院生效裁判认为,某通公司冒充第三方公司声称将会通过“其他方式”使“曹老师快乐作文”商标通过注册以及某通公司员工谎称这种“其他方式”可能是“如果商标局收到超过全类别45类的一半数量申请时,会考虑通过类别多的商标注册申请,驳回原告只申请3个类别”,均为不实信息,与事实严重不符。商标代理系较为专业的行业,卢某作为社会一般人基于某通公司冒充第三方公司的"恐吓"以及对某通公司此种专业机构的信赖,陷入错误认知,认为必须继续申请本案20类商标才能确保此前申请的商标获得注册,此种错误认知使卢某作出签订涉案合同的意思表示。卢某无申请涉案20类注册商标的主观意思,签订涉案合同违背其真实意思。法院认为某通公司以欺诈手段使卢某违背真实意思的情况下签订涉案《知识产权服务委托协议》,该协议属于可撤销合同。某通公司实施欺诈取得的财产应当全部返还,至于其在履行该合同过程中向原国家工商行政管理总局商标局支付的商标注册费系其自身过错导致,不应由卢某负担。该院判决,撤销原告卢某与被告某通公司于2018年5月30日签订的《知识产权服务委托协议》,被告某通公司退还原告卢某相应的费用。

编写人:王雁苗

59 重庆某海公司、杨某某等人侵犯商业秘密案〔1〕

裁判文书二维码

关键词

侵犯商业秘密　秘密性　核心技术

裁判要旨

在侵犯商业秘密刑事案件中,当案涉技术秘密属于产品设备核心技术的情况下,如相关产品设备实际以整机进行销售,且无法对产品设备中包含案涉技术秘密的相关设备部件的销售收入与销售成本进行单独区分核算,则应以被告人销售整机所得利润作为其违法所得金额予以认定。

案　号

一审:重庆市渝北区人民法院(2020)渝0112刑初1448号刑事判决(2021年11月11日)

二审:重庆市第一中级人民法院(2021)渝01刑终948号刑事判决(2022年3月8日)

基本案情

2000年以来,位于重庆市两江新区的被害单位某德公司通过多年研发,设计出JQ系列加气机控制器,编制的相应技术文件、设计图纸等包含不为公众所知悉的技术信息。2016年5月左右,被告人杨某某、任某某得知被害单

〔1〕 本案入选重庆法院2021年知识产权司法保护十大典型案例。

位某德公司的技术人员即被告人曹某某掌握有加气机控制器技术信息，以高薪吸引曹某某从某德公司辞职并加入某海公司担任技术员，负责研发加气机控制器。2016年7月，在杨某某、任某某的指使下，曹某某参照其在某德公司工作期间拷贝及掌握的加气机控制器技术信息，为某海公司设计出加气机控制器。某海公司于2016年9月开始使用曹某某设计的该加气机控制器技术信息生产制造加气机，并将生产的加气机302台用于对外销售。经审计，某海公司通过销售302台该侵权产品获利共计10 828 511.55元，某德公司同时期销售302台与某海公司涉案设备同类型或相类似产品的销售利润共计16 386 903.32元。

裁判结果

重庆市渝北区人民法院作出一审判决：1. 被告单位某海公司犯侵犯商业秘密罪，判处罚金1100万元；2. 被告人杨某某犯侵犯商业秘密罪，判处有期徒刑4年6个月，并处罚金20万元；3. 被告人任某某犯侵犯商业秘密罪，判处有期徒刑4年，并处罚金15万元；4. 被告人曹某某犯侵犯商业秘密罪，判处有期徒刑3年6个月，并处罚金10万元；5. 对被告单位某海公司的违法所得10 828 511.55元予以追缴。被告人不服，提起上诉。重庆市第一中级人民法院作出二审判决：驳回上诉，维持原判。

裁判理由

法院生效裁判认为，在案的鉴定意见证明，被害单位某德公司的加气机控制器所示的14点技术信息属于不为公众所知悉的技术信息。通过前述技术信息能够设计出加气机控制器进而制造加气机，具有确定的可应用性，能为权利人带来经济利益或竞争优势。某德公司为防止信息技术泄露，通过员工手册、劳工合同等作出保密规定，对技术资料等文件的保管、借阅等制定有相应的规定要求，采取了合理的保密措施。据此认定，某德公司加气机控制器所示的14点技术信息符合商业秘密的特性，属于商业秘密。同时，根据在案的情况说明等客观证据，可以证实加气机控制器系加气机的核心技术。除为客户改造升级外，某德公司和某海公司在正常交易中均是将加气机整机对外销售，未将加气机控制器在正常销售时予以分离，故无法对涉案设备整机中包含的电脑控制系统的销售收入和销售成本单独区分出来,将加气机整机利润作为涉案金额认定具有合理性。因此,被告单位某海公司未经商业秘密权利人许可,通过不正当手段获取并使用他人的商业秘密,给商业秘密权利人造成特别严重后果,其行为已构成侵犯商业秘密罪。被告人杨某某、任某某作为直接负责的主管人员,被告人曹某某作为直接责任人员,均应以侵犯商业秘密罪追究刑事责任。

编写人:吴贤奔

60 重庆某仓储有限公司与重庆某文化传媒有限公司计算机软件开发合同纠纷案〔1〕

裁判文书二维码

关键词

计算机软件开发合同　功能锁定　后履行抗辩

裁判要旨

在软件开发合同履行过程中，委托方未按合同约定支付进度款，开发者经催告无效后通过技术手段对已交付的软件实施功能锁定的，系行使法律规定的后履行抗辩权，不构成违约。

案　号

一审：重庆市第一中级人民法院(2022)渝01民初3254号民事判决(2023年1月11日)

二审：重庆市高级人民法院(2023)渝民终107号民事判决(2023年5月16日)

基本案情

重庆某仓储有限公司与重庆某文化传媒有限公司签订有仓储软件系统服务合同，约定：重庆某文化传媒有限公司为其开发一款仓储软件，双方对该

〔1〕 本案例入选重庆法院2023年知识产权司法保护十大典型案例。

软件应当具备的基本功能进行了书面约定,并在后续开发过程中通过微信群聊对具体需求进行了调整。合同约定了开发款的总金额及支付进度,即重庆某仓储有限公司在合同签订后支付10%,在软件系统交付后支付30%,交付两个月出具验收报告时支付50%,交付一年后支付10%。在合同履行过程中,重庆某仓储有限公司仅支付首付款10%及软件系统交付后的进度款30%,未出具验收报告,也未支付后续款项。重庆某仓储有限公司认为软件已符合验收标准,故在通过微信群以及已交付的软件系统发送催告信息无效后,通过技术手段锁定了该仓储软件系统,导致重庆某仓储有限公司无法继续使用该软件系统。重庆某仓储有限公司遂以重庆某文化传媒有限公司交付的软件不符合合同约定,且锁定软件导致合同目的不能实现为由向重庆某文化传媒有限公司发送了解除合同通知,之后提起诉讼,要求确认合同已经解除,并返还已付款。

裁判结果

重庆市第一中级人民法院作出一审判决:驳回原告重庆某仓储有限公司的诉讼请求。重庆某仓储有限公司不服,提起上诉。重庆市高级人民法院作出二审判决:驳回上诉,维持原判。

裁判理由

法院生效裁判认为,重庆某仓储有限公司既未能提供足以证明案涉软件系统不符合合同约定的证据,也未能明确指出案涉软件系统存在的问题,据此可以认定案涉软件系统符合合同约定。重庆某仓储有限公司在案涉软件系统交付后既不出具验收报告也不支付进度款项,重庆某文化传媒有限公司明确告知使用期限并多次催告重庆某仓储有限公司履行付款义务无果后锁定系统,系行使法律规定的后履行抗辩权,故对于重庆某仓储有限公司要求解除合同的诉讼请求,依法不予支持。

编写人:张振华

Part I Copyright Cases

01 Gao * * v. Primary School of Nan'an District of Chongqing Municipality (Dispute over Copyright Infringement)

Keywords

Infringement of Copyright, Work Made for Hire, Damages Compensation

Gist of Decision

1. Unless applicable legal provisions or contractual terms and conditions provide otherwise, the copyright of a work created by the author thereof in the course of employment by using only simple material and technical resources of the employer thereof, and for which the employer does not bear legal responsibility for copyright, shall belong to the author, while the employer shall have priority right to exploit the work within the scope of its professional activities.

2. Based on the principle that the copyright in a work should be differentiated from the ownership of the medium in which the copyright is manifested, the owner's disposal of such medium generally should not be deemed as copyright infringement. However, if the owner is aware, or should be aware that he/she/it carries the sole medium carrying such copyright and nonetheless disposes of the medium, as a result of which the copyright owner is unable to exercise such copyright, it shall be deemed as an infringement of the copyright.

Case Number

First Instance: Civil Judgement No. 603 [2005] Trial, Civ. Division, Chongqing No. 1 Intermediate People's Court (Dated: December 9, 2005)

Second Instance: Civil Ruling No. 40 [2006] Final Civ. Division, The High People's Court of Chongqing Municipality (Dated: February 27, 2006)

Essential Facts

The Plaintiff Gao * *, claimed that she was a Chinese language teacher at * Primary School of Nan'an District, Chongqing Municipality, China (hereinafter referred to as "* Primary School of Nan'an District"), and from 1990 to 2002, she submitted a total of 48 volumes of lesson plans to the Defendant in accordance with administrative regulations and after that the Plaintiff repeatedly requested for the return of the lesson plans to the Defendant without success. The Plaintiff believe that the lesson plans are the intellectual achievements independently completed by the Plaintiff, that they are the condensation of the creator's efforts and wisdom, and that they, in terms of both form and content, meet the definition of works under *the Copyright Law of the People's Republic of China*, and that the Plaintiff should therefore enjoy the copyright in such less plans; The Plaintiff claimed that the Defendant had disposed of the original manuscript of the lesson plans without the Plaintiff's permission, which seriously infringed the Plaintiff's legitimate rights and interests. Therefore, the Plaintiff requested that the court should issue a judgment: 1. confirming that the Defendant's unauthorized disposal of the Plaintiff's original manuscript of the lesson plans infringed the Plaintiff's copyright; 2. ordering the Defendant to compensate the Plaintiff for economic losses, in the amount of RMB 6,000 Yuan; 3. ordering that the litigation costs of the case should be borne by the Defendant.

The Defendant, * Primary School of Nan'an District, argued: the ownership of the lesson plans belonged to the Defendant, so its disposal of the lesson plans did not constitute copyright infringement; after the Defendant checked the lesson plans, it had notified the Plaintiff to retrieve them, but the Plaintiff had failed to and the lesson plans had since gone missing; the Defendant had fulfilled the notification obligation, and there was no subjective fault on the part of the Defendant, nor was there any contractual or statutory obligation on the part of the Defendant objectively for the safekeeping of the lesson plans. In summary, the Plaintiff's claims were untenable.

After hearing the case, the court found that: Gao * * was a Chinese teacher in * Primary School of Nan'an District, and she had independently completed and submitted 48 volumes of lesson plans to * Primary School of Nan'an District in accordance with administrative regulations from 1990 to 2002. After Gao explicitly requested for the return of all the submitted lesson plans, * Primary School of Nan'an District only returned 4 volumes of the lesson plans, and the remaining 44 volumes were either destroyed or sold. As * Primary School of Nan'an District did not provide sufficient evidence to support its claim that it had notified Gao to retrieve the lesson plans, the People's Court did not confirm this claim. In May 2002, Gao filed a separate lawsuit with the People's Court of Nan'an District of Chongqing Municipality, claiming that * Primary School of Nan'an District should either return the originals of the lesson plans or compensate the Plaintiff for the losses. The People's Court of Nan'an District of Chongqing Municipality rejected the claim of the Plaintiff on the grounds that Gao * * did not have ownership of the 44 volumes of lesson plans. Gao * * lodged an appeal, and the No. 1 Intermediate People's Court of Chongqing Municipality upheld the original judgment after reviewing the appeal. In November 2004, the People's Procuratorate of Chongqing Municipality filed protest, and the No. 1 Intermediate People's Court of Chongqing Municipality decided to retry the case. In May 2005, the original judgment was upheld after the retrial. After that on September 7, 2005, Gao * * filed the lawsuit in this case.

Holding

The No. 1 Intermediate People's Court of Chongqing Municipality issued the first-instance judgment: 1. The unauthorized disposal by * Primary School of Nan'an District of the original manuscript of Gao * * 's lesson plans infringed Gao * * 's copyright; 2. The * Primary School of Nan'an District should compensate Gao * * for economic losses in the amount of RMB 5,000. The * Primary School of Nan'an District lodged an appeal, but failed to effect the prepayment of the appeal fee after receiving the prepayment notice. The Higher People's Court of Chongqing Municipality issued the second-instance ruling: the case should be deemed as a case in which the appeal was automatically withdrawn.

Reasons for Decision

The court's effective judgment holds: firstly, regarding the issue of whether the 48 volumes of lesson plans involved in the case constitute works, as Gao * * only presented 4 volumes of lesson plans independently created by Gao * *, and for the remaining 44 volumes of lesson plans, Gao * * should have provided evidence proving the originality thereof. However, as the 44 volumes of lesson plans have either been destroyed or sold by * Primary School of Nan'an District, Gao * * was objectively unable to provide such evidence. Considering the fact that the 4 volumes of lesson plans presented are original, Gao * * 's claim that the other 44 volumes of lesson plans are works protected by copyright law is highly probable and is confirmed according to law.

Secondly, regarding the ownership of copyright in the works involved in the case, such works were written by Gao * * to complete the teaching tasks assigned by * Primary School of Nan'an District and should therefore be considered works created in the course of employment. However, the lesson plans involved in the case are not works created in the course of employment whose copyright should be owned by a legal person or another entity as is required by law or a contract; Although Gao * * did use certain material and technical resources of * Primary School of Nan'an District to create the works involved in the case, such as blank notebooks on which lesson plans were to be written, the lesson plans had not been created mainly on the basis of such resources of * Primary School of Nan'an District; in addition, legal responsibilities related to the copyright in the lesson plans involved in the case are not undertaken by * Primary School of Nan'an District. Therefore, the copyright to the lesson plans involved in the case should be owned by Gao, and * Primary School of Nan'an District shall have the priority right to exploit the works within the scope of its professional activities.

Thirdly, regarding the issue of whether the alleged offense in the case constitutes infringement. Generally, the disposal by the owner of the medium carrying a work will only result in the loss of the medium itself instead of the work, thus such disposal does not amount to infringement of the copyright to the work. However, in this case where * Primary School of Nan'an District knew or should have known that the volumes of lesson plans involved in the case were the only medium carrying the works of the owner, the disposal of the only medium of the works by * Primary School of Nan'an District would not only result in the loss of the medium itself but also the loss of the works, making it impossible for Gao * * to exercise the copyright to the works involved in the case, and thus infringing Gao * * 's copyright.

Author: Yang Guangming

02 Liu * * v. Shu * * and * Publishing Group Company, et al. (Dispute over Copyright Infringement)*

Keywords

Copyright Infringement, Cooperation Agreement, Property Rights in Copyright

Gist of Decision

Although the Plaintiff did not participate in the creation process of the work involved in the case, the Plaintiff, according to the cooperation agreement entered into by and between the Plaintiff and the Defendant, was entitled to the copyright-related property rights to the work. The Defendant, without reaching a consensus with the Plaintiff, signed a book publishing contract with the Chong * Publishing Group and the Chong * Publishing House, and thereby infringed the rights of Liu *, the copyright owner; therefore, the Defendant should bear the legal liability for compensating Liu * for all the economic losses sustained by Liu *.

Case Number

First Instance: Civil Judgement No. 413 [2007] Trial, Civ. Division,

---

* This case was selected as one of the 50 typical intellectual property cases heard by Chinese courts in 2008.

Chongqing No. 5 Intermediate People's Court (Dated: July 4, 2008)

Second Instance: Civil Judgment No. 191 [2008] Final, Civ. Division, the High People's Court of Chongqing Municipality (Dated: October 30, 2008)

Essential Facts

The Plaintiff (the Defendant in the counterclaim), Liu *, claimed that: in early 2005, Liu * proposed to write a novel depicting the Chinese Expeditionary Force. On July 30 of the same year, he signed a *Cooperation Agreement* with Shu *, Luo * *, and Zhou * * regarding the novel, *The Chinese Expeditionary Force*, stipulating that the four would jointly own the copyright to the novel on a pro rata basis. On July 26, 2006, the parties to the Agreement signed a *Supplementary Agreement* amending the benefit distribution principles under the original agreement. Subsequently, the Plaintiff participated in the creation of the novel as per the agreements, carried out extensive planning, organization, and coordination in connection with the novel's creation, and also provided the title for the novel, the names of the protagonists, and some revision suggestions, and therefore the Plaintiff became an author of the novel. In April 2006, due to disagreements with Luo * * and Shu * over revision suggestions, Luo * *, Shu *, and Zhou * * stopped contacting the Plaintiff.

After the creation of the novel was completed, the Defendants, Shu *, Zhou * *, and Luo * *, without the Plaintiff's permission, caused Shu * to sign on March 28th, 2007 a *Book Publishing Contract* with the Chong * Publishing House on behalf of Luo * * and Shu * for the publication and distribution of the novel, *The Chinese Expeditionary Force*, authorizing the Chong * Publishing Group and the Chong * Publishing House to publish and distribute the book. The actions of the five Defendants infringed upon the copyright that the Plaintiff was entitled to the novel according to the Agreement. Therefore, the Plaintiff requested the court to order that: 1. the five Defendants should immediately stop the infringement and eliminate the impact thereof, and that the novel, *the Chinese Expeditionary Force* should not be republished; 2. the Plaintiff's legitimate copyright benefits of the Plaintiff must be restituted; 3. the five Defendants should provide RMB 100,000 to the Plaintiff as compensation for the economic losses and mental damage sustained by the latter; 4. the five Defendants should bear the business inquiry fee in the amount of RMB 100 and the cost of purchasing copies of the book involved in the infringement in the amount of RMB 120; 5. the five Defendants should bear all litigation costs of the case.

The Plaintiffs in the counterclaim, Shu * and Luo * * (the Defendants in the original claim), alleged that: Liu * proposed to create the novel, *The Chinese Expeditionary Force* in early 2005, and the proposal later received the support of Zhou * *. In July 2005, the two persons, along with Liu * and Zhou * *, jointly agreed that the two Plaintiffs would be responsible for the creation of the textual work, *The Chinese Expeditionary Force*. After more than a year of efforts, the two Plaintiffs revised their manuscript of the novel for several times and completed the creation of the textual work, *The Chinese Expeditionary Force,* in August 2006. The work was independently created by the two Plaintiffs, and therefore there were only two authors to the work and there was not a third author. Liu * did not directly participate in the creation of the work and hence should not be considered as an author of the work, and naturally should not be entitled to the copyright to the work, such as the right of authorship of the work. The two Plaintiffs requested that: 1. Luo * * and Shu * should be confirmed as the authors of the textual work, *The Chinese Expeditionary Force*, and that Luo * * and Shu * should own the exclusive copyright to the textual work, *The Chinese Expeditionary Force*; 2. Liu * should bear all the litigation costs of the case.

After hearing the case, the court found that: on July 30, 2005, Liu *, Zhou * *, and Shu *, collectively as Party A, signed a *Cooperation Agreement* with Luo * *, as Party B, according to which the two parties should collaborate on the novel, *The Chinese Expeditionary Force*. On October 17, 2005, before the novel was fully completed, Zhou * *, Luo * *, and Shu * entrusted Liu * to handle the copyright registration formalities for *The Chinese Expeditionary Force*. In the registration process, Liu * provided details of the four owners of the copyright to the novel, and provided supporting materials, and indicated "signing authors: Luo * * and Shu *". The Chongqing Copyright Bureau issued the copyright registration certificate on October 20, 2005. On July 26, 2006, Liu * and Zhou * *, on behalf of Party A, signed a *Supplementary Agreement* with Party B, Luo * *, to adjust the copyright sharing ratio. During the period between the signing of *The Cooperation Agreement* and April 2006, all parties performed according to the agreement. Luo * * and Shu * wrote the literary work, *The Chinese Expeditionary Force*, completing the first draft on April 4, 2006. Subsequently, due to differences of opinion over the revision of the novel, Luo * * stopped contacting Liu, and Luo * * and Shu * completed the novel. In April 2007, *The Chinese Expeditionary Force* was published by a publishing group company, with the cover page of the novel stating that the novel was written by Luo * * and Shu *, and the copyright page of one edition of the novel indicated that the novel was "Planned by: Zhou * *".

Holding

The No. 5 Intermediate People's Court of Chongqing Municipality made the first-instance judgment of the case: 1. Shu * and Luo * * should compensate Liu * for economic losses in the amount of RMB 22,440 as well as the loss resulting from capital occupation; 2. Shu * and Luo * * should compensate Liu * for the cost of purchasing the copies of the book involved in the case, in the amount of RMB 120; 3. Liu *'s other claims should be rejected; 4. Luo * * and Shu * are the authors of the novel, *The Chinese Expeditionary Force*; 5. Luo * * and Shu *'s other counterclaims should be rejected.

Shu * and Luo * * appealed. The High People's Court of Chongqing Municipality made the second-instance judgment: the appeal was rejected and the original judgment was upheld.

Reasons for Decision

The court's effective judgment holds that the work stipulated in *The Cooperation Agreement* and *The Supplementary Agreement* is not a commissioned work; however, the parties agreed on the copyright ownership of the work involved; It is only due to the fact that after most of the content of the aforementioned agreements had been fulfilled, differences arose between the parties over disagreement on the revision of the novel, so Shu * and Luo * * independently completed the novel, *The Chinese Expeditionary Force* and then contacted the Chong * Publishing Group and the Chong * Publishing House to have the novel published. Considering the actual performance of the two agreements, it can be proven that Liu * obtained copyright to the novel, *The Chinese Expeditionary Force* through *The Cooperation Agreement* and *The Supplementary Agreement*. Since the existing evidence is not sufficient to prove that Liu * participated in the creation of the novel, Liu * can only own the property rights related to the copyright of *The Chinese Expeditionary Force* according to the aforementioned agreements, while the 4 types of personal rights under the copyright to the novel should be enjoyed by Shu * and Luo * *. Shu * and Luo * * violated relevant legal provisions by entering a book publication agreement with the Chong * Publishing Group and the Chong * Publishing House to publish and distribute the novel nationwide, without negotiating with Liu, thus infringing Liu's right as one of the copyright owners to jointly decide how to use the work involved and to receive remuneration therefrom. Therefore, they should bear the legal liability of compensating Liu * for economic losses according to law.

Author: Zhou Min

03 Qiao * * v. Chongqing Hua * Newsnet Group Co., Ltd. (Dispute over Copyright Infringement)*

Keywords

Copyright Infringement, News Pictures, Originality of Works

Gist of Decision

To determine whether a piece of newsis categorized as current affairs news or subject to copyright law, it must be specifically identified whether it is original and whether it reflects the creative labor of the author. If any picture in the piece of news reflects the creative efforts of the author, it then constitute a work protected by copyright law.

Case Number

First Instance: Civil Judgment No. 00579 [2013] Trial, Civ. Division, No. 1 Intermediate People's Court of Chongqing Municipality (Dated: August 5, 2013)

Second Instance: Civil Judgement No. 00261 [2013] Final, Civ. Division, High People's Court of Chongqing Municipality (Dated: November 29, 2013)

* This case was selected as one of the 50 typical intellectual property cases heard by Chinese courts in 2014.

Essential Facts

The Plaintiff, Qiao * * claimed that: on February 3, 2012, the Plaintiff found that the Defendant used 96 of the Plaintiff's photographic works on CQ * * * *.net, which was operated by the Defendant, for a total of 101 times, and some of the works were not attributed to the Plaintiff. The aforementioned works were created and completed by the Plaintiff, to which the Plaintiff enjoyed complete copyright. Before it might use the aforementioned works, the Defendant should have obtained the Plaintiff's permission in advance, attributed the works to the Plaintiff, and paid the Plaintiff the corresponding remuneration; however, the Defendant, without fulfilling the aforementioned obligations, used the works without the authorization by the Plaintiff, thus infringing the Plaintiff's rights to authorship, to communication through information network, and to receive remuneration for using the aforementioned works. Therefore, the Plaintiff requested the court to order to Defendant to: 1. immediately stop the infringement, publicly post an apology statement on the Defendant's website (for not less than 30 days), and apologize to the Plaintiff; 2. immediately pay to the Plaintiff compensation for the infringement of the photographic works, in the amount of 181,800 Yuan; 3. immediately pay to the Plaintiff reasonable expenses incurred by the latter in connection with the case, in the amount of 11,540 Yuan; 4. bear all litigation costs of this case.

The Defendant, CQ * * * *.net, responded that: firstly, regarding the pictures involved in this case, those showing the emblem of the Red Eagle Aerobatic Team were merely copies and were therefore not works by copyright; secondly, the Defendant's full-text reprint should be ca tegorized as reasonable use of the Plaintiff's works in reporting current events, and therefore did not constitute an infringement; thirdly, even if it constituted an infringement, the amounts of compensation and reasonable expenses claimed by the Plaintiff were excessive; fourthly, all the pictures involved had been deleted from CQ * * * *.net.

Holding

The No. 1 Intermediate People's Court of Chongqing Municipality issued the first-instance judgment: 1. CQ * * * *. net should immediately delete the photographic works involved from the website involved in this case; 2. CQ * * * *. net should compensate Qiao * * for the economic loss sustained thereby in the amount of 34, 940 Yuan; 3. Qiao * * 's other claims were rejected. Qiao * * then lodged an appeal. The High People's Court of Chongqing Municipality meted out the second-instance judgment, which: 1. upheld the first and third items in the first-instance judgment; 2. revoked the second item of the first-instance judgment; 3. ordered that CQ * * * *. net should compensate Qiao * * for the economic loss sustained thereby in the amount of 42, 200 Yuan.

Reasons for Decision

The court's effective judgment holds that the key to this case is to correctly understand the definition of current affairs news, which refers to the simple factual news reported through newspapers, periodicals, radio stations, television stations, and other media outlets. It can be seen that current affairs news only refers to the simple factual news reports specially written for media outlets; as it only involves the simple arrangement and combination of news elements such as time, place, characters, causes, process, and result, without involving the expression of thoughts, characterized by uniqueness of expression, and therefore, such news should be categorized as objective facts in the public domain; in this sense, such news is not original, and therefore is excluded from the scope of copyright law protection. To determine whether a piece of news is current affairs news and whether it is subject to copyright law, it should be specifically examined to ascertain whether it has originality and whether it reflects the creative labor of the author thereof.

Whether a piece of news in pictures is a piece of simple factual news is not based on whether the text it is accompanied with is categorized as a piece of simple factual news; rather, it should be based on a separate examination of its originality, because the originality of a picture will not change substantially due to any change in the text it is accompanied by. Specifically in this case, among the 18 articles involved in this case, 4 articles are narratives of objective facts and therefore are simple factual news, while the 37 pictures accompanied by these 4 articles are all created by Qiao * * × × on the basis of objective scenes recorded with the help of a digital camera and under the corresponding light conditions. Such aspects of the pictures as the views taken, the angles from which the pictures were taken, the brightness of the pictures, and the local luster, embody creative labor by the author thereof and therefore the pictures are works with originality. Therefore, CQ * * * *. net infringed the copyright enjoyed by Qiao * *, and hence it should bear the civil liability of stopping the infringement and compensation for the resultant losses.

Author: Zhou Min

04 Chongqing Shi * Technology Co., Ltd. v. Chongqing Suo * Technology Co., Ltd. (Dispute over Copyright Infringement)*

Keywords

Infringement of Copyright, Computer Software, Similar Function, Substantive Similarity

Gist of Decision

For two application software that perform the same function, whose user interfaces are basically the same and whose software architecture is essentially the same in terms of the underlying ideas, when judging whether the two are substantially similar to each other, it is necessary to compare their program codes based on a three-step method of "abstraction-filtering-comparison".

Case Number

First Instance: Civil Judgement No. 05772 [2014] Trial, Civ. Division, People's Court of Yubei District of Chongqing Municipality (Dated: July 21, 2015)

Second Instance: Civil Judgement No. 04837 [2015] Final, Civ. Division, the No. 1 Intermediate People's Court of Chongqing Municipality (Dated:

* This case was selected as one of the 50 typical intellectual property cases heard by Chinese courts in 2015.

November 30, 2015)

Essential Facts

The Plaintiff, Chongqing Shi * Technology Co., Ltd. (hereinafter referred to as "Shi * Company") claimed that: the Plaintiff, Shi * Company, was the copyright owner of the software "Shi * Housing Public Maintenance Fund Management System V2.0 (hereinafter referred to as 'Shi * Software')". The Defendant, Lv * *, was once an employee of Shi * Company, and was engaged in technical development. The Defendant later resigned from Shi * Company and established the Defendant, Chongqing Suo * Technology Co., Ltd. (hereinafter referred to as "Suo * Company"), which was also involved in computer software development and sales. Shi * Company found that the "Suo * SORDINE Property Special Maintenance Fund Comprehensive Business System" software (hereinafter referred to as "Suo * Software") developed and marketed by Suo * Company was essentially identical to Shi * Software in terms of software interface, function code, development documentation, and typographical errors. Therefore, the Plaintiff requested the court to order that: 1. The two Defendants should stop infringing the copyright of the Plaintiff's copyright to the Shi * Software, that is, stop producing and selling the Suo * Software, destroy all copies thereof in stock, and uninstall the sold software from its users' computers; 2. The two Defendants should compensate the Plaintiff for economic losses, and reasonable expenses incurred by stopping the infringement, totaling 500,000 Yuan; 3. The two Defendants should publicly apologize and eliminate the impact of the infringement on the Plaintiff on the newspaper, *Chongqing Evening News* and issue a written statement of infringement to the entities that purchased the infringing product.

The Defendant, Chongqing Suo * Technology Co., Ltd. (hereinafter referred to as "Suo * Company") argued that: firstly, the similarity between the two software arose because both software contained the same public domain expressions; secondly, the "Suo * Property Special Maintenance Fund Comprehensive Business System" was developed and completed on July 8,

2010, launched on August 1, 2010, and completed copyright registration on September 26, 2011, which was earlier than the time when the software of Shi * Company was formed.

After hearing the case, the court found that: On January 23, 2007, Lv * * joined the Shi * Company to engage in technical development and resigned on January 10, 2009. On June 12, 2009, Suo * Company was established. On November 12, 2014, Shi * Company applied for judicial appraisal of the software developed by it, "Shi * Residential Special Maintenance Fund Management System", and the software developed by Suo * Company, the "Suo * Property Special Maintenance Fund Comprehensive Business System" software. The appraisal results showed that, firstly, the same or similar parts of the source codes of both parties realized the substantive and main functions; secondly, the source code of Shi * Company's software was formed in 2008 and 2009, while the source code of the software developed by Suo * Company was formed in 2011.

Holding

The People's Court of Yubei District of Chongqing Municipality issued the first-instance judgment: 1. Suo * Company should immediately stop producing and selling the software "Property Special Maintenance Fund Comprehensive Business System"; 2. Suo * Company should compensate Shi * Company for economic losses and reasonable expenses totaling 150,000 Yuan; 3. Rejecting other claims of Shi * Company. Suo * Company appealed. The No. 1 Intermediate People's Court of Chongqing Municipality made the second-instance judgment, rejecting the appeal and upholding the original judgment.

Reasons for Decision

The court's effective judgment holds that, comparing the software of Shi * Company and the software developed by Suo *, excluding the comment lines that do not implement any software functions, the code of Shi * Company's software has 184, 555 lines, and the code of Suo * Company software has 92, 061 lines. Among them, 54, 956 lines of Suo * Company's software code are completely identical to those of Shi * Company's software, and 9, 770 lines are partially identical to those of Shi * Company's software. The number of lines of Suo * Company's software code that are completely identical to those of Shi * Company's software accounts for 59. 70% of the total lines of Suo * Company's software code that implement software functions, and the number of partially identical lines accounts for 10. 61%, totaling 70. 31%. Moreover, the source codes that are identical with or similar to each other are the those that implement the substantive and main functions of the software. In addition, the button patterns of Suo * Company's software and those of Shi * Company's software have the same MD5 values, which means that the button patterns are the same. The button pattern named "Add" has the word "HT" in it. The mixed use of "pay" and "contribute" in Shi * Company's software and Suo * Company's software is the same. The "pay" and "contribute" mixed use situation appears in the "housing exchange" interface in Suo * Company's software and the "housing exchange" interface in Shi * Company's software, including payment standards, payable amounts, balance payments, payment banks, and payment dates. The "pay" and "contribute" mixed use situation also appears in the "payment registration" interface in Shi * Company's software and the "payment business" interface in Suo * Company's software, including payment methods, payment dates, and payment amounts. In summary, the source code structure of Suo * Company's software and Shi * Company's software is similar, and the non-common buttons and typos are the same. Therefore, Suo * Company's software and Shi * Company's software are substantially similar. Moreover, Suo * Company's software was formed later than Shi * Company's software. Without reasonable explanations for the above similarities or similarities made by Suo * Company and Lv * *, a file named "File Rename Modification. xls" was found, which displays both the Defendant's source code file name and the Plaintiff's source code file name. In summary, the formation time of Suo * Company's software is later than that of Shi * Company's software. The source code of Suo * Company's software is highly similar to that of Shi * Company's software, and the similar parts do not belong to general code, which is original. Without reasonable explanation for the above similarity or approximation made by Suo * Company's company and Lv * *, and considering that Lv * * was once an employee of Shi * Company's company, responsible for software development, and had access to Shi * Company's company's software, it is determined that Suo * Company's software copied part of Shi * Company's software's source code, infringing on Shi * Company's company's copyright.

Author: Yu Bo

05 Tong * Co., Ltd. v. Chong * Architectural Design Institute (Dispute over Copyright Infringement) *

Keywords

Infringement of Copyright, Design Drawing, Substantially Identical

Gist of Decision

In the process of architectural engineering design, if the original design institute submits design drawings to the construction entity and there is no evidence proving that the original design institute has breached the contract, and after that, the construction entity enters into an engineering design contract with another design institute, and provides the original designing drawings to the latter design institute, then the construction entity should not be deemed as using the drawings legally within the agreed scope of the engineering project, in the event that the design drawings completed by the latter design institute are substantially identical with those completed by the original design institute, and in this scenario, the construction entity shall be deemed as having infringed the copyright of the original design institute.

---

* This case was selected as one of the 50 typical intellectual property cases heard by Chinese courts in 2018.

Case Number

First Instance: Civil Judgement No. 1528 [2017] Trial, Civ. Division, No. 5 Intermediate People's Court of Chongqing Municipality (Dated: January 31, 2018)

Second Instance: Civil Judgement No. 234 [2018] Final, Civ. Division, The High People's Court of Chongqing Municipality (Dated: August 31, 2018)

Essential Facts

The Plaintiff, Tong * Co. , Ltd. s (hereinafter referred to as Tong * Co. ,), claimed that: in June 2016, the Plaintiff signed the "*Contract on the Design of the County Nightscape Lighting Engineering Project*" with the Housing and Urban-Rural Development Commission of Shizhu Tujia Autonomous County of Chongqing Municipality (hereinafter referred to as Shizhu Housing and Urban-rural Development Commission). After the signing of the contract, the Plaintiff completed the design plan for the nightscape lighting engineering project of Shizhu County as agreed and submitted it to the employer, Shizhu Housing and Urban-rural Development Commission, in accordance with the contract, after which, the employer released the design, to which the Plaintiff held the copyright, on the website of Shizhu County Public Resources Trading Center on April 11, 2017, as part of the invitation to bid process. On August 4, 2017, the Plaintiff discovered that the design work in question was publicly displayed on the public resources trading website, however, the attribution had been changed to the Defendant, Chong * Architectural Design Institute. Upon comparison, it was found that the Defendant had unlawfully used the work in question as its own design and participated in the engineering bidding project for the nightscape lighting engineering project of Shizhu County, thus infringing the Plaintiff's rights of authorship, modification, reproduction, dissemination through Information Network, and remuneration as the copyright owner. Therefore, according to the provisions of *The Copyright Law*, the Defendant should bear the corresponding responsibilities of terminating the use, compensating for the losses, and apologizing to the Plaintiff.

After hearing the case, the court found that: in 2016, Tong * Co., (Party B) signed the *Contract on the Design of the County Nightscape Lighting Engineering Project* with Shizhu Housing and Urban-rural Development Commission (Party A), under which Party A would be the design entity and Party B would be responsible for the design of the project. On April 19, 2017, Shizhu Housing and Urban-rural Development Commission issued a *Delegated Payment Letter* to Yu * Company, clarifying that the project owner shall be Yu * Company, and entrusting it to handle affairs related to communications with Tong * Co., in connection with the design task as well as payment to Tong * Co., for such design. On July 23, 2017, Shizhu Housing and Urban-rural Development Commission issued a Notice of Contract Rescission to Tong * Co.,, terminating the design contract between the two parties. On August 3, 2017, Chong * Architectural Design Institute and Yu * Company signed the *Architectural Engineering Design Contract (I)*, which states that the employer would entrust the designer to undertake the engineering design of the project in question. After comparison, it was found that the design plan of Tong * Co.,, to which Tong * Co., enjoys copyright, and the plan provided by Chong * Architectural Design Institute, which is involved in the case, were identical, except for some differences in the electrical design description section the engineering drawings.

Holding

The No. 5 Intermediate People's Court of Chongqing Municipality made the first-instance judgment: 1. The Chong * Architectural Design Institute should immediately stop using the case-related work, "Design Plan for the Nightscape Lighting Engineering Project of Shizhu County"; 2. The Chong * Architectural Design Institute should compensate Tong * Co., for the economic losses sustained and reasonable expenses, totaling 437,000 Yuan; 3. Other claims of Tong * Co., should be rejected. The Chong * Architectural Design Institute lodged an appeal. The High People's Court of Chongqing Municipality made the second-instance judgment, rejecting the appeal and upholding the original judgment.

Reasons for Decision

The court's effective judgment holds that: firstly, where the ownership of copyright is specified by way of a contract, the relevant stipulations under the contract should be clear and specific; otherwise the copyright should belong to the trustee. In this case, the contract involved in the case did not explicitly stipulate the copyright of the design work involved; further, judging by the main content and performance of the contract, even if the contract explicitly stipulates that the copyright of the design work belongs to the client, in the event that the client fails to fulfill the payment obligation, the copyright should still be owned by the trustee, so the copyright of the drawings involved in the case should belong to Tong * Co.,.

Secondly, according to Article 12 of the *Interpretation of the Supreme People's Court on Issues Concerning the Application of Law in the Trial of Civil Disputes Involving Copyright*, and based on the nature of the contract for commissioned creation, and the purposes of the architectural engineering design contract involved, Shizhu Housing and Urban-rural Development Commission, as the client, can use Tong * Co.,'s design on the project agreed in the contract, such as using the design drawings for construction, completion acceptance, necessary modifications to the original design drawings according to the changes of the project, etc. In this case, Shizhu Housing and Urban-rural Development Commission terminated the contract because it believed that Tong * Co.,'s design did not meet the relevant requirements under the contract, and signed a new design contract with Chong * Architectural Design Institute, which was responsible for the engineering drawing design separately. Consequently, Chong * Architectural Design Institute should independently create and design, but its design drawings were substantially similar to those by Tong * Co.,. If Chong * Architectural Design Institute's behavior were regarded as Shizhu Housing and Urban-rural Development Commission's use within the scope of the project, it would then be unfair to Tong * Co.,, therefore, Chong * Architectural Design Institute should be deemed as having infringed Tong * Co., 's copyright to the works involved in the case.

Author: Yu Zhiqiang

06 * Image Company v. * Culture Company (Dispute over Infringement of the Right of a Work to Dissemination through Information Network)

Keywords

Infringement of Copyright, Ownership of Copyright, Authorship, Burden of Proof

Gist of Decision

Where the ownership of the copyright to any image is disputed, the copyright ownership cannot be determined solely based on watermark on such image or copyright statement; the party claiming copyright should provide further evidence to prove it, otherwise such party should bear the adverse legal consequences. Copyright statements are unilateral declarations, and in the absence of other corroborating evidence, the ownership of copyright cannot be determined based solely on such copyright statements. Where there is any conflict in the form of prima facie evidence such as watermarks and copyright statements, the validity of such evidence can be directly denied.

Case Number

First Instance: Civil Judgment No. 440 [2018] Trial, Civ. Division, the No. 4 Intermediate People's Court of Chongqing Municipality (Dated: September 28,

2018)

Essential Facts

The Plaintiff, * Image Technology Company (hereinafter referred to as "* Image Company"), claimed that: it had obtained the copyright-related property right of the images involved in the case with the authorization of Getty Images. The Defendant, Chongqing * Culture Communication Company (hereinafter referred to as "* Culture Company"), used the images on WeChat without the permission of the Plaintiff, thus infringing the right of network dissemination of the Plaintiff's works, and should therefore bear the liability for compensation for the damages caused by the infringement.

The Defendant, * Culture Company, argued that: the Plaintiff did not obtain the copyright-related property right of the image involved and therefore the Plaintiff's claim should be rejected. There are three reasons: 1. Although Getty Images granted authorization to the Plaintiff, the image involved was not covered by such authorization. 2. The "basic information" column in the printout of the webpage of the images provided by the Plaintiff stated that the copyright was owned by "Visual China", and the watermarks of the image also included the logo of "Visual China"; however, Visual China is an independent legal entity, and although it is the parent company of the Plaintiff, the two are independent civil entities, and therefore the Plaintiff did no have the right to initiate the lawsuit. 3. The Plaintiff claimed that the copyright of the image involved belongs to Getty Images, and it obtained the copyright-related property right of the image involved through authorization. However, the "basic information" in the printout of the webpage of the image provided by the Plaintiff stated that the copyright was actually owned by "Visual China", which contradicted its claim.

Holding

The No. 4 Intermediate People's Court of Chongqing Municipality issued the first-instance ruling, rejecting the claim of * Image Company.

Reasons for Decision

The court's effective judgment holds that, the *Authorization Confirmation* issued by Getty Images states that Getty Images holds the copyright of all images related to the brands listed in Annex A of the *Authorization Confirmation*, authorizing * Image Company to display, sell, and license others to use all images related to the brands listed in Annex A within the territory of the People's Republic of China, and * Image Company has the right to initiate litigation in the name of * Image Company. However, the lower right corner of the printout of the image involved in the case, as provided by the Plaintiff, bears the watermark logos " Visual China " and " getty images ", and the " Basic Information" column of the printout states "Copyright: 1995 – 2018 @ Visual China". Moreover, the Plaintiff confirmed that the brand corresponding to the image involved in the case is "Getty North American", however, the brand "Getty North American" is not included in the brands listed in Annex A of the *Authorization Confirmation* issued by Getty Images. In other words, regardless of whether Getty Images holds the copyright for the image involved in the case, the Plaintiff failed to provide any evidence to prove that it had obtained the copyright-related property right of the image involved in the case through authorization. Since the evidence provided by the Plaintiff, * Image Company, was insufficient to prove that it had obtained the copyright-related property right of the image involved in the case, and it was not a citizen, legal person, or other organization directly interested in the case, it therefore did not meet the conditions for filing a lawsuit as stipulated by law. Therefore, the court ruled to reject its claims.

Author: Sun Hailong

07 Chongqing * Technology Co., Ltd. v. Shanghai Software Technology Co., Ltd. (Dispute over Copyright Infringement)*

Keywords

Copyright Infringement, Computer Software Promotional Manual, Operation Manual, Original Expression

Gist of Decision

Originality is a necessary element of a work. Original expression not only reflects the unique characteristics of the creator, but also should be able to distinguish itself from the expressions in the public domain. If the expression does demonstrate a degree of difference that the general public can recognize and therefore differentiate it from the expressions in the public domain, it should be deemed as original and constitutes a work protected by copyright law; otherwise, it does not.

Case Number

First Instance: Civil Judgment No. 13844 [2020] Trial, Civ. Division, the

---

* This case has been included into typical cases (the ninth batch) heard by courts in Chongqing Municipality concerning judicial protection of the private sector.

People's Court of Yuzhong District of Chongqing Municipality (Dated: October 14, 2020)

Essential Facts

Chongqing * Technology Co., Ltd. (hereinafter referred to as "Chongqing * Co.,"), which was mainly engaged in the research, development, and sales of dimensional chain calculation and tolerance analysis software, developed a software product, "Dimensional Chain Calculation and Tolerance Analysis Software", which had been widely used in many large domestic enterprises in the military, automotive, communication, aerospace, equipment manufacturing, and other industries since its development, and enjoyed a very favorable reputation and great popularity in the industries concerned. In July 2015, the company printed 4,000 copies of the *Promotion Brochure for the Dimensional Chain Calculation and Tolerance Analysis Software* (hereinafter referred to as "*The Brochure*"), and on January 29, 2018, copyright registration of *The Brochure* was completed. Shanghai * Software Technology Co., Ltd. (hereinafter referred to as Shanghai * Co.,) uploaded a PDF file, in order to promote its research and development of dimensional chain simulation calculation software, into a QQ group that was created to promote the software, and the PDF file used the same dimensional chain diagram as the one used in *The Brochure*. Shanghai * Co., also published an article on its website, whose text was identical to some of the text in *The Brochure*. Therefore, Chongqing * Co., believed that the PDF file uploaded and the article published by Shanghai * Co., infringed its copyright, and hence requested for a court ruling demanding that the infringement must be ended and compensation must be made for the losses.

Holding

The People's Court of Yuzhong District of Chongqing Municipality made the following judgment: 1. Shanghai * Co., must immediately stop infringing the copyright of Chongqing * Co.,; 2. Shanghai * Co., must compensate

Chongqing * Co., for the economic losses sustained by the latter as well as reasonable expenses incurred by the latter, totaling 31, 100 Yuan; 3. Other claims made by Chongqing * Co., should be rejected. After the judgment was announced, neither party appealed.

Reasons for Decision

The court's effective judgment holds that the text in *The Brochure* of Chongqing * Co., emphasizes the actual application effect of the software after it is put into use by the users, and the dimensional chain diagram is drawn according to the component structure diagram provided by the customer, which is not a common graphic in the public domain of the industry. Both of them have originality, and they are intellectual achievements manifested in the form of text and graphics by computer software, making them works protected by copyright law. As a peer in the industry, Shanghai * Co., used in its document promoting and introducing the same type of software the same text and dimensional chain diagram as those in *the Brochure*, which constituted copying of the software-related intellectual achievements of Chongqing * Co., and therefore infringed the copyright of Chongqing * Co.,. In view of this, Shanghai * Co., should be held liable for infringement.

Author: Xie Qiong

08 Shanghai * * Film Studio Co., Ltd. v. Chongqing * * Information Technology Co., Ltd. et al. (Dispute over Copyright Infringement)*

Keywords

Copyright Infringement, Right to Protect Integrity of Works, Right to Reproduce, Right to Dissemination through Information Network

Gist of Decision

Deliberately using vulgar, negative, ambiguous and uncivilized language to alter the content of dialogues in the original work and disfigure the characters in the original work not only infringes the copyright owner's rights to modify, reproduce, protect the integrity of the work, and dissemination through information network, but also conflicts with the socialist values of civilization promoted throughout the Chinese society; therefore, the perpetrator should be held responsible for apologizing, eliminating the impact, and compensating for the losses; and the circumstances of such infringement should be an important factor in determining the amount of compensation.

---

* This case was included into typical cases heard by people's courts in China concerning film - related intellectual property.

Case Number

First Instance: Civil Judgement No. 3828 [2019] Trial, Civ. Division, No. 5 Intermediate People's Court of Chongqing Municipality (Dated: July 31, 2020)

Essential Facts

Shanghai * * Film Studio Co., Ltd. holds the copyright to the animated films *Calabash Brothers(《葫芦兄弟》in Chinese)* and *Calabash Little King Kong (《葫芦小金刚》in Chinese)*, as well as the copyright for the character designs of "Calabash Brothers"(葫芦娃 in Chinese) and "Calabash Little King Kong"(葫芦小金刚 in Chinese). Chongqing * * Information Technology Co., Ltd. (hereinafter referred to as Chongqing * * Technology Company) et al., produced a number of short videos titled *Dialect Edition of the Calabash Brothers*, based on segments of the story of the seven Calabash Brothers and Calabash Little King Kong in the animated films, and by replacing the Mandarin audio data carried by the original works with Sichuan-Chongqing dialect audio data, altering the dialogue content of the original works. Chongqing * * Technology Company then uploaded the short videos onto websites and official accounts for dissemination. Shanghai * * Film Studio Co., Ltd. filed a lawsuit against Chongqing * * Technology Company et al. for copyright infringement due to the aforementioned actions.

Holding

The No. 5 Intermediate People's Court of Chongqing Municipality made the first-instance judgment: 1. Chongqing * * Technology Company, Huang *, Deng * must immediately stop the infringement and delete the uploaded and published infringing video clips on websites such as iQIYI, Toutiao, Sina Weibo, Weibo Video, Tencent Video, YOUKU Video and WeChat relevant official accounts; 2. Chongqing * * Technology Company, Huang *, and Deng * must jointly release a statement on *The Chongqing Daily* (the content of the statement shall be subject to review by the court) to eliminate the adverse effect; 3. Chongqing * * Technology Company, Huang *, and Deng * shall jointly compensate Shanghai * * Film Studio for economic losses sustained thereby as well as reasonable expenses incurred thereby to stop the infringement, totaling 100, 000 Yuan; 4. The other claims of Shanghai * * Film Studio shall be rejected. After the judgement was released, neither of the parties lodged an appeal.

Reasons for Decision

The court's effective judgment holds that Chongqing * * Technology Company et al. jointly produced the video clips in question, deliberately adopt vulgar, negative, ambiguous and uncivilized words and expressions in a regional dialect, altered the content of dialogues in the original works, defamed the characters in the original works, and uploaded the video clips in question onto online platforms for widespread dissemination. Such behaviors conflicted with the socialist core values, damaged the legitimate rights and interests of the copyright owner of the works, and therefore constituted copyright infringement. The court ordered Chongqing * * Technology Company et al. to immediately stop the infringement, jointly publish a statement to eliminate the adverse effects, and jointly compensate the Plaintiff for the economic losses thereof.

Author: Huang Jian

09 Shenzhen * * Computer System Co., Ltd. et al. v. Beijing * * Technology Co., Ltd. et al. (Dispute over Pre-litigation Cessation of Copyright Infringement) *

Keywords

Pre-litigation Cessation of Copyright Infringement, Rules on Notification for Deletion, Necessary Measures

Gist of Decision

The "necessary measures" that internet service providers are obligated to take against infringement committed by internet users on the platforms are not limited to deletion, blocking, or disconnecting links. As new technologies such as filtering and interception have emerged and the costs thereof are controllable, based on the need to maintain the dynamic balance of interests between rights holders and internet service providers, such new technologies can be included in the scope of necessary measures.

---

* This case has been selected as one of the 50 typical intellectual property cases heard by Chinese courts in 2021, one of the top 10 typical cases heard by courts of Chongqing Municipality in 2021 concerning judicial protection of intellectual property, and was included into typical cases (the third batch) heard by courts of Chongqing Municipality concerning judicial protection in cyberspace.

Case Number

Ruling for Pre-litigation Act Preservation: Civil Ruling for Act Preservation No. 1 [2021] Civ. Division, No. 1 Intermediate People's Court of Chongqing Municipality (Dated: June 4, 2021)

Reconsideration Ruling: Civil Ruling for Act Preservation No. 1 [2021] Civ. Division, the No. 1 Intermediate People's Court of Chongqing Municipality (Dated: August 24, 2021)

Essential Facts

The applicants, * * Technology (Beijing) Co., Ltd. (referred to as "* * Technology Co.,"), Chongqing * * Information Technology Co., Ltd. (referred to as "* * Information Co.,"), and Shenzhen * * Computer System Co., Ltd. (referred to as "* * Computer Co.,"), claimed that: they enjoyed the exclusive right to dissemination through information network for the animated work, "* * Continent." and that there were a large number of infringing videos on the *yin App operated by Beijing * * Technology Co., Ltd. (referred to as "Beijing * * Co.,"). They requested the court to order Beijing * * Co., to immediately delete the infringing videos in accounts such as "Yi * *" and take effective measures to delete all infringing videos on the *yin App; take effective measures to filter and intercept users' uploading and dissemination of infringing videos, etc.

The respondent, Beijing * * Co.,, argued that: it had already deleted the infringing videos in accounts such as "Yi * *" and that the other claims of the applicants exceeded the scope of obligations and capabilities of its platform.

After hearing the case, the court found that: the applicants had been authorized to obtain the non-exclusive right to dissemination through information network and the right to safeguard rights of Seasons 1 through 4 of the animated work, "* * Continent." The work was broadcast on * * video platform and was very popular. After * * video platform updated the work involved in the case, users such as "Yi * *" uploaded a large number of infringing videos on the * yin App platform almost simultaneously, and the playback volume of such infringing videos was significant.

Holding

The No. 1 Intermediate People's Court of Chongqing Municipality ruled that Beijing * * Co., must immediately delete all infringing videos from accounts corresponding to usernames such as "Yi * *" on * yin App. Beijing * * Co., must also take effective measures to remove all infringing videos from the * yin App and to filter and block users from uploading and spreading infringing videos. Beijing * * Co., applied for reconsideration. The No. 1 Intermediate People's Court of Chongqing Municipality had since ruled to reject the application.

Reasons for Decision

The court's effective ruling holds that there existed a large number of infringing videos on the short video platform operated by Beijing * * Co., and that internet users would continue uploading infringing videos, that the platform had the ability to filter and block infringing videos, but did not provide evidence to prove that the cost of using such technologies was unaffordable. Therefore, the court ruled in favor of the applicant's request.

Author: Zhang Yan

10 Zhejiang An * Intelligent Technology Co., Ltd. v. Qingdao Xun * Technology Co., Ltd., et al. (Dispute over Copyright Infringement)*

Keywords

Copyright Infringement, Automatic Photo Capture, Copyright ability

Gist of Decision

1. The images captured automatically by technical equipment according to preset programs are not considered as works created by the technical equipment producer, as the act of setting the automatic program is a technical functional setting that neither reflects the intention to create works using the equipment containing the technical function nor actually utilizes the technical equipment for image creation. Therefore, the producer of such images is not considered as an author under copyright law.

2. The images automatically captured by users of technical equipment, who only use specific technical functions of the equipment to achieve specific technical effects, do not reflect the original expression of artistic creation and therefore does not constitute a work under copyright law.

* This case was selected as one of the top ten typical cases heard by courts of Chongqing Municipality in 2022 concerning judicial protection of intellectual property.

Case Number

First Instance: Civil Judgment No. 8839 [2021] Trial, Civ. Division, Chongqing Pilot Free Trade Zone People's Court (Dated: January 13, 2022)

Second Instance: Civil Judgment No. 2190[2022] Final, Civ. Division, the No. 1 Intermediate People's Court of Chongqing Municipality (Dated: March 24, 2022)

Essential Facts

Zhejiang An * Intelligent Technology Co., Ltd. (hereinafter referred to as "An * Co.,") was established on July 2, 2014, with its business scope including intelligent equipment technology research and development services, production of high beam headlight recognition and recording systems, etc. On February 9, 2018, An * Co.,, as the patentee, applied for an invention patent named "A Detection Method for Continuous High Beam Headlight Activation", which was granted on July 14, 2020. The images involved in this case were automatically generated from videos recorded by the "Automatic Recording System for Non-compliant Use of High Beam Headlights" provided by An * Co., and installed by the traffic police authorities in the Zhoushan Tunnel of Luoyang City, and included four frames in all. On February 13, 2019, An * Co.,'s WeChat official account published an article titled "The 'Automatic Recording System for Non-compliant Use of High Beam Headlights' Launched in Luoyang", which used the images involved in this case.

From May 14 to May 16, 2021, the joint legal representatives of Qingtao Xun * Technology Co., Ltd. (hereinafter referred to as "Qingdao Xun * Co.,") and Xun * Technology (Suzhou) Co., Ltd. (hereinafter referred to as "Xun * Suzhou Co.,") delivered a speech titled "Technology's Role in Efforts Targeted Against Abuse of High Beams" at the 12th China Road Traffic Safety Products Expo and Public Security Traffic Police Equipment Exhibition. In the speech, it was claimed that "traditional video-based systems, using light compression to find dual lamp tubes and learning algorithm technology, can only provide evidence for less than 64% of vehicles with dual lamp tubes", while the images accompanying the speaker's Power Point presentation were essentially identical with the four images automatically captured by An * Co. , 's " Automatic Recording System for Non-compliant Use of High Beam Headlights".

An * Co. , filed a lawsuit with the competent People's Court, arguing that the photos involved in the case were produced by the Plaintiff using its own " Automatic Recording System for Non-compliant Use of High Beam Headlights", and therefore were functional works and therefore were works under law. Qingdao Xun * Co. , and Xun * Suzhou Co. , used An * Co. , 's works in a public speech and an article published on the official account, thus infringing its rights of exhibition, publication, modification, protection of integrity of works, reproduction, and dissemination through information networks. Therefore, An * Co. , requested the court to: 1. confirm that Qingdao Xun * Co. , and Xun * Suzhou Co. , infringed An * Co. , 's copyright; 2. order Qingdao Xun * Co. , and Xun * Suzhou Co. , to cease the infringement, and make a public apology on a national newspaper to eliminate the adverse effects; 3. order Qingdao Xun * Co. , and Xun * Suzhou Co. , to compensate An * Co. , for economic losses in the amount of 300, 000 Yuan; 4. rule that the litigation cost should be borne by Qingdao Xun * Co. , and Xun * Suzhou Co. , . Qingdao Xun * Co. , and Xun * Suzhou Co. , argued that the images involved were not subject to copyright protection, and were not works, and that even if they did constitute works, they were not owned by the Plaintiff, and therefore, they did not infringe the Plaintiff's copyright.

Holding

The Chongqing Pilot Free Trade Zone People's Court made the first-instance judgment, rejecting all the claims of An * Co. , . After the first-instance judgment was issued, An * Co. , refused to accept it and appealed. The No. 1 Intermediate People's Court of Chongqing Municipality made the second-instance judgment, rejecting the appeal and upholding the original judgment.

Reasons for Decision

The court's effective judgment holds that the works protected by the Copyright Law are original expressions of ideas in specific fields. The identification of the originality of a work should be based on whether the work itself was independently created by the author and whether the arrangement of the work expression reflects the author's choices, judgments, and other factors. Firstly, identification of the subject in the copyright ability of automatically captured photos. The images involved in the case were automatically captured by a machine installed with a set program, and the machine could not be the creative subject of the work. Although An * Co., is the producer of the machine and was responsible for setting the relevant technical parameters, the images involved were generated by the traffic police department during the actual use of the equipment. In other words, the generation process of the images involved did not reflect An * Co.,'s subjective intention to create the images using the equipment with this technical function, nor did it actually use the technical equipment for the purpose of objective creation, so An * Co., could not be deemed as the author of the images involved. Secondly, identification of the object in the copyright ability of automatically captured photos. According to *Regulations for the Implementation of the Copyright Law of the People's Republic of China*, photographic works are artistic works. The non-artistic expression of photos does not fall within the scope of photographic works recognized by *The Copyright Law*. In this case, the content and purpose of the images involved are objective replication and recording of scenes showing vehicles violating relevant rules, and the entire image capture process did not reflect the manual intervention, selection, and judgment of the machine user in terms of artistic creation, nor did it contain any original artistic expression. Therefore, the images involved in this case should not be protected as works under copyright law. In summary, An * Co., is not the author of the images involved, and the images involved do not constitute works protected by copyright law.

Author: Fan Wenyan

11

Wang * (A) et al. v. Gong * * et al. (Dispute of Copyright Infringement) *

Keywords

Copyright Infringement, Folk Song Interpretive Works, Copyright Infringement Identification

Gist of Decision

1. By recording and editing folk songs passed down orally, creators of folk song interpretive works exert their professional musical expertise and competence, integrating their personalized expression; so in the absence of evidence that proves otherwise, the results of such Recording and editing should be deemed to have originality and constitute interprctive works.

2. The scope of copyright protection of a folk song interpretive work is limited to the original expression of the interpreter, thus excluding the original content of the folk song. In cases where the original content of the folk song in question is difficult to verify, and if the subsequent interpretative work contains substantial differences from a previous interpretative work and thus has independent artistic value, both should be allowed to coexist, and it should not be deemed that the subsequent interpretative work infringes just because the main melody of the two is basically the same or similar.

---

* This case was selected as one of the top ten typical cases heard by courts of Chongqing Municipality in 2023 concerning judicial protection of intellectual property.

Case Number

First Instance: Civil Judgment No. 16044 [2019] Trial, Civ. Division, the Chongqing Pilot Free Trade Zone People's Court (Dated: March 29, 2021)

Second Instance: Civil Judgement No. 6354[2021] Final, Civ. Division, the No. 1 Intermediate People's Court of Chongqing Municipality (Dated: March 30, 2023)

Essential Facts

Since February 1942, publications such as *Northwest Folk Song Collection (1)* have featured the numbered-notation version of the song, "A * ", with annotation attributing the "notation, translation, compilation, and arrangement" to Wang * (C). There are a number of versions of the song by Wang * (C), all of which are vocal numbered notation versions, with slight differences in beats and modes, but with the melody being essentially the same. In 2019, Wang * (C)'s heirs, Wang * (A) and Wang *, registered the song as a work.

"A * " was included in a staff-notation piano score collection, *Piano Pieces of Chinese Folk Songs for Children,* published by * University Press in Chongqing (hereinafter referred to as " * Press"), and was noted as "arranged by Gong * * ". Compared with the version by Wang * (C), the former version starts with a weak beat, while the Wang * (C) version starts with a strong beat. Some sections of the melodies of the two versions are the same, while some sections of the two versions featured different notes and rhythms. Wang * (C)'s heirs, Wang * (A), Wang * (B), and Wang * believed that Wang * (C) enjoyed copyright in the song in question, and that the above-mentioned acts of Gong * * and * Press infringed on the copyright of Wang * (C). They requested the court to order Gong * * and * Press to stop the infringement, make a public apology, and compensate for the economic losses.

Holding

The Chongqing Pilot Free Trade Zone People's Court made the first instance judgment: Gong * * and * Press should stop selling the *Piano Pieces of Chinese Folk Songs for Children* which contains the piano music score "A * " involved in the case, and should compensate Wang *(A), Wang *(B), Wang * for economic losses and reasonable expenses, totaling 3,000 Yuan. Gong * * and the * Press appealed. The No. 1 Intermediate People's Court of Chongqing Municipality made the second instance judgment, revoking the first instance judgment and rejecting the claims of Wang *(a), Wang *(B), Wang *.

Reasons for Decision

The court's effective judgment holds that folk songs are works that have entered the public domain; if a person who records and edits a folk song, on the basis of the original version of the song, integrates his/her original expression into the results of his/her recording and editing, then the result will be considered as a new work, and the person enjoys copyright to the new work. Given the fluidity of folk songs that arises because they are passed on by word of mouth, the original content of folk songs is often difficult to verify. Recording and editing folk songs usually requires professional musical expertise and artistic aesthetic competence. The results of such recording and editing can reflect the personalized expressions of the recorder-editor. In the absence of evidence to the contrary, it should be determined that the results of such recording and editing constitute interpretive works.

In this case, Wang *(C)'s version was formed by recording and sinicizing the Kazakh folk song "A * ". Neither of the two parties submitted evidence proving the original state of the folk song involved, and it was therefore impossible to directly compare the original folk song with Wang *(C)'s version to determine whether the latter has originality. However, based on the existing evidence, Wang *(C)'s had made considerable artistic efforts to create his version, which has obvious differences in terms of melody and styles compared with the previous version of the same source folk song. It could then be determined that the folk song edited by Wang *(C) incorporated his own musical expertise and unique musical approach, and reflected his personalized expression; and hence Wang *(C) enjoys copyright of this version.

The scope of copyright protection of folk song interpretive works is limited to the original expression of the interpreter, thus excluding the original content of the folk song. Where the original content of the folk song cannot be verified, and if a subsequent interpretative work has substantial differences from a previous interpretative work and thus has independent artistic value, both versions should be allowed to coexist, and it should not be deemed that the subsequent interpretative work infringes just because the main melodies of the two are basically the same or similar. In this case, both Wang *(C)'s version and Gong **'s version are interpretative works of the folk song "A *", with Wang *(C)'s version being the previous interpretative work. The original state of the folk song involved cannot be verified, and so it is impossible to identify the content of Wang *(C)'s original expression. Comparing the two, it was found that Gong **'s version is a a staff-notation piano score, while Wang *(C)'s version is a vocal music score in numbered notation. The respective melody or rhythms of the two are not completely consistent, and the genre of music and the way of musical expression (vocal performance and piano performance) are also different. Gong **'s use of harmony and piano writing reflects his professional musical expertise and unique musical approach, and hence the entire piano piece has independent artistic value. Therefore, both versions can become parallel works. Based on this, the actions of Gong ** and * Press involved in the case did not constitute infringement.

Author: Zhang Yan

12 Shenzhen * * Computer System Co., Ltd. et al. v. Beijing * * Technology Co., Ltd. (A Series of Cases of Disputes over Infringement of the Right to Dissemination through Information Networks and Unfair Competition)

Keywords

Infringement of the Right of Works to Dissemination through Information Networks, Short Videos, Massive Infringement, Should Know and Clearly Know

Gist of Decision

1. If the operator of a platform has the ability to manage content involving obvious massive infringement on the platform but fails to take effective measures, it can be determined that the platform operator is at fault and commits contributory infringement, and shall therefore bear the liability to stop the infringement and compensate for the damages.

2. The measures taken by the platform operator to stop the infringement include but are not limited to technical measures such as deletion, filtering, and interception, and should be dynamically adjusted according to the development of the platform operator's governance and technical capabilities.

Case Number

First Instance: Civil Judgement No. 401 [2021] Trial, Civ. Division, the No. 1 Intermediate People's Court of Chongqing Municipality (Dated: December 30, 2020)

Second Instance: Civil Ruling No. 74 [2023] Final, Civ. Division, the High People's Court of Chongqing Municipality (Dated: June 28, 2023)

Essential Facts

The Plaintiff, Shenzhen * * Computer System Co., Ltd. (hereinafter referred to as "Shenzhen * * Co.,", the main video content provider), et al., enjoyed the right of dissemination through information network for the animated video of "* *". The Defendant, Beijing * * Technology Co., Ltd. (hereinafter referred to as "Beijing * * Co.,", the main platform provider), operated a platform that hosted a large number of short videos infringing the right of dissemination through information networks of "* *" animated video. After the Plaintiff repeatedly sent many infringement notices, the Defendant deleted the majority of all the infringing short videos listed in the infringement notices, however, there were still a large number of infringing short videos on the platform. The Plaintiff requested that the Defendant should be ordered to immediately take effective measures to delete all relevant infringing short videos on the platform, and punitive damages should be imposed on the Defendant to compensate the Plaintiff for economic losses and reasonable expenses incurred in connection with rights protection, totaling 800 million Yuan.

Holding

The No. 1 Intermediate People's Court of Chongqing Municipality made the first-instance judgment: the Defendant was ordered to immediately stop the infringement and compensate the Plaintiff for economic losses totalling 10 million Yuan and reasonable expenses in the amount of 722, 203. 5 Yuan. Both parties appealed. During the second-instance proceeding, through the mediation by the court of second instance, the two parties reached a comprehensive cooperation agreement and withdrew the lawsuit. The High People's Court of Chongqing Municipality made a second-instance ruling: the first-instance judgment was revoked, and the Plaintiff was permitted to withdraw the lawsuit.

Reasons for Decision

The court's ruling holds that the evidence in this case can prove that within the current communication and governance technology capabilities of Beijing * * Co.,, it is possible to eliminate the obvious presence of the infringing videos on the platform after corresponding measures are adopted. However, after sending to the Defendant multiple rounds of complaint notifications, the Plaintiff not only found that some of the infringing links in such notifications had not been removed from the * platform operated by the Defendant, but also obtained a large number of allegedly infringing videos through simple methods such as searching with their titles as keywords on the platform. Beijing * * Co., did not take necessary measures to govern the massive number of infringing videos on the platform in a timely manner, which violated the corresponding duty of care and showed that the platform operator had committed the fault when it should have known. Therefore, it should bear the legal responsibilities for contributory infringement, including stopping infringement and compensating for losses. The specific measures and means that Beijing * * Co., should have taken to stop infringement should include but were not limited to technical measures such as deletion, filtering, and interception, which should be dynamically adjusted according to the development of the corresponding governance technology capabilities of Beijing * * Co.,, subject to the standard that there should be a sustained and obvious absence of the infringing videos on the platform.

Author: Ge Guangying

Part II

Patent and Other Technical Cases

13 Tang * * v. China Jia * Industry Co., Ltd. (Group), et al. (Dispute over Remuneration for Employee Patent) *

Keywords

Remuneration for Employee Patent, Employee Invention, Remuneration Calculation

Gist of Decision

When calculating the remuneration for an employee patent, the competent People's Court may give consideration to the average sales price and average profit margin of the most similar products in the market, comprehensively calculate according to the proportion of employee patent remuneration stipulated by laws and regulations, and also take into account the balance among protecting the rights and interests of employees, encouraging innovation, promoting patent exploitation and enterprise development.

Case Number

First Instance: Civil Judgement No. 52 [2008] Trial, Civ. Division, the No. 1 Intermediate People's Court of Chongqing Municipality (Dated: September 24,

* This case was selected as one of the 50 typical intellectual property cases heard by Chinese courts in 2008.

2008)

Second Instance: Civil Judgement No. 246 [2008] Final, Civ. Division, the High People's Court of Chongqing Municipality (Dated: April 16, 2009)

Essential Facts

Tang * * claimed that: he was a former employee of China Jia * Industry Co., Ltd. (Group) (referred to as "Jia * Co.,"). In July 2004, Jia * Co.,, Chongqing Li * Automation Technology Co., Ltd. (referred to as "Li * Co.,"), and Chongqing Ji * Industry (Group) Co., Ltd. (referred to as "Ji * Co.,") jointly applied for a utility model patent for "High-energy Ignition System for Motorcycles", and the patent was granted on January 25, 2006. The joint owners of the patent are the aforementioned three companies, with Liu * * and Tang * *, two employees of Jia * Co.,, Chen Bing, employee of Li * Co.,, and Zhou Shenlin, employee of Ji * Co., as co-designers. Since implementing the aforementioned patent, Jia * Co., had failed to pay remuneration to the employee designers. On February 2, 2008, Tang * * filed a lawsuit, requesting: 1. Jia * Co., to pay remuneration for the employee patent in the amount of 1,630,421 Yuan from 2006 to 2007; 2. Jia * Co., to calculate and pay the employee patent remuneration payable for the period from January to May 2008 at a rate of 110,845 Yuan per month; 3. In the event of disputes related to the abandonment, termination, or invalidation of the patent rights in this case, Tang * * should be notified to jointly defend the patent rights; otherwise, economic losses should be compensated for according to the first and second items above; 4. Jia * Co., should bear the litigation costs of this case.

After hearing the case, the court found that: Tang * * was an employee of Jia * Co.,. On July 15, 2004, Jia * Co.,, Li * Co.,, and Ji * Co., jointly applied for a utility model patent for the "High-energy Ignition System for Motorcycles", and the application was granted on January 25, 2006. The patent rights belonged to the three companies mentioned above, and the designers were Tang * *, Chen * * (employees of Li * Co.,), and Zhou * * (an employee of Ji * Co.,). Since 2006, Jia * Co., began using the patent system in question on motorcycles. On March 29, 2007, Jia * Co., applied for a utility model patent for the "Magneto for Motorcycles", with the designers of Liu * * and Tang * * (both were employees of Jia * Co.,). Since Jia * Co., began using the patent system in question to produce motorcycles, it had not paid remuneration to the employees who served as designers.

Holding

The First Intermediate People's Court of Chongqing Municipality made the first-instance judgment: 1. Jia * Co., shall pay Tang * * the remuneration for the employee patent payable for the period before May 2008, in the amount of 20,000 Yuan; 2. The other claims of Tang * * shall be rejected. Both parties appealed. The High People's Court of Chongqing Municipality made the second-instance judgment: the appeal shall be rejected and the original judgment shall be upheld.

Reasons for Decision

The court's effective judgment holds that: firstly, the scope of copyright protection for a utility model patent is determined by the content of its claims, and the determination of whether the patent has been exploited should also be based on the content of the claims. The patent involved in this case is an integrated whole consisting of four components. The act of connecting the magneto, the igniter, the ignition coil, and the spark plugging into a high-energy ignition system and installing it on a motorcycle by Jia * Co., in accordance with the method described in the claims is tantamount to patent exploitation. Secondly, neither party has made presentations concerning profits from sale of the patent products involved. In this case, the remuneration payable by Jia * Co., to Tang * *, in the amount of 20,000 Yuan, can be identified by estimations based on the formula, "price × profit rate × quantity × remuneration proportion", in accordance with the proportion of remuneration for employee patents under *Regulations of Chongqing Municipality on the Promotion* *and Protection of Patents*, and in light of the overall situation of the motorcycle industry and the average sales price and average profit rate of the motorcycle igniter market. Thirdly, Tang * * is only an employee designer, not a patentee, and as such, in the absence of any special agreement to the contrary, he has no right to claim participation in the handling of the patent abandonment, termination, and invalidation disputes involved.

Author: Zhong Zheng

14 China * Cola Group Company (Chongqing) v. Chongqing Pep * Beverage Co., Ltd., et al. (Dispute over Infringement of Technical Secrets) *

Keywords

Infringement of Trade Secrets, Technical Secrets, Ownership Dispute

Gist of Decision

1. A trade secret should have three requisite elements: first, the information underlying the secret is not known to the public, that is, the information is not generally known or easily accessible to relevant personnel in the sector it is involved in; second, the information can bring economic benefits to the right holder and has practicality; third, the right holder has taken confidentiality measures for the information. A beverage formula has a decisive influence on the beverages based on it. The composition, formula, and production process of the beverage concentrate have been put into practical use, have realistic commercial value, and can bring economic benefits to the right holder. To keep the secrets confidential, a confidentiality agreement was signed during the development process of such information, and a confidentiality team was established during the use thereof; the paper files involved were marked "Top Secret", and the relevant materials were kept by special personnel, and access thereto was subject

* This case was selected as one of the top 10 intellectual property cases heard by Chinese courts in 2010.

to limitation; during use thereof, such information was treated as trade secrets, so it should be considered that the aforementioned information was not known to the public and confidentiality measures had been taken. The composition, formula, and production process of the beverage concentrate met the requirements of trade secrets in terms of the constituent elements and therefore were technical secrets in trade secrets.

2. Where the rights holder of technical secrets agrees to allow any affiliated company to use the technical secrets, and the information is nonetheless considered as technical secrets even after confidentiality measures have been taken, such information should still be categorized as technical secrets, and the user will not become the rights holder due to the use of such information.

Case Number

First Instance: Civil Judgement No. 299 [2009] Trial, Civ. Division, the No. 5 Intermediate People's Court of Chongqing Municipality (Dated: November 23, 2010)

Essential Facts

The Plaintiff, China * Cola Group Company (Chongqing) (hereinafter referred to as " * Cola Group"), claimed that: * Cola Group had the right to trade secrets for the * Cola formula and the production process. In 1994, * Cola Group and a subsidiary of Pep * * International, K * * International Holdings, Inc., jointly established Chongqing Pep * * Beverage Company (hereinafter referred to as "Pep * * Beverage Company"). The investment by the * Cola Group did not include the trade secrets in the * Cola formula or the production process. Later, Pep * * Investment Co., Ltd. (hereinafter referred to as "Pep * * Investment Co.,") was assigned with all the shares of K * * International Holdings, Inc.. Pep * * Beverage Company illegally occupied and used the above-mentioned trade secrets for a long time to produce * Cola. In 2006, * Cola Group transferred all the equity held in Pep * * Beverage Company to Pep * * Investment Co., Ltd., but Pep * * Beverage Company still occupied and used the aforementioned trade secrets. Pep * * Investment Co., Ltd. actually controlled Pep * * Beverage Company and abused its shareholder rights, and should therefore bear joint and several liability. * Cola Group requested the court to make the following judgement: 1. the trade secrets of the * Cola formula and production process thereof shall be confirmed to belong to * Cola Group; 2. it shall be ruled that Pep * * Beverage Company must immediately stop using the trade secrets involved; 3. it shall be ruled that Pep * * Beverage Company must immediately return the technical files related to the trade secrets; 4. it shall be ruled that Pep * * Beverage Company and Pep * * Investment Co., Ltd. must jointly compensate for losses in the amount of 1 million Yuan.

Holding

The No. 5 Intermediate People's Court of Chongqing Municipality made the first-instance judgment: 1. * Cola Group was the right holder of the trade secrets of the composition, formula, and production process of Recipe of * Cola concentrate; 2. Pep * * Beverage Company stops using thc composition, formula, and production process trade secrets in Recipe of the * Cola concentrate; 3. Pep * * Beverage Company shall return the materials related to the composition, formula, and production process of Recipe of * Cola concentrate obtained from * Cola Group; 4. The other claims of * Cola Group shall be rejected. After the judgment was announced, neither party appealed.

Reasons for Decision

The court's effective judgment holds that one of the purposesestablishing the Pep * * Beverage Company was to produce the * Cola. The * Cola Group was aware that the Pep * * Beverage Company was using the trade secrets involved in the case, and did not raise any objections or stop it as the right holder thereof, until the dispute in this case occurred. Therefore, it should be considered that the * Cola Group permitted the joint venture company to use the trade secrets involved in the case. The contract on establishing the joint venture company did not stipulate the use fee payable for the trade secrets involved in the case, and the * Cola Group did not claim the use fee until the dispute in this case occurred, so it should be considered that the * Cola Group permitted the Pep * * Beverage Company to use the trade secrets free of charge. It can be seen that before the judgment was released for this case, the use of the trade secrets involved in the case by the Pep * * Beverage Company was legal and did not constitute infringement. Now that the * Cola Group filed a lawsuit, it clearly stated that it, as the right holder, no longer allowed the Pep * * Beverage Company to use the trade secrets involved in the case, and it was not willing to hold negotiations over the licensing issue of the trade secrets involved in the case. The Pep * * Beverage Company should stop using the trade secrets involved in the case within the time specified by the judgment. After the Pep * * Beverage Company stops using the trade secrets involved in the case, it is no longer necessary for it to continue holding the materials related to the trade secrets involved in the case obtained from the * Cola Group. In order to facilitate the use and confidentiality of the trade secrets involved in the case by the * Cola Group, the Pep * * Beverage Company should deliver to the * Cola Group the materials related to the trade secrets involved in the case obtained from the * Cola Group. On the one hand, before the judgment of this case was released, the use of the trade secrets involved in the case by the Pep * * Beverage Company was legal and did not constitute infringement; on the other hand, the * Cola Group did not provide evidence to confirm its accusation that the Pep * * Investment Company abused its shareholder rights to infringe its trade secrets. Therefore, the claim of the * Cola Group that the Pep * * Investment Company and the Pep * * Beverage Company should jointly bear civil liability lacks factual basis and should not be supported according to law.

Author: Chen Xiuliang

15 * Fire Protection Co., Ltd. v. * Company (Dispute over Infringement of Utility Model Patent Rights)*

Keywords

Infringement of Utility Model Patent Rights, Forensic Appraisal Opinion, Judicial Review

Gist of Decision

1. In the identification of equivalent features, the court should compare the different technical features in terms of means, function, and effect. If two features are essentially the same in terms of the three aspects and can be easily associated with each other by an ordinary skilled person in the field without creative effort, they should be deemed as equivalent.

2. If the expert opinion clearly exceeds the scope of forensic appraisal and is clearly contrary to the facts ascertained by the people's court, the forensic appraisal opinion shall not be used as a basis for determining infringement.

Case Number

First Instance: Civil Judgment No. 00236 [2010] Trial, Civ. Division, the

* This case was selected as one of the 50 typical intellectual property cases heard by Chinese courts in 2012.

No. 1 Intermediate People's Court of Chongqing Municipality (Dated: November 11, 2011)

Second Instance: Civil Judgment No. 00071 [2012] Final, Civ. Division, the High People's Court of Chongqing Municipality (Dated: June 14, 2012)

Essential Facts

* Fire Protection Company filed a lawsuit with the court, claiming that: * Company used * * Linear Temperature-sensitive Fire Detectors produced by a company, which is not a party to this case, in the construction of a transformer substation fire protection system, and that the detectors fell within the scope of protection of a certain patent of * Fire Protection Company. * Fire Protection Company sent a warning letter to the * Company in 2009, but received no response. * Company sold and used the infringing products without the permission of * Fire Protection Company, thus infringing the patent right of * Fire Protection Company. The court was requested to: 1. order * Company to immediately stop selling and using the infringing products and remove the relevant infringing products installed for the * Project; 2. order * Company to compensate for economic losses in the amount of 1 million Yuan; 3. order the * Company to compensate * Fire Protection Company for reasonable expenses in the amount of 113, 105. 3 Yuan, which was incurred to stop the infringement; 4. order * Company to bear the litigation costs of this case.

After hearing the case, the court found that: * Fire Protection Company was the patentee of a utility model patent, "an analog linear temperature detector with fusible or melt-able insulating layers". On March 27, 2009, * Company signed a contract with Chongqing * * Group Design Institute, stipulating that * Company would install * * fire detectors produced by Zhi * Company in its project. On December 2, 2009, * Fire Protection Company sent a letter to * Company, stating that the * * fire detectors sold by * Company to Chongqing * * Group Design Institute and produced by Zhi * Company infringed its patent rights, and requested * Company to stop selling the aforementioned products. * Company claimed that the products involved in the case were all sourced from

Tong * * Company, and provided relevant materials as proof.

Holding

The No. 1 Intermediate People's Court of Chongqing Municipality made the first-instance judgment: 1. * Company must immediately stop selling the * * Linear Temperature-sensitive Fire Detectors involved in the case; 2. * Company must compensate * Fire Protection Company for economic losses and reasonable expenses in the amount of 130,000 Yuan; 3. The other claims of * Fire Protection Company shall be rejected. * Company then lodged an appeal. The High People's Court of Chongqing Municipality made the second-instance judgment: 1. Revoking the first-instance judgment; 2. Rejecting all claims of * Fire Protection Company.

Reasons for Decision

The court's effective judgment holds that the equivalent feature, as relative to a recorded technical feature, refer to a feature that can realize essentially the same function and achieve essentially the same effect as that can be realized and achieved by the recorded feature by essentially the same means, and the two features can be associated with each other by ordinary technical personnel in the field concerned without creative labor. Therefore, the assessment of equivalent features is a legal appraisal of the facts of the case (different technical features). As a type of evidence, the appraisal conclusion can only serve to prove the facts of the case and does not have the function of legal assessments of the case facts (different technical features).

In this case, the appraisal institution, by issuing appraisal opinion that the technical features of the Alleged Infringing Products are the same as or equivalent to the features described in the patent involved in this case, clearly violated the restriction on judicial appraisal that the appraisal institution may only deal with specialized issues such as technical features, and carry out non-factual legal assessment of the technical features. Therefore, its appraisal conclusion should not be used as the basis on which the court might determine the underlying facts of the case. However, the content of the appraisal analysis in the *Appraisal Opinion Letter* about the structure and working principle of the Alleged Infringing Products was directly related to the ascertainment of the facts and therefore were adopted by the court, in the absence of evidence to the contrary.

Author: Xiao Yan

16 Guangzhou Guang * Yuntong Financial Electronics Co., Ltd. v. Shenzhen Yi * Computer Co., Ltd. (Dispute over Infringement of Design Patent Right) *

Keywords

Infringement of Design Patent Right, Conflicting Application, Distinguishing Technical Features

Gist of Decision

Prior design schemes or conflicting applications should be excluded from the scope of protection of design patents. The design features that are stated by the patentee in the patent invalidation procedure and confirmed by the patent authorization and confirmation authority to be different from the comparative design should be identified as the distinctive design features of the authorized design, which have a significant impact on the overall visual effect of the design product.

Case Number

First Instance: Civil Judgment No. 10433 [2016] Trial, Civ. Division, the

---

* This case was selected as one of the top ten typical cases heard by courts of Chongqing Municipality in 2019 concerning judicial protection of intellectual property.

People's Court of Yubei District of Chongqing Municipality (Dated: December 15, 2016)

Second Instance: Civil Judgment No. 1682 [2017] Final, Civ. Division, the No. 1 Intermediate People's Court of Chongqing Municipality (Dated: April 30, 2019)

Essential Facts

Guangzhou Guang * Yuntong Financial Electronics Co., Ltd. (hereinafter referred to as "Guang * Co.,") claimed that: it was the patentee of the design patent for the "Financial Terminal (A – 008)" (Patent Number: ZL201330628 ×. ×). Shenzhen Yi * Computer Co., Ltd. (hereinafter referred to as "Yi * Co.,") manufactured and displayed on its official website two models of remote teller machines, VTS – 330M and VTS – 330MR (hereinafter referred to as "the Alleged Infringing Products"), which infringed the design patent of Guang * Co.,. The court was requested to order Yi * Co., to stop the infringement and compensate for the economic losses.

After hearing the case, the court found that: Guang * Co., was the patentee of the design patent involved in the case, and Yi * Co., manufactured and displayed the Alleged Infringing Products on its official website. Yi * Co., filed an application for invalidation of the patent involved in the case and submitted a conflicting application as a comparative design. Guang * Co., stated the differences between the design of the patent involved in the case and the comparative design in the patent invalidation case. The Patent Reexamination Board confirmed that the above differences would have a significant impact on the overall visual effects, and maintained the validity of the patent based on the above differences, that is, the distinctive design features. The alleged infringing design did not include the above distinctive design features.

Holding

The People's Court of Yubei District of Chongqing Municipality made the first-instance judgment: Yi * Co., shall stop the infringement and compensate the economic losses of Guang * Co.,. After that, Yi * Co., appealed. The No. 1 Intermediate People's Court of Chongqing Municipality released the second-instance judgment: 1. the original judgment shall be revoked; 2. a new judgement shall be made to reject all the claims of Guang * Co.,.

Reasons for Decision

The court's effective judgment holds that the brief description in the certificate of the patent involved in the case did not include the design features. The distinctive design features of the patent involved at least include all the distinctive design features stated by the patentee in the patent invalidation procedure and confirmed by the patent authorization and confirmation authority. Given that the alleged infringing design did not include all the above distinctive design features, and the patentee failed to prove that the patent involved had other design features, or explicitly accused the alleged infringing design of including other design features of the patent involved, it should therefore be determined that the alleged infringing design did not fall within the scope of protection of the patent involved. The court then ruled to revoke the original judgment and rejected all the claims of Guang * Co.,.

Author: Zhang Yan

17 Changzhou * * Monosodium Glutamate Co., Ltd. v. Zhejiang * * Food Co., Ltd., et al. (Dispute over Infringement of Design Patent Right) [*]

Keywords

Infringement of Design Patent Right, Publicity under Patent Law, WeChat Moments

Gist of Decision

WeChat users have strong control over the sharing scope of the content posted on their Moments, a feature of the WeChat App. Posting product appearance images in WeChat Moments does not necessarily constitute disclosure in the sense of patent law. It requires a comprehensive consideration of the nature and characteristics of WeChat Moments, the activity level of WeChat Moments in individual cases, the reach of the Moments of individual users, the frequency of information release on the Moments, and other specific circumstances, as well as whether the content posted can be easily used to identify technical features and other elements to determine whether the information is easily accessible to the public.

---

* This case was selected as one of the top ten typical cases heard by courts of Chongqing Municipality in 2020 concerning judicial protection of intellectual property.

Case Number

First Instance: Civil Judgment No. 1198 [2019] Trial, Civ. Division, the No. 1 Intermediate People's Court of Chongqing Municipality (Dated: March 30, 2020)

Second Instance: Civil Judgment No. 1059[2020] Final, Civ. Division, the High People's Court of Chongqing Municipality (Dated: November 9, 2020)

Essential Facts

Changzhou ＊ ＊ Monosodium Glutamate Co. , Ltd (hereinafter referred to as "Changzhou Co. ,") is the patentee of a design patent (Certificate No. : ZL201830226814. 6), "Packaging Bag (Monosodium Glutamate)" (hereinafter referred to as "the patent involved in the case"). The Plaintiff claimed that: the design of the packaging bag for monosodium glutamate, which was commissioned by Zhejiang ＊ ＊ Food Co. , Ltd. (hereinafter referred to as "Zhejiang ＊ ＊ Co. ,") and produced by Chongqing ＊ ＊ Food Co. , Ltd. (hereinafter referred to as "Chongqing ＊ ＊ Co. ,"), was similar to its authorized design, thereby infringing its patent right. The Plaintiff requested the court: 1. to order the two Defendants to stop manufacturing and selling the products infringing the patent involved in the case; 2. to order the two Defendants to jointly compensate for economic losses in the amount of 120, 000 Yuan; 3. to bear all the litigation costs of this case.

The Defendant, Zhejiang ＊ ＊ Co. ,, argued that: 1. The patent involved had been publicly on sale before the application date of such patent, and it had entrusted a manufacturer to produce monosodium glutamate packaging bags with most of the same patterns as the alleged infringing design before the Plaintiff applied for the patent; 2. The alleged infringing design was a prior design, which was made by adding patterns to the patent involved that had been made public, and did not constitute infringement.

After hearing the case, the court found that: the text on the back of the packaging bag of the Alleged Infringing Products showed that the entrusting company was Zhejiang * * Co., and the manufacturer was Chongqing * * Co.,. A user with a WeChat account named "Yi Mou Xiao Mou (in Chinese: 壹某小某)" posted a total of 8 moments in April 2018, including three pictures of the Plaintiff's monosodium glutamate packaging bags.

Holding

The No. 1 Intermediate People's Court of Chongqing Municipality made the first instance judgment: 1. Zhejiang * * Co., shall stop manufacturing and selling products infringing the patent involved in the case; Chongqing * * Co., shall stop manufacturing products infringing the patent involved in the case. 2. Zhejiang * * Co., and Chongqing * * Co., shall jointly compensate the Plaintiff for economic losses and reasonable expenses incurred in connection with protection of rights, totaling 50, 000 Yuan. 3. The Plaintiff's other claims shall be rejected. After the judgment was issued, Zhejiang * * Co., appealed. The High People's Court of Chongqing Municipality made the second instance judgment, rejecting the appeal and upholding the original judgment.

Reasons for Decision

The effective court judgment holds that: 1. The alleged infringing design is similar to the patented design and falls within the scope of protection of the patent involved. 2. Postings on the Moments of the WeChat account involved in this case were not frequent and had attracted little attention, so there was not any strong intention to use Moments exclusively for product sales promotion. Moreover, Zhejiang * * Co., had failed to prove that the image information of the similar packaging bag was publicly available when it was posted on the Moments, which did not constitute public disclosure under patent law. Therefore, the prior design defense of Zhejiang * * Co., was not valid.

Author: Zhou Ying

18 Chongqing Li * Automation Technology Co., Ltd. v. Shen * Electromechanical Co., Ltd., et al. (Dispute over Patent Infringement) *

Keywords

Patent Infringement, Object Code, Source Code, Identity

Gist of Decision

In a method patent that utilizes software control to achieve specific technical effects, if the object code of the software used in the Alleged Infringing Products cannot be extracted due to objective reasons, and the alleged infringer provides source code that matches the relevant parameters of the operating code of the Alleged Infringing Products, then such code shall be deemed to be the same as the operating code of the Alleged Infringing Products, provided that the patentee does not provide any evidence to the contrary.

Case Number

First Instance: Civil Judgment No. 630 [2018] Trial, the No. 1 Intermediate People's Court of Chongqing Municipality (Dated: March 29, 2021)

---

* The judgment for this case won the Third Prize for National Outstanding Judgment Documents in the category of Intellectual Property and Monopoly Cases heard by Chinese courts in 2021.

Essential Facts

Chongqing Li * Automation Technology Co., Ltd. (hereinafter referred to as "Li * Co.,") is the patentee of an invention patent (No.: CN105634021B) known as "A power balance control method for parallel operation of internal combustion engine-driven generator sets" (hereinafter referred to as "the patent involved"). The patent involved achieves power balance by presetting the output voltage range and frequency range in each engine set, and by changing the output voltage and current of the generator, so that the output voltage and frequency of each generator set remain within their preset voltage and frequency ranges, thus ensuring power balance when the generators are connected to each other. Li * Co., accused Shen * Electromechanical Co., Ltd. (hereinafter referred to as "Shen * Electromechanical Co.,"), An * Machinery Company, and Shen * Trading Company of jointly producing and An * Machinery Company, Shen * Trading Company, and Chen * Electromechanical Company of selling the Alleged Infringing Products that fell within the scope of protection of Claim 1 of the patent involved. The five Defendants argued that the Alleged Infringing Products were not identical or equivalent to the patent involved in terms of the method of controlling output voltage and frequency based on the appraisal opinions made by the appraisal institution they had commissioned, and applied for judicial appraisal.

During the appraisal, the Alleged Infringing Products' operating code was encrypted and protected, so it could not be extracted from the chips therein, so the source code provided by the Defendants was used for appraisal. After the appraisal, it was found that the Alleged Infringing Products were not identical or equivalent to the patent involved in terms of the method of controlling output voltage and frequency. Li * Co., questioned the identity of the source code provided by the Defendants and the Alleged Infringing Products' operating code based on different formulas obtained from two appraisals, and believed that based on the convertible relationship between voltage and current, the Alleged Infringing Products and the patent involved contained equivalent technical features in terms of the method of controlling voltage and frequency.

Holding

The No. 1 Intermediate People's Court of Chongqing Municipality made the first-instance judgment: rejecting all the claims of Li * Co.,. After the judgment was announced, Li * Co., did not appeal, and the judgment has since taken effect.

Reasons for Decision

The court's effective judgment holds that the inability to extract the software operating code fromthe Alleged Infringing Products was due to the encryption protection of the chips in the products, which could not be attributed to Shen * Electromechanical Co.,. Shen * Electromechanical Co., explained that the reason for the difference in formulas determined by the two appraisal institutions was that the source code provided by it to the two appraisal institutions itself contained code segments for two different control methods, and the Plaintiff also acknowledged the theoretical possibility. Based on the relationship between the operating code of the Alleged Infringing Products and the source code provided by Shen * Electromechanical Co., in terms of the frequency f of the output voltage, the output current I of the generator set, the output current of the generator set itself, and the phase angle φ of the output voltage of the generator set itself, which were all in accordance with the patent formula involved in the case, and in light of the extraction process of the source code and the reply letter of the appraisal institution, etc., it could be determined that there was identity between the source code provided by Shen * Electromechanical Co., and the operating code of the Alleged Infringing Products, in the absence of evidence to the contrary. According to the appraisal opinion, the Technical Feature c of the Alleged Infringing Products adopted a formula different from the Technical Feature c in Claim 1 of the patent involved. The former controlled voltage V, while the latter controlled current I. Even though voltage V and current I could be converted through a certain formula, it would be necessary to set parameter selection, compile software source code, and adopt different corresponding processing and control because they are for different signals. Therefore, the means adopted by the two are different and do not constitute equivalent technical features.

Author: Zhou Ying

19 * * Technology (Shenzhen) Co., Ltd. v. * * Electronic Materials (Chongqing) Co., Ltd. (Dispute over Patent Ownership) *

Keywords

Patent Ownership Dispute, Inventor, Technical Enlightenment, Substantive Characteristics

Gist of Decision

The determination of the inventor is the core dispute in patent ownership disputes. This case discusses the specific adjudication rules for determining the "substantive characteristics" and "creative contributions" of the patent in the determination of the inventor, distinguishing the boundary between pure technical enlightenment and specific technical solutions; it is clearly pointed out that technical enlightenment does not constitute creative contributions.

Case Number

First Instance: Civil Judgment No. 434 [2021] Trial, Civ. Division, the No. 5 Intermediate People's Court of Chongqing Municipality (Dated: July 15,

* This case was selected as one of the top ten typical cases heard by courts of Chongqing Municipality in 2021 concerning judicial protection of intellectual property.

2021)

Essential Facts

The two Plaintiffs, * * Science and Technology (Shenzhen) Co., Ltd. and * * Technology (Shenzhen) Co., Ltd., alleged that: the utility model patent involved in the case and owned by the Defendant, * * Electronic Materials (Chongqing) Co., Ltd., was an employee invention-creation of the employees of the Plaintiffs. The first inventor of the patent, Liu *, had served consecutively as the product manager of the two Plaintiffs after 2009, and Liu * had access to the technical documents related to the patent involved in this case. After resigning from the Plaintiffs and joining the Defendant, * * Electronic Materials (Chongqing) Co., Ltd., Liu * applied for the patent involved as one of the inventors. The wafer box of the patent involved is one of the main products of the Plaintiffs. Based on the prior patents and technical documents of the Plaintiffs, it can be known that the content of the patent involved in this case originated from the Plaintiffs, and it was claimed that the ownership of the patent involved should be enjoyed by the Plaintiffs.

The Defendant argued that: none of the evidence presented by the Plaintiffs involved the key points of inventiveness of the patent involved, and the patent in dispute had been independently developed by the Defendant.

After hearing the case, the court found that: the Plaintiff, * * Science and Technology (Shenzhen) Co., Ltd., owned the patent rights related to wafer packaging. Liu * had served as a manager with the two Plaintiffs from 1999 to 2019, managing various technical documents. In April 2019, Liu * resigned and then joined the Defendant. The Defendant applied for a utility model patent named "Multi-wafer Horizontal Placement Wafer Box and Isolation Ring" on December 30, 2019, with the authorization announcement date being July 24, 2020, and the inventor being Liu * and others. The Plaintiffs claimed that the isolation ring design drawings attached to the internal email of the company, which included Liu * as the recipient, provided technical inspiration for the structure of the isolation ring in the patent involved. The Defendant provided drawings of features related to solving the key inventive points of the patent involved in the process of communication with customers.

Holding

The No. 5 Intermediate People's Court of Chongqing Municipality made a first-instance judgment, rejecting all the claims of the Plaintiffs, * * Science and Technology (Shenzhen) Co., Ltd. and * * Technology (Shenzhen) Co., Ltd. After the verdict was announced, none of the parties appealed, and the judgment has since taken effect.

Reasons for Decision

The court's effective judgment holds that although the two Plaintiffs claimed that their earlier patents and drawings had provided technical inspiration for the technical solution underlying the patent involved in this case, it did not necessarily mean that such inspiration amounted to creative contributions to the substantive characteristics of the patent. Though the specific structure of the Defendant's drawings did not fully correspond to the technical characteristics of the isolation ring in the patent involved, they essentially reflected the substantive characteristics of the patent involved. Based on a comprehensive comparison of the evidences provided by the two parties, it could not be concluded that the employees of the two Plaintiffs had made creative contributions to the substantive characteristics of the patent involved, merely on the basis of the integration of the drawings in the emails and the prior technology claimed by them.

Author: Chen Cong

20 Chongqing * * Glassware Co., Ltd. v. Chongqing Hechuan * * Glass Products Co., Ltd. (Dispute over Infringement of Invention Patent) *

Keywords

Infringement of Invention Patent Rights, Method Patent, Claim, Doctrine of Equivalents

Gist of Decision

This case is an example which the application of the doctrine of equivalents is restricted. The doctrine of equivalents is a supplement and correction to the all-elements rule; however, its improper application may also undermine the disclosure function of the patent system to a certain extent and affect the reliance interests of third parties.

Case Number

First Instance: Civil Judgment No. 617 [2021] Trial, Civ. Division, the No. 1 Intermediate People's Court of Chongqing Municipality (Dated: March 1, 2022)

---

* This case was selected as one of the top ten typical cases heard by courts of Chongqing Municipality in 2022 concerning judicial protection of intellectual property.

Essential Facts

The Plaintiff, Chongqing * * Glassware Co., Ltd., is the patentee of the invention patent for "A Two-step Method for Making Glass Wine Decanters" (Certificate Number: ZL 201510651566.5). The Claim 1 of the patent is: A Two-step Method for Making Glass Wine Decanters, characterized in that the first step is to make the decanter body, and the preparation process is as follows: glass raw materials → melting the materials in the furnace → feeding by a feeder → blowing the decanter body blank by a bubble blower → manually taking out the decanter body blank → manually feeding the decanter body blank into a fire cutter → manually making a pouring port → manually feeding the decanter body into an electric heating furnace for annealing → discharging for inspection → semi-finished product. The production method of the decanter of Chongqing Hechuan * * Glass Products Co., Ltd., is different from that in Claim 1. The steps are as follows: the first step is to manually take out the decanter blank, and the subsequent steps are annealing, and the blank of the decanter is cut by laser cold cutting process, and the edge of the cut is roughly ground, chamfered and finely ground. The Plaintiff claimed that the above steps constituted equivalent technical features, on the grounds that fire incision and cold incision were the usual cutting methods that had been in existence for a long time in the glass process, and both of them had been used to shape the blank. The Plaintiff requested the court to: 1. order the Defendant to immediately stop the production and sale of the products infringing the patent right involved, and destroy the inventory of infringing products; 2. order the Defendant to compensate the Plaintiff for economic losses and reasonable expenses totaling 1 million Yuan; 3. order the Defendant to bear all litigation costs of this case.

After hearing the case, the court found: on October 10, 2015, the Plaintiff applied to the China National Intellectual Property Administration for an invention patent named "A Two-step Method for Making Glass Wine Decanters", which was granted on August 28, 2018, and is currently in force.

Holding

The No. 1 Intermediate People's Court of Chongqing Municipality made the first-instance judgment: rejecting the claims of the Plaintiff, Chongqing * * Glassware Co., Ltd. After the judgement was announced, neither of the parties appealed, and the judgment has since taken effect.

Reasons for Decision

The court's effective judgment holds that if the patentee, when applying for a patent, fails to write the technical solution that the patentee knows or should know into the claims, it should be deemed that the patentee does not seek to protect the technical solution that is not written into the claims. When determining infringement, it is not appropriate to incorporate the technical solution into the scope of patent protection through the doctrine of equivalents; otherwise it will undermine the public's trust in the certainty and foreseeability of the scope of patent protection and harm the public interest. The technical means of "feeding the decanter body blank into a fire cutter" is clear and the scope of protection is specific, which does not meet the premise of applying the doctrine of equivalents due to technological development and other reasons, where the literal description of the patent claim is difficult to fully and accurately reflect the objective technical solution.

Author: Chen Cong

21 Chongqing * * Fuit Company v. Chongqing * Agriculture Company (Dispute over Infringement of New Plant Variety Right) *

Keywords

Infringement of Plant Variety Rights, Standard Samples, Asexual Reproduction, Propagation Material, Scope of Protection

Gist of Decision

For fruit crops propagated by asexual reproduction, if the approving authority does not keep the standard samples when granting the plant variety rights, the mother tree which is the object of on-site inspection by the authorizing authority in the course of the review of variety rights authorization, as well as other individuals obtained from the asexual propagation of the mother tree, can be used as the propagation materials for determining the scope of protection of the authorized variety.

Case Number

First Instance: Civil Judgment No. 3309 [2021] Trial, Civ. Division, the

* This case has been included into typical cases (the third batch) heard by people's courts concerning judicial protection of intellectual property in the seed industry.

No. 5 Intermediate People's Court of Chongqing Municipality (Dated: December 13, 2021)

Second Instance: Civil Judgment No. 782 [2022] Final, Civ. Division, Supreme People's Court (Dated: November 11, 2022)

Essential Facts

The Plaintiff, Chongqing * Fruit Company, claimed that: it was an interested party in a new citrus plant variety (plant variety right certificate number: CNA20130475. *) called "Zhongganshuo No. 5", and Chongqing * Agricultural Company had infringed the plant variety right to "Zhongganshuo No. 5".

The Defendant, Chongqing * Agricultural Company, argued that: the source of the control sample for "Zhongganshuo No. 5" in the test report involved in this case was unclear, and it could not be proven that the "Jinqiu Sugar Orange" seedlings sold by Chongqing * Agricultural Company were the same variety as "Zhongganshuo No. 5". Therefore, Chongqing * Agricultural Company should not bear the liability for compensation.

After hearing the case, the court found that: *The Test Report* and *Agricultural Plant Variety DUS Test Site Inspection Report* formed during the application and examination stages of the authorized variety, "Zhongganshuo No. 5", showed that the test site of the variety was "Experimental Base of the Citrus Research Institute of Chinese Academy of * Sciences, at * Town, * District, Chongqing Municipality". The control samples used in the test report were all from the inspection site during the approval process of the plant variety rights, namely the planting base of the Citrus Research Institute of Chinese Academy of * Sciences. The Chongqing * Fruit Company had the sampling process notarized, and the sampling personnel had issued a certificate of origin.

Holding

The No. 5 Intermediate People's Court of Chongqing Municipality made the first-instance judgment: 1. Chongqing * Agricultural Company shall immediately stop selling the orange seedlings that infringed the plant variety rights to

"Zhongganshuo No. 5"; 2. Chongqing * Agricultural Company shall compensate Chongqing * Fruit Company for economic losses in the amount of 40,000 Yuan; 3. Chongqing * Agricultural Company shall pay 10,000 Yuan to Chongqing * Fruit Company for the reasonable expenses incurred by the latter to stop the infringement; 4. The other claims of Chongqing * Fruit Company shall be rejected. After the judgment was pronounced, Chongqing * Agricultural Company appealed. The Supreme People's Court made the second-instance judgment: The appeal was rejected and the original judgment was upheld.

Reasons for Decision

The court's effective judgment holds that the propagation materials of the authorized plant variety are within the scope of protection of the plant variety right and are the basis for the variety right holder to exercise the exclusive right. Generally speaking, the propagation materials used to determine the scope of protection of the authorized variety are based on the standard samples submitted and preserved by the variety right holder to the variety right approval authority. If the authorized variety propagation materials are not provided according to the requirements of the approval authority, or if the authorized variety no longer has the characteristics and properties of the authorized variety after testing, the variety right will be terminated. After the authorization of the variety in question, the approval authority did not require the applicant for the variety right to submit standard samples, and because the standard samples of the authorized variety were not preserved by the approval authority, it was impossible to determine the characteristics of the authorized variety by retrieving the standard samples preserved by the approval authority in the infringement dispute.

As for the identity assessment intended todetermine the scope of protection of the authorized variety in this case, firstly, based on the analysis of the facts of the application and examination of the variety right of "Zhongganshuo No. 5", during the application and examination of the variety right, the approval authority conducted on-site inspection of the planting of the applied-for variety in the resource nursery of the applicant, and the resulting *Agricultural Plant Variety*

DUS Test Site Inspection Report recorded that the variety, for which application for authorization was made and which was undergoing on-site inspection, was planted in the resource nursery in * District of Chongqing Municipality; therefore, it can be determined that the mother tree of the authorized variety was located in this planting place.

Secondly, application for the authorized variety in question was made based on the mother tree planted in the resource nursery of * District of Chongqing Municipality as a sample for trait comparison, and after the on-site inspection, it was determined that the trait characteristics were specific and authorized. Therefore, the mother tree in the resource nursery was the sample for determining the characteristics and properties of the authorized variety in question.

Thirdly, based on the propagation characteristics of "Zhongganshuo No. 5", as a citrus plant variety, it is usually propagated by asexual reproduction methods such as cutting and grafting to produce propagation materials with the same characteristics and properties as the authorized variety, realizing the replication and transmission of the gene of the authorized variety. Both the whole plant and branches can be used as propagation materials, having the same trait characteristics as the mother tree during the authorization examination. The propagation materials of the mother tree in the resource nursery of the Citrus Research Institute of Chinese Academy of * Sciences, which are propagated by asexual reproduction, can be used as propagation materials for the authorized variety to determine its scope of protection.

Therefore, considering the above situation of the authorized variety, for fruit tree crops that are propagated by asexual reproduction and whose standard samples are not preserved by the approval authority, the mother tree targeted by on-site inspection during the variety right examination and other individuals propagated by the mother tree's propagation materials can be used as propagation materials to determine the scope of protection of the authorized variety.

Author: Huang Jian

Part Ⅲ

Trademark Infringement Cases

22 China Kweichow Mou * Distillery Co., Ltd. v. Chongqing Carl * Hotel Co., Ltd. (Dispute over Infringement of Exclusive Trademark Rights) *

Keywords

Trademark Infringement, the Seller, Obligation of Reasonable Examination

Gist of Decision

The precondition for the seller to be exempt from liability for compensation is that it must fulfill the obligation of reasonable examination. The determination of "reasonable" should be made on the basis of a range of factors, such as the origin and price of the product in question, as well as the state's special regulations concerning the circulation and sale of specific products.

Case Number

First Instance: Civil Judgment No. 7 [2009] Trial, Civ. Division, the No. 5 Intermediate People's Court of Chongqing Municipality (Dated: April 19, 2009)

Second Instance: Civil Judgment No. 159 [2009] Final, Civ. Division, the High People's Court of Chongqing Municipality (Dated: September 1, 2009)

---

* This case was selected as one of the 50 typical intellectual property cases heard by Chinese courts in 2009.

Essential Facts

The Plaintiff, China Mou * Distillery Co., Ltd., claimed it held the exclusive right to use the trademark "Kweichow Mou *" as a registered trademark. On January 16, 2008, the Chongqing Municipal Commission of Commerce received a complaint that the Defendant, Chongqing Carl * Hotel Co., Ltd. (from now on referred to as "Carl * Hotel"), was suspected of selling counterfeit Kweichow Mou * liquor. During the investigation, Carl * Hotel stated that the Kweichow Mou * liquor it distributed was purchased from He * *, a Chongqing-based business agent employed by the sales headquarters of "Blessing the Motherland" liquor produced by Mou * Wenxing Liquors, in August and September of 2007, and expressed willingness to accept the corresponding penalties. The Chongqing Municipal Commission of Commerce imposed penalties on Carl * Hotel, including confiscation of the unsold counterfeit Kweichow Mou * liquor and a penalty fine. In December 2008, the Plaintiff filed a lawsuit with the No. 5 Intermediate People's Court of Chongqing Municipality, requesting that the Defendant cease infringement, eliminate the negative effect thereof, and compensate it for losses of 500, 000 Yuan.

Holding

The No. 5 Intermediate People's Court of Chongqing Municipality issued the first-instance judgment: 1. The Defendant, Chongqing Carl * Hotel Co., Ltd., shall immediately cease the infringement, i. e., sale of counterfeit Kweichow Mou * liquor; 2. The other claims of the Plaintiff, China Mou * Distillery Co., Ltd., shall be dismissed. After the judgement was issued, China Mou * Distillery Co., Ltd., filed an appeal. The High People's Court of Chongqing Municipality rendered the second-instance judgment: 1. The first item of the first-instance judgment shall be upheld; 2. The second item of the first-instance judgment shall be reversed; 3. The respondent, Chongqing Carl * Hotel Co., Ltd. shall be ordered to compensate the appellant, China Mou * Distillery Co., Ltd., for economic losses amounting to 30, 000 Yuan; 4. The other claims made by the respondent, Chongqing Carl * Hotel Co., Ltd., shall be dismissed.

Reasons of Decision

The court's effective judgment holds that the alcoholic beverage business is a specialized sector, for which the state has formulated special laws and regulations that business operators in the sector must adhere to. According to Article 15 of *Administrative Measures for the Circulation of Alcoholic Beverages* (*repealed*), when an alcoholic beverage business operator purchases alcoholic beverages from a supplier for the first time, the operator must require the supplier to present photocopies of the business license, health permit, and production license of the latter. In this case, although He * * was a business agent employed by the sales headquarters of the "Blessing the Motherland" liquor produced by Mou * Wenxing Liquors, the authorization letter issued by the headquarters to He * *'s specified that He * *'s authority sale of the "Blessing the Motherland" liquor series in Chongqing, and the sales headquarters had no affiliation with China Mou * Distillery Co., Ltd., nor did He * * have any authorization from China Mou * Distillery Co., Ltd. Therefore, He * * did not have the qualification to sell the Kweichow Mou * liquors produced by China Mou * Distillery Co., Ltd. Carl * Hotel, listed as a five-star luxury business hotel in Chongqing, failed to request photocopies of the business license, health permit, and production license from the first-time supplier of liquor as stipulated by *Administrative Measures for the Circulation of Alcoholic Beverages* (*repealed*). Carl * Hotel provided the court with invoices and payment vouchers, which showed that it had purchased the batch of Mou * liquor in question at a normal market price and specified that the batch of liquor involved in the case was bought from He * *, a Chongqing-based business agent of Mou * Wenxing Liquors's "Blessing the Motherland" liquor sales headquarters; however, it could not exempt Carl * Hotel from its obligations as a liquor business operator to comply with *Administrative Measures for the Circulation of Alcoholic Beverages* (*repealed*). Therefore, Carl * Hotel had failed to fulfill its obligation of reasonable examination as the seller, and hence there was subjective fault on its part, thus it should bear the liability for compensation according to law.

Author: Zhou Min

23 Chengdu Tong * Hechuan Walnut Kernel Slice Co., Ltd. v. Chongqing Hechuan Tong * Hechuan Walnut Kernel Slice Co., Ltd. (Dispute over Trademark Infringement and Unfair Competition)*

Keywords

Trademark Infringement, Unfair Competition, Time-honored Commercial Logos

Gist of Decision

1. Where any individual or business enterprise that does not have any historical connection to a "time-honored brand name" registers such brand name or a brand name similar to it as a trademark and engages in promotion activities based on the history of such "time-honored brand name", such action shall be deemed false advertising and shall constitute unfair competition.

2. Where an individual or business enterprise that has a historical connection with a "time-honored brand name" registers such brand name as the name of a sole proprietorship or a business enterprise, provided that the principle of good

---

* This case was selected as one of the Guiding Cases (No. 58) issued by the Supreme People's Court, and was included into the 50 typical intellectual property cases heard by Chinese courts in 2013.

faith is not violated, and that such trademark does not result in any confusion or involve any prominent use of such brand name, then such action does not constitute unfair competition or infringement of the exclusive rights to use a registered trademark.

Case Number

First Instance: Civil Judgment No. 00273 [2013] Trial, Civ. Division, the No. 1 Intermediate People's Court of Chongqing Municipality (Dated: July 3, 2013)

Second Instance: Civil Judgment No. 00292 [2013] Final, Civ. Division, High People's Court of Chongqing Municipality (Dated: December 17, 2013)

Essential Facts

The Plaintiff (Defendant in the counter-claim), Chengdu Tong * Hechuan Walnut Slice Food Co., Ltd. (hereinafter referred to as "Chengdu Tong * Co.,"), claimed that: Chengdu Tong * Co., was the owner of the trademark "同德福 TONGDEFU and logo", and that Yu * *, who had successively established a sole proprietorship and the Chongqing Hechuan Tong * Walnut Kernel Slice Co., Ltd. (hereinafter referred to as "Chongqing Tong * Co.,"), had prominently used the term "同德福" in the business names of the two business entities and on the packaging of the walnut kernel slices produced by them, thus infringing upon the Plaintiff's exclusive right to use the registered trademark "同德福 TONGDEFU and its logo", which constituted unfair competition. The Plaintiff requested the court to order Chongqing Tong * Co., and Yu * * to cease using and deregister any business name containing the term "同德福"; to cease infringing upon the Plaintiff's exclusive right to use its trademark, to publish an apology on a newspaper, to mitigate the negative effects, and to compensate the Plaintiff for economic losses and injury to its goodwill, in the amount of 500,000 Yuan as well as reasonable expenses in the amount of 5,066.4 Yuan.

The Defendant (Plaintiff in the counterclaim), Chongqing Tong * Co., and Yu * *, jointly pleaded and counterclaimed that: the predecessor of Chongqing Tong * Co., was Tongdefu Pastry Store (同德福斋铺 in Chinese), which was originally established in 1898. Although Tongdefu Pastry Store ceased production after the "joint state-private ownership" reform decades ago, the unique skills of the store have been passed on from generation to generation. Yu * *, the fourth-generation successor of "Tongdefu", inherited the ancestral business successively registered a sole proprietorship and a company, and used the business names and brand names of the two business entities under the rules. The registration by the Chongqing Tong * Company and Yu * * had been carried out in good faith and did not constitute infringement. Chengdu Tong * Co. did not have any direct historical connection with the time-honored brand name "Tongdefu", and therefore, it's promotion activities that associated the trademark "Tongdefu" with the time-honored brand name "Tongdefu" constituted false advertising. Moreover, Chengdu Tong * Co.'s unauthorized use of the well-known product name "Tongdefu" constituted unfair competition. Therefore, the court was requested to order Chengdu Tong * Co., to cease false advertising, eliminate the negative effects by publishing a statement in a national newspaper, and cease the infringement of the unique name of the well-known product "Tongdefu".

Holding

The No. 1 Intermediate People's Court of Chongqing Municipality rendered the first-instance judgment: 1. Chengdu Tong * Co., shall immediately cease the false promotional activities involved in the case. 2. Chengdu Tong * Co., shall publish a statement on its website to mitigate the impact of its false promotional activities. 3. All litigation claims by Chengdu Tong * Co., shall be dismissed. 4. All counterclaims by Chongqing Tong * Co., and Yu * * shall be dismissed. After the first-instance judgment was rendered, Chengdu Tong * Co., appealed. The High People's Court of Chongqing Municipality rendered the second-instance judgment, rejecting the appeal, and upholding the original decision.

Reasons of Decision

The court's effective judgment holds that the business scope of the sole proprietorship of Yu * * and Chongqing Tong * Co., was similar to that of Chengdu Tong * Co., and therefore, they were in competition against each other; furthermore, the three Chinese characters, "同德福", in the business names of the sole proprietorship of Yu * * and Chongqing Tong * Co., were the same as part of the registered trademark, "同德福 TONGDEFU and its logo", of Chengdu Tong * Co., thus constituting an instance of similarity with the trademark. Whether registration of the business names by the sole proprietorship of Yu * * and Chongqing Tong * Co., constituted unfair competition depended on whether such action violated the principle of good faith. The evidence provided by Chengdu Tong * Co., was insufficient to demonstrate that the "同德福 TONGDEFU and its logo" trademark had achieved significant renown, and so even if "同德福 Tongdefu" was registered by another person as a business name and used properly, it would not result in confusion on the part of the public. Therefore, it could not be inferred that Yu * * had registered "Tongdefu" as the business name of the sole proprietorship with the malicious intent of getting a "free ride". Moreover, from the 1920s to the 1950s, the business name "Tongdefu" had enjoyed a good reputation. The Tongdefu Pastry Store(同德福斋铺) had been successively operated by members of three generations of the Yu family, namely, Yu Hongchun, Yu Fuguang, and Yu Yongzuo, with Yu Fuguang's tenure particularly notable for the numerous accolades received by the shop's walnut kernel slices. Yu * *, being Yu Fuguang's grandson and Yu Yongzuo's son, registered "Tongdefu" as the business name of a sole proprietorship, based on the previous renown of the Tongdefu Pastry Store(同德福斋铺) and his direct lineage with owners of the store, and hence such registration was justifiable. Yu * *'s registration of the business name of the sole proprietorship was in good faith and did not violate the principle of good faith, thus not constituting unfair competition. And given the continuity of business operation, Yu * *'s changing of the business name of the sole proprietorship, and Chongqing Tong * Co. 's registering of its company name did not constitute unfair competition.

Judging by the external packaging of the products of Chongqing Tong * Co. , the company used its full corporate name, which was prominently displayed at the bottom of the front of the packaging. The term "Tongdefu" was integrated within the full corporate name, maintaining consistency with the overall design; neither an abbreviated version of the corporate name nor any other variation thereof was used to highlight the term; furthermore, the term "Tongdefu" was not differentiated from the other parts of the corporate name in terms of the size, font style, and color of the text. Consequently, Chongqing Tong * Co. 's practice of labelling its corporate name on product packaging was a standard usage and did not constitute a prominent display of the brand name, nor did it constitute Trademark Infringement. As for the marking of the words "Ode to Tongdefu" by Chongqing Tong * Co. , the term "Ode to Tongdefu" was slightly larger in text than the thirty-six-character jingle it headed, yet visually, they formed an integrated whole. The specific content of the jingle had been adapted from historical records of a similar text once used on the product packaging of Tongdefu Pastry Store(同德福斋铺), aiming to convey the history and business philosophy of the "Tongdefu" brand name, rather than highlighting the "Tongdefu" characters themselves. Moreover, Chongqing Tong * Co. 's product packaging featured multiple commercial logos, with the "Hechuan Walnut Kernel Slice"(合川桃片) collective trademark standing out prominently, and its trademark was also clearly visible. In comparison with these logos, "Ode to Tongdefu" and its content were merely a descriptive text, clearly not possessing the form of a commercial logo, nor were they conspicuous enough to objectively cause consumers to misidentify the source of the goods, nor did they serve as a substitute for the trademark itself. Therefore, Chongqing Tong * Co. 's marking of the words "Ode to Tongdefu" did not constitute "prominent use" in the sense of trademark infringement and hence did not violate relevant trademark rights.

The website of Chengdu Tong * Co. featured a section on the history and accolades of the "Tongdefu brand" of walnut kernel slices, which was consistent with the historical records of Tongdefu Pastry Store(同德福斋铺). The website also indicated the sources of these historical records, yet the company did not provide evidence to establish its connection with Tongdefu Pastry Store(同德福斋铺). Furthermore, Chengdu Tong * Co., labelled its products as a "century-old brand", "time-honored brand name" and "established during the Reign of Qianlong of the Qing Dynasty". However, the trademark of "同德福 Tongdefu and its logo" was only approved in 1998. Chengdu Tong * Co., had not substantiated the basis for the aforementioned labellings. Such actions by Chengdu Tong * Co., were inconsistent with the facts and were therefore prone to mislead consumers about the brand's origin, history, and its relationship with Tongdefu Pastry Store(同德福斋铺). This could potentially confer a competitive advantage, thus constituting false advertising. Consequently, Chengdu Tong * Co. should bear the civil liability of ceasing the infringement and eliminating the adverse effects.

Author: Liu Juanjuan

24 Sichuan Gu * Distillery Co., Ltd. v. Zhang * * (Dispute over Trademark Infringement)*

Keywords

Infringement of Trademark, the Seller, Obligation of Reasonable Examination, Compensation Liability

Gist of Decision

Business operations in alcoholic products are subject to licensing, and under the provisions of *Administrative Measures for the Circulation of Alcoholic Beverages*(*repealed*), circulation of such products must be accompanied by the required documentation. When a business operator of alcoholic products purchases such products without obtaining a valid photocopy of the product quality inspection certificate of such products as well as the "Accompanying Documentation" stamped with the operator's seal, the business operator shall be deemed as having failed to fulfill the obligation of reasonable examination, and the seller's liability for compensation cannot be exempted.

* This case was selected as one of the 50 typical intellectual property cases heard by Chinese courts in 2015.

Case Number

First Instance: Civil Judgment No. 00084 [2015] Trial, Civ. Division, No. 3 Intermediate People's Court of Chongqing Municipality (Dated: September 14, 2015)

Second Instance: Civil Judgment No. 00509 [2015] Final, Civ. Division, High People's Court of Chongqing Municipality (Dated: December 30, 2015)

Essential Facts

Sichuan Gu * Distillery Co., Ltd. (hereinafter referred to as "Gu * Distillery Co.,") claimed that in April 1997, the State Trademark Bureau certified the "Lang" trademark used by Gu * Distillery Co., as a well-known trademark. Upon approval by the State Trademark Bureau, Gulin County Jiu * Investment Co., Ltd. obtained the "Lang" trademark registration for alcoholic beverages, and Gulin County Jiu * Investment Co., Ltd. granted Gu * Distillery Co., an exclusive license to use the "Lang" trademark, with the license period commencing on March 1, 2011, and expiring on July 29, 2015; Zhang * * operated a * xiangtang Restaurant on the ground floor (beside the Mingyu Tea House) of Building 5, Mingyu International, on Jianfu Road, Fuling District, Chongqing Municipality, in 2013, with its business scope being catering services. On January 9, 2014, after receiving a complaint, the Fuling District Administration for Industry and Commerce searched the * xiangtang Restaurant operated by Zhang * * and uncovered in the warehouse and transport vehicle of the restaurant a total of 139 bottles of Guibin Lang liquor, all of which were found to be counterfeit after a commissioned appraisal. Of the liquor, which was purchased by Zhang * * at a unit price of 7.5 Yuan/bottle and sold at 20 Yuan/bottle, a total of 101 bottles had been sold by then. The packaging and packaging boxes of the liquor were labelled with the character "Lang" (郎). The Fuling District Administration for Industry and Commerce deemed the sale of the counterfeit Guibin Lang liquor as an infringement and imposed an administrative penalty on Zhang * * in March 2014. Gu * Distillery Co., subsequently filed a lawsuit with the court of first instance, requesting: 1. That Zhang * * must immediately cease the sale of the counterfeit Lang liquor (which infringed the registered trademark No. 230457); 2. That Zhang * * must compensate Gu * Distillery Co., for losses and reasonable expenses in the amount of 50,000 Yuan, incurred in stopping the infringement.

Holding

The No. 3 Intermediate People's Court of Chongqing Municipality rendered the first-instance judgment: 1. Zhang * * shall cease the infringement of the exclusive right to use the registered trademark "Lang" (registration number: 230457) and shall not sell any goods usurping the aforementioned trademark. 2. The other claims of Sichuan Gu * Distillery Co., Ltd. shall be dismissed. After the first instance judgment was rendered, Sichuan Gu * Distillery Co., Ltd. appealed. The High People's Court of Chongqing Municipality issued the second-instance judgment: 1. The first item of the first-instance judgment shall be upheld; 2. The second item of the first-instance judgment shall be upheld; 3. The respondent Zhang * * must compensate Sichuan Gu * Distillery Co., Ltd. for economic losses in the amount of 5,000 Yuan; 4. The other claims brought by the appellant, Sichuan Gu * Distillery Co., Ltd. shall be dismissed.

Reasons of Decision

The court's effective judgment holds that, under Article 15 of the *Administrative Measures for the Circulation of Alcoholic Beverages*(*repealed*), a business operator of alcoholic beverages, when purchasing a batch of alcoholic beverages from a supplier, must obtain from the supplier a photocopy of a valid product quality inspection certificate and the accompanying documentation of the batch of liquor, which shall be stamped with the seal of the latter; the "accompanying documentation" must accompany the corresponding batch of alcoholic beverages throughout the entire circulation process thereof. The documentation shall always accompany the beverages and the information in such documentation must be consistent with the beverages, thus playing a crucial role in tracing the origin of the alcoholic beverages and facilitating identification of the authenticity of the alcoholic beverages by business operators and consumers alike. The business operator of alcoholic beverages cannot be deemed as having fulfilled the obligation of reasonable examination and purchased beverages from a legal source unless such an operator strictly follows the aforementioned provisions when purchasing alcoholic beverages. Zhang * * claimed that the Lang liquor in question was purchased from Yuan *, a business agent of the Chongqing Yunhong Liquor Industry Business Department at Panxi Market in Jiangbei District, Chongqing Municipality, and provided a purchase list, a transfer voucher from the Agricultural Bank of China, and a dealer's business card as evidence; however, since business operations of alcoholic beverages are subject to licensing, and Zhang * * had failed to acquire from the agent a photocopy of the valid product quality inspection certificate and the "accompanying documentation" stamped with the alcoholic beverage business operator's seal, thus violating the relevant provisions under *Administrative Measures for the Circulation of Alcoholic Beverages* (*repealed*). Consequently, Zhang had failed to fulfill the obligation of reasonable examination when purchasing the Lang liquor in question, and could not prove the legitimacy of the source thereof. Therefore, Zhang * * was legally liable to Gu * Distillery Co., for compensation for infringement of the exclusive right to use a registered trademark.

Author: Song Lili

25 Beijing Mei * Hospital Management Consulting Co., Ltd. v. Beibei He * Hospital (Dispute over Trademark Infringement)

Keywords

Trademark Infringement, English Trademark, Spoliation of Evidence, Statutory Compensation

Gist of Dccision

1. Whether the separate use of a business name by a person should be deemed as legitimate use of a corporate name by that person should be decided based on the function of a corporate name to differentiate business operators. The separate use of a business name will inevitably lead to an expansion of its referential scope; only when the user thereof, through continued use, establishes a correspondence between the separated business name and the full corporate name or business entity can the separate use of the business name fulfill the functions of a corporate name. Conversely, the prominent use of a business name still constitutes usage of it as a trademark.

2. A registered trademarkis in both Chinese and English. Although the Chinese portion of a trademark may be more prominent than the English portion due to typographical factors, it nonetheless does not preclude the English portion from being an integral part of the trademark under certain circumstances. Therefore, whether an English mark involves any infringement is not contingent

upon whether its corresponding Chinese mark involves infringement, and where using the corresponding Chinese mark does not constitute infringement, but the English mark is identical or similar to an English trademark of a proprietor, which is sufficient to confuse the part of the public, then it should still be prohibited under commercial trademark law.

3. Where the People's Courts determine the amount of compensation based on statutory compensation, then in addition to considering legally prescribed factors, the courts may also take into account the profitability of both parties involved, the implementation of evidence preservation, and factors such as spoliation of evidence.

Case Number

First Instance: Civil Judgment No. 01153 [2015] Trial, Civ. Division, the No. 1 Intermediate People's Court of Chongqing Municipality (Dated: December 17, 2015)

Essential Facts

The Plaintiff, Beijing Mei * Hospital Management Consulting Co., Ltd. (Beijing Mei * Hospital), claimed that it was the owner of the exclusive right to use registered trademarks No. 4182184, No. 4182278, and No. 5007438, and had granted free licenses to 16 hospitals in Beijing, Shanghai and Guangzhou, to use these trademarks. After they were put into use, these trademarks gained a significant level of recognition within China. The Defendant, Beibei He * Hospital, was established on September 15, 2009, with the approval of the health regulatory authorities. Subsequently, it had prominently used commercial logos that were identical or similar to the Plaintiff's trademarks on its three websites, hospital signages, promotional advertisements, and patient cards, thereby infringing upon the Plaintiff's exclusive rights to use its registered trademarks.

Beijing Mei * Hospital then brought a lawsuit, requesting the court to order: 1. That Beibei He * Hospital must immediately cease the infringement of

Beijing Mei * Hospital's exclusive rights to use its registered trademarks; 2. That Beibei He * Hospital must compensate Beijing Mei * Hospital for economic losses in the amount of 3.02 million Yuan (including reasonable expenses of 120,000 Yuan in connection with right protection); 3. That Beibei He * Hospital must issue an apology on two newspapers, namely, *Southern Weekly* and *Chongqing Morning Post*; 4. The litigation costs of the case must be borne by Beibei He * Hospital. The Defendant, Beibei He * Hospital, contended that: 1. Its corporate name had been approved before the registration of the Plaintiff's trademarks, thus the former legally enjoyed the prior use defense; 2. The accused English logo "United Family Healthcare" was the English translation of its corporate name and is neither identical nor similar to the Plaintiff's Chinese-English bilingual trademark, "United Family 和睦家"; 3. The accused graphic " " logo had been purchased from another source, and it had no knowledge of the ownership of the trademark rights to such graphic logo and therefore there was no subjective fault on its part.

After hearing the case, the court found that Beijing Mei * Hospital was the owner of the exclusive right to use trademarks No. 4182184 " ", No. 4182278 "United Family 和睦家" ("Hemujia" in English), and No. 5007438 "和美家" ("Hemeijia" in English), all of which were approved under Category 44, "hospital, healthcare, medical consultation, and other services". The court also found that the registration announcement dates for trademarks No. 4182184 and No. 4182278 were both from November 7, 2007, to November 6, 2017; the application date for trademark No. 5007438 was November 17, 2005, with its registration announcement released on October 14, 2009. Beijing Mei * Hospital successively licensed 16 hospitals in Beijing, Shanghai, Tianjin, and other regions to use its proprietary marks, and released advertisements through various periodicals and media outlets; furthermore, it obtained the Joint Commission International (JCI) accreditation certificate and several honorary certificates. Beibei He * Hospital, on the other hand, was established on September 15, 2009, with the approval of the competent health regulatory authority.

Notarized evidence from Beijing Mei * Hospital in May and June 2015 showed that Beibei He * Hospital had prominently used marks such as """和美家" ("Hemeijia" in English), "北碚和美家医院" ("Beibei Hemeijia Hospital" in English), "和美家医院" ("Hemeijia Hospital" in English), "和美家医院" ("Hemeijia Hospital" in English), and "北碚和美家医院 United Family Healthcare" on the website it operated and in various locations within the hospital. Beijing Mei * Hospital explicitly alleged that the infringing act in question was the prominent use of the aforementioned marks by Beibei He * Hospital on its website and in various locations within the hospital, and did not include the standard use of the business name by Beibei He * Hospital. Furthermore, upon the Plaintiff's application, the court of first instance ruled on August 20, 2015, that the Defendant should submit its financial books, statements, tax certificates, and bank account statements for the previous two years. However, the Defendant only provided the Balance Sheets and Profit and Loss Statements for the years 2013 and 2014.

Holding

The No. 1 Intermediate People's Court of Chongqing Municipality rendered the first-instance judgment: 1. The Defendant shall immediately cease the use of the """United Family Healthcare" logo in hospital services and to desist from prominently displaying the "和美家" logo; 2. The Defendant shall be liable to compensate the Plaintiff for economic losses amounting to one million Yuan; 3. The Defendant shall compensate the Plaintiff for reasonable expenses incurred in connection with the protection of its rights, amounting to one hundred thousand Yuan; 4. The Defendant shall publish a statement in the *Chongqing Morning Post* (the content of which shall be subject to court review) to mitigate the adverse effects; 5. The Plaintiff's other claims shall be dismissed. Following the pronouncement of the first-instance judgment, neither party appealed, and the judgment has since become effective.

Reasons of Decision

The court's effective judgment holds that, firstly, regarding the issue of whether the graphic trademark involved in infringement or not. The Defendant's use of a mark, " ", identical to that of the Plaintiff, on the services the same as those of the Plaintiff constituted an infringement of the exclusive right to use a registered trademark as stipulated Under Paragraph 1, Article 57 of *the Trademark Law of the People's Republic of China*. Whether the Defendant had any subjective fault might affect the assumption of civil liabilities, but it did not affect the qualitative evaluation of its conduct. Secondly, regarding the issue of whether the Chinese trademark was infringing or not.

(1) concerning the defense that the Defendant had legitimately used the business name "和美家", the key lay in assessing whether the Defendant's conduct constituted "commercial use" in the sense of trademark law. The fundamental function of a corporate name is to identify the corresponding commercial business entity. Typically, the separate use of a business name will inevitably expand its referential scope, thus failing to fulfill the aforementioned fundamental function of a corporate name. Only under specific circumstances, where the business name has been used for a long time and has formed a stable correspondence with the corporate name, can it fulfill the function of a corporate name. In this case, the Defendant did not demonstrate that a correspondence had been established between its separate business name and the complete corporate name through the act of use; therefore, its prominent use of the "和美家" mark did not constitute a legitimate use of the corporate name and had objectively served to identify the source of services in question.

(2) Regarding the defense of prior use, the approval of the Defendant's formation did not imply that it had used the marks in question; even if its claim that it started using the marks from the date of its formation was tenable, it's using of such marks was later than the application date of the proprietary marks,

and it had failed to present evidence of "a considerable degree of influence". Therefore, its defense of prior use could not be established.

(3) Regarding the issue of whether the English trademarks were infringing or not. Whether an English mark is infringing is not based on the premise of whether the corresponding Chinese mark is infringing. Even where the use of the corresponding Chinese mark does not constitute infringement, if the English mark is identical or similar to the right holder's English trademark, the former shall nonetheless be prohibited by commercial trademark law; the word "Healthcare" (which means "医疗", "卫生保健" in Chinese) in the allegedly infringing mark "United Family Healthcare" only refers to service items in the context of this case and cannot serve to identify the source of services, with "United Family" constituting the distinctive part of the allegedly infringing mark.

Since the proprietary trademarks had already gained a certain degree of market reputation, the Defendant's usage thereof was likely to confuse the part of the public, which constituted trademark infringement. Finally, regarding the determination of damages, the evidence in the case was insufficient to support precise compensation. Considering the fame of the involved trademarks and their licensing, the Defendant's business scale, duration, profitability, and degree of subjective fault, as well as the implementation of evidence preservation, it was decided that the Defendant should compensate the Plaintiff for economic losses in the amount of 1 million Yuan and reasonable expenses for rights protection in the amount of 100, 000 Yuan.

Author: Zhao Zhiqiang

26 Chongqing Song * Pipeline Equipment Factory v. Shanghai Song * Rubber Products Factory et al. (Dispute over Trademark Infringement) *

Keywords

Trademark Infringement, Composite Trademarks, Administrative Division Names, Determination Similarity

Gist of Decision

In a case where the name of an administrative division at the county level or above is used as a component of a composite trademark, and the application for the registration of such trademark is duly approved, if the alleged infringing party uses characters or a combination similar in form to the name of the administrative division as its product logo, the determination of whether the composite trademark and the logo constitute a case of similarity should be determined by considering various factors. These include the proportion of the geographical name within the entire composite trademark or whether it forms the principal part of the composite trademark, the degree of similarity between the composite trademark and the alleged infringing logo when viewed in isolation, and the usage of the alleged infringing logo in the relevant geographical area.

* This case was selected as one of the 50 typical intellectual property cases heard by Chinese courts in 2016.

Case Number

First Instance: Civil Judgment No. 01143 [2015] Trial, Civ. Division, the No. 5 Intermediate People's Court of Chongqing Municipality (Dated: January 27, 2016)

Second Instance: Civil Judgment No. 151 [2016] Final, Civ. Division, the High People's Court of Chongqing Municipality (Dated: October 17, 2016)

Essential Facts

Chongqing Song * Pipeline Equipment Factory (hereinafter referred to as "Chongqing Song * Factory") claimed that it registered the composite trademark "Songjiang" (凇江 in Chinese) and the composite trademark "Songjiang" (松江 in Chinese) in August 2005 and September 2008, respectively, of which, the "Songjiang" (松江 in Chinese) trademark, had been used in business operation for many years, and had gained widespread recognition and a favorable reputation, and had been awarded the Chongqing Famous Trademark Certificate in December 2012. Chongqing Song * Factory discovered that Shanghai Song * Rubber Products Factory (hereinafter referred to as Shanghai Song * Factory) had been using a graphic logo composed of the characters "Songjiang" (淞江), the letters "SJ", and a diamond pattern on its rubber joint products for pipeline applications, which was extremely similar in both font shape and pronunciation to the registered trademarks of Chongqing Song * Factory. Such practice was sufficient to result in confusion among consumers confusion and thus infringed upon the exclusive right of Chongqing Song * Factory to use its registered trademarks. Further, Chongqing Huan * Pipeline Equipment Co., Ltd. (hereinafter referred to as "Huan * Co.,") and Chongqing High-Tech Industrial Development Zone Chang * Valve Sales Department (hereinafter referred to as "Chang * Sales Department") sold the infringing products in question and advertised them on the Internet, which constituted joint infringement.

Given the aforementioned, Chongqing Song * Factory requested: 1. That Shanghai Song * Factory must immediately cease the production and sale of products infringing upon Chongqing Song * Factory's exclusive right to use its trademarks and cease the infringing acts; 2. That Shanghai Song * Factory must publish announcements in newspapers in Chongqing and Shanghai to eliminate the negative effect of its infringing acts; 3. That Huan * Co., and Chang * Sales Department must cease the sale of the infringing products; 4. That Shanghai Song * Factory, Huan * Co., and Chang * Sales Department must compensate it for economic losses in the amount of 1 million Yuan; 5. That Shanghai Song * Factory, Huan * Co., and Chang * Sales Department must compensate it for travel expenses, attorney fees, notary fees, and expenses related to the procurement of infringing items, amounting to 40,000 Yuan; 6. That Shanghai Song * Factory, Huan * Co., and Chang * Sales Department must bear the litigation costs of this case.

The Defendant argued that the "Songjiang" (松江 in Chinese) trademark and the "Songjiang" (淞江 in Chinese) logo did not constitute an instance of similarity and therefore would not cause confusion; thus it requested for the dismissal of Chongqing Song * Factory's appeal.

After hearing the case, the court found that: 1. The Plaintiff had obtained the exclusive right to use the "Songjiang" (松江 in Chinese) composite trademark and the "Songjiang" (淞江 in Chinese) composite trademark and the latter had been registered as a defensive trademark and had never been put into use. 2. The alleged infringing products had used the "Songjiang" (淞江 in Chinese) logo.

Holding

The No. 5 Intermediate People's Court of Chongqing Municipality rendered the first-instance judgment: the claims of the Plaintiff, Chongqing Song * Pipeline Equipment Factory, were rejected. After the first-instance judgement was rendered, the Chongqing Song * Pipeline Equipment Factory lodged an appeal against the decision. The High People's Court of Chongqing Municipality issued the second-instance judgment, dismissing the appeal and affirming the original judgment.

Reasons of Decision

The court's effective judgment holds that when assessing similarity between trademarks, it is imperative to fully consider the role played by the word "Songjiang"(松江 in Chinese) within the "Songjiang" (松江 in Chinese) graphic-text composite trademark. Before and following the approval of its "Songjiang"(松江 in Chinese) graphic-text composite trademark registration, Chongqing Song * Factory had repeatedly applied for the registration of other trademarks containing the word "Songjiang"(松江 in Chinese). However, these applications were invariably denied. This indicates that if the two Chinese characters, "松江", as the name of an administrative division at or above the county level, is to be registered alone or as a significant part of a trademark, it will not be approved. To successfully register a trademark that includes the Chinese character "松江", it is necessary to minimize the proportion of the characters "松江" or to emphasize the position and proportion of the graphic or symbol within the overall trademark, thereby distancing the overall meaning of the composite trademark, "松江" from the geographical name and endowing it with a distinct meaning that is separate from the geographical name. This approach is reflected in the composition of the text, graphics, and symbols of the "松江" trademark successfully registered by Chongqing Song * Factory in the case at hand. Therefore, when determining whether the "Songjiang"(松江 in Chinese) trademark is similar to the "Songjiang"(淞江 in Chinese) logo, the graphics and symbols should be considered as the primary elements, with the Chinese characters "松江" as a secondary component. Upon comparison, although there are some elements of similarity between the "Songjiang" (松江 in Chinese) and "Songjiang"(淞江 in Chinese) trademarks and the "Songjiang"(淞江 in Chinese) logo, there are some significant differences in the overall and primary elements, thus they do not constitute an instance of trademark similarity. Since the "Songjiang" (松江 in Chinese) and "Songjiang"(淞江 in Chinese) trademarks are not similar to the "Songjiang"(淞江 in Chinese) logo, and the "Songjiang"(淞江 in Chinese) trademark has not been put into use, the public will not misidentify the goods labelled with the "Songjiang"(淞江 in Chinese) logo for those labelled with the "Songjiang"(松江 in Chinese) trademark, and hence there will not be confusion between the two.

Author: Hei Xiaobing

27 Hen * * * * * Company of France v. Peng * Winery Co., Ltd. (Trademark Infringement Dispute) *

Keywords

Trademark Infringement, Three-Dimensional Trademarks, Three-Dimensional Logos, Distinctiveness

Gist of Decision

The scope of exclusive rights fora composite three-dimensional trademark is determined by the distinctiveness of both the three-dimensional symbol and the planar elements thereof. When both the symbol and the elements are distinctive, and the three-dimensional symbol, relative to the planar elements, has a greater visual impact and more pronounced characteristics, then the public can immediately identify the source of the goods through the three-dimensional symbol, which has a more significant impact on the protective scope of the three-dimensional trademark.

Case Number

First Instance: Civil Judgment No. 17407 [2016] Trial, Civ. Division,

---

* This case was selected as one of the 50 typical intellectual property cases heard by Chinese courts in 2017.

People's Court of Yubei District of Chongqing Municipality (Dated: November 22, 2017)

Essential Facts

The Plaintiff, Hen * * * * * Company of France, claimed that it was a world-renowned wine production company, and its "Hennessy" series of alcoholic beverages had become a globally recognized French brand. In particular, the V. S. O. P. series produced by Hen * * * * * Company of France adopted cylindrical bottles, which were slightly wider at the bottom and narrower at the top, with a narrower base and a specific curvature at the shoulder, and a shorter neck. This three-dimensional shape was highly distinctive and had been registered as a three-dimensional trademark with the China Trademark Office, with the registration number being 4842349. Peng * Winery Co., Ltd. had successively promoted its brandy at exhibitions in Chongqing and Chengdu, and the shape of the bottles of such brandy was highly similar to the three-dimensional trademark of Hen * * * * * Company of France, thus infringing on the trademark rights enjoyed by Hen * * * * * Company of France.

Therefore, the Plaintiff requested the court to order: 1. that Peng * Winery Co., Ltd. must cease the infringement of Hen * * * * * Company of France's registered trademark No. 4842349, that is, to stop selling the infringing products in question and to cease using bottles and packaging that were identical or similar to the registered trademark No. 4842349 for its wine products; 2. that Peng * Winery Co., Ltd. must compensate Hen * * * * * Company of France for economic losses in the amount of 3 million Yuan (including 90,000 Yuan in attorney fees and 5,752 Yuan in inquiry cost).

The Defendant, Peng * Winery Co., Ltd., argued that: 1. The trademark in question did not possess distinctiveness, and the bottle in question itself could not be separated from the alcoholic beverages in question. 2. That the alleged infringing products had significant differences from the Plaintiff's products, and therefore were not similar thereto, and hence could not lead to confusion or misidentification on the part of the consumers; therefore, it had not infringed on the Plaintiff's trademark.

After hearing the case, the court found that: 1. Hen * * * * * Company of France was the exclusive holder of the three-dimensional trademark in question. 2. The relevant corporate name on the alleged infringing products was displayed as "Peng * Winery Co., Ltd.". Upon opening the aforementioned product in court and examining the "Wanshihao Gold Award Brandy" in question, it was found that the exterior of the product was characterized by the following: the wine was dark red and was placed in a transparent round glass bottle, consisting of a cap, a neck, a body, and a base; the neck was wrapped in a dark plastic sticker connected to the cap; the upper part of the bottle had an approximately flat oval sticker with the words "V · S · O · P", directly below which was an approximately square sticker with the words "Waterwall", "V · S · O · P", and "Wanshihao Gold Award Brandy" on it.

Holding

The People's Court ofYubei District of Chongqing Municipality rendered the first-instance judgment: 1. The Defendant, Peng * Winery Co., Ltd., shall immediately cease the use of wine bottles and labels identical or similar to the trademark No. 4842349 on the goods produced by it; 2. The Defendant, Peng * Winery Co., Ltd., shall compensate the Plaintiff, Hen * * * * * Company of France, for economic losses and reasonable expenses totalling 150,000 Yuan; 3. The other claims made by the Plaintiff, Hen * * * * * Company of France shall be dismissed. Following the pronouncement of the judgment, neither of the parties involved appealed, and the judgment has since become effective.

Reasons of Decision

The court's valid judgment holds that the scope of protectionof trademark rights should be based on the distinctive features shown on the trademark registration certificate. For a three-dimensional trademark, the scope of protection thereof should be determined by the graphics or photographs on the trademark registration certificate. Specifically in this case, the No. 4842349 registered trademark is approved for use on alcoholic beverages, and the trademark registration certificate includes a total of six photographs. From these photographs, it can be seen that the distinctive features of the three-dimensional trademark No. 4842349 encompass not only the three-dimensional shape of the product but also the shape and placement of the decorations attached to the product, including the unique shape and proportion of the three-dimensional bottle as well as the shape and placement of the bottle labels on the bottle. The combination of these features distinguishes it from ordinary wine bottles, thus providing significant characteristics that allow for the identification of the product's origin.

Furthermore, the three-dimensional trademark in question had been extensively promoted and used by the Plaintiff, achieving a high level of recognition. The public had established a stable association between the three-dimensional trademark, especially the three-dimensional shape within it, and the Plaintiff, to the extent that the three-dimensional shape in the trademark had come to represent more than just a container for the product; rather, it had come to serve as an indicator of the product's origin. The bottle shape used in the alleged infringing products, as well as the shape and placement of the bottle label on the bottle, closely resemble the proprietary mark of the Plaintiff. Given the high level of recognition already established for the three-dimensional proprietary mark, even if there are differences in the content of the bottle labels, the use of the aforementioned combined features in the infringing products in question was likely to lead the public to misidentify the products' origin. Therefore, the three-dimensional mark used on the infringing products was similar to the registered trademark No. 4842349, and the Defendant's use of this three-dimensional mark on the infringing products constituted infringement.

Author: Yu Bo

28 * Economic Association of Xiushan Indigenous Chickena and Miao Autonomous County v. Chongqing Jun * Trade Co., Ltd., et al. (Dispute over Infringement of Trademark Rights) *

Keywords

Infringement of Trademark Rights, Geographical Indications, Certification Marks

Gist of Decision

Certification marks differ from ordinary trademarks. The Defendant in this case, by using the Plaintiff's certification mark on the goods manufactured and sold by it, attempted to capitalize on the good reputation and influence of the certification mark, so as to intentionally create confusion among and mislead the public, and ultimately cause the public to misidentify the goods as those bearing the certification mark of the rightful owner thereof. Consequently, such conduct constituted trademark infringement and the infringer should bear the corresponding legal responsibilities.

---

* This case has been included into typical cases (the fourth batch) heard by courts of Chongqing Municipality concerning judicial protection for the private sector.

Case Number

First Instance: Civil Judgment No. 1476 [2019] Trial, Civ. Division, Chongqing Pilot Free Trade Zone People's Court (Dated: October 8, 2019)

Essential Facts

The Plaintiff, * Economic Association of Xiushan Indigenous Chickena and Miao Autonomous County (hereinafter referred to as "the Xiushan * Association"), claimed that it was officially established in December 2005 and had applied for the registration of the geographical indication certification trademark for "Xiushan Indigenous Chicken" (秀山土鸡 in Chinese) in June, 2010, and the registration of the trademark was approved under Class 29, non-live chickens and Class 31, live chickens, with registration numbers 8422039 and 8422040 respectively. The exclusive right to use the trademark was granted for the period from November 21, 2010 to November 20, 2020. On March 2, 2017, the Chongqing Administration for Industry and Commerce recognized Xiushan * Association's composite trademark No. 8422040, a combination of text and image featuring "Xiushan Indigenous Chicken", as a renowned trademark of Chongqing. On November 10, 2018, the Plaintiff issued a power of attorney to the Defendant, Chongqing Jun * Trading Co., Ltd. (hereinafter referred to as "Jun * Co.,"), authorizing Jun * Co., to distribute Xiushan Indigenous Chicken and eggs within the Chongqing region from November 10, 2018 to November 9, 2019. This included responsibility for the promotion, advertising, sales, and after-sales service of the association's products in the Chongqing region. In January 2019, the Plaintiff discovered that the Defendant, Jun * Co., and another defendant, Jiang * *, had printed and affixed labels bearing the "Xiushan Indigenous Chicken" logo to chickens provided by suppliers who had not been authorized by the Plaintiff, and sold such chicken at the premises of a third defendant, Chengdu Fresh * Network Technology Co., Ltd. (hereinafter referred to as "Fresh * Co.,") and other supermarkets. In January 2019, the Food and Drug Administrative Office of Nan'an District of Chongqing

Municipality seized labels such as "Xiushan Indigenous Chicken" and "Xiushan Indigenous Duck" from Jun * Co.,, along with several unlabeled chickens (non-live), at the Yinonghui Fresh Produce Supermarket located at No. 130 – 60, Baihe Road, Nan'an District, Chongqing Municipality. Among the seized labels, 6,217 bore the "Xiushan Indigenous Chicken" logo, which was similar to the Plaintiff's "Xiushan Indigenous Chicken" trademark in term of font, size, overall color, and composition. The Plaintiff believed that the aforementioned action by Jun * Co.,, Jiang * *, and Fresh * Co., constituted malicious infringement, and thus brought a lawsuit with the court, requesting that the three defendants should be ordered to cease infringement, eliminate the negative effects, and compensate for damages.

The first defendant, Jun * Co.,, contended that the alleged infringing mark had significant differences from the Plaintiff's registered trademark in question, and thus could not lead to confusion on the part of consumers. The other two defendants, Fresh * Co., and Jiang * *, argued that Fresh * Co., was unaware of the infringing activities of Jun * Co., and Jiang * *, and therefore should not bear joint and several liability.

After hearing the case, the court found that: 1. The infringing products in question bore the distinctive mark "Xiushan Old Ducks(秀山老鸭 in Chinese)" prominently on its packaging label; 2. The "Xiushan Indigenous Chicken" sold by Fresh * Co., had been purchased from a legitimate source and therefore the company had fulfilled its duty of reasonable examination.

Holding

The Chongqing Pilot Free Trade Zone People's Court rendered the first-instance judgment: 1. Jun * Co., shall immediately cease the sale of the goods involved that infringed upon the exclusive rights to the trademarks No. 8422039 and No. 8422040 registered by Xiushan * Association; 2. Fresh * Co., shall immediately cease the sale of the goods involved that infringed upon the exclusive rights to the trademarks No. 8422039 and No. 8422040 registered by Xiushan * Association; 3. Jun * Co., shall publish a statement on www.

cqnews. net for a duration of fifteen days to mitigate the negative impact (the content of the statement shall be subject to review by this court); 4. Jun * Co., shall compensate the Plaintiff, Xiushan * Association for the economic loss sustained by it in the amount of 60,000 Yuan, within five days following the date when the judgment becomes effective; 5. Jiang * * shall be held jointly and severally liable for the payment obligations of Jun * Co., as determined in the fourth item of this judgment; 6. The other claims of Xiushan * Association shall be dismissed. Following the pronouncement of the judgment, none of the parties appealed, and the judgment has since become effective.

Reasons of Decision

The court's effective judgment holds that Xiushan * Association legally possessed the certification trademark rights for the graphic-text composite trademark "Xiushan Indigenous Chicken" involved in the case. The "Xiushan Indigenous Chicken" logo used on the chickens produced and sold by the Defendant, Jun * Co., is similar to the trademark claimed by the Plaintiff in the case. Jun * Co.,'s act, i.e., affixing labels with the "Xiushan Indigenous Chicken" logo, printed by itself, onto chickens that were not provided by the Plaintiff's authorized suppliers for sale, had constituted trademark infringement, and therefore Jun * Co., should bear the civil liability of ceasing the infringement, eliminating the negative effects, and compensating for the losses. Jiang * *, the sole shareholder of Jun * Co.,, whose personal property was not independent from that of Jun * Co., therefore, should bear joint and several liability for the debts of Jun * Co.,. Fresh * Co.,, which sold the goods involved in the case purchased from a lawful source, should not assume the liability for compensation.

Author: He Haiyan

29 Chongqing * * Waterproof Material Co., Ltd. v. Chongqing * * Waterproof Building Materials Co., Ltd. (Dispute over Infringement of Trademark Rights and Unfair Competition) *

Keywords

Infringement of Trademark Rights, Unfair Competition, Malicious Registration, Legitimacy of theBasis of Rights

Gist of Decision

Where the alleged infringer intentionally exploits the ambiguity surrounding the classification of goods under the Classification Table for Similar Goods and Services, to register trademarks similar to the proprietor's trademark in other categories, and then use the trademark so registered on the same goods where the proprietor already possesses market influence, thereby causing market confusion. The actions of the alleged infringer violate the principle of good faith and constitute an abuse of rights. The defense that the infringer is using its proprietary trademark should not be supported by the judiciary, and the court should

* This case was selected as one of the 50 typical intellectual property cases heard by Chinese courts in 2021.

determine that infringement has occurred.

Case Number

First Instance: Civil Judgment No. 843 [2017] Trial, Civ. Division, the No. 1 Intermediate People's Court of Chongqing Municipality (Dated: October 23, 2020)

Second Instance: Civil Judgment No. 96 [2021] Final, Civ. Division, the High People's Court of Chongqing Municipality (Dated: June 25, 2021)

Essential Facts

Shenyang * Economic and Trading Company owned the trademark "Royal" (No. 1347502), registered in 1999, which was approved for use in Class 1 goods. In 2005, the rights to the trademark were granted to Chongqing * * Waterproof Materials Co., Ltd. (hereinafter referred to as "Chongqing * * Materials Co., "), for the production and sale of waterproofing slurry series products. By 2013, the "Royal" brand had achieved significant renown in the waterproofing industry. Another company, Chongqing Xiu * Factory, owned the Royal trademark (No. 5270376), registered in 2009, which was approved for use in Class 19 goods. In 2013, Chongqing * * Waterproof Building Materials Co., Ltd. (hereinafter referred to as "Chongqing * * Building Materials Co., "), successor to Chongqing Xiu * Factory, acquired the rights to the trademark from its predecessor. In 2017, Shenyang * Economic and Trade Company purchased in Sanmen County (such purchase was notarized) three types of waterproof slurry products labeled with the name of Chongqing * * Building Materials Co., which bore the Royal trademark. Chongqing * * Materials Co., and Shenyang * Economic and Trade Company claimed that the actions of Chongqing * * Building Materials Co., constituted trademark infringement. Chongqing * * Building Materials Co.,, however, defended itself by claiming that it lawfully used its own trademark and had not committed any infringement.

Holding

The No. 1 Intermediate People's Court of Chongqing Municipality rendered the first-instance judgment: 1. Chongqing * * Building Materials Co., shall immediately cease infringement upon the exclusive rights to use the registered trademark No. 1347502; 2. Chongqing * * Building Materials Co., shall immediately cease its unfair competition practice, i. e., using packaging similar to the distinctive decoration of Chongqing * * Materials Co., and Shenyang * Economic and Trading Company on the external packaging of the goods produced and sold by Chongqing * * Building Materials Co.,; 3. Chongqing * * Building Materials Co., shall publish a statement in *Chongqing Evening News* to mitigate the negative effect caused by the infringement to Chongqing * * Materials Co., and Shenyang * Economic and Trade Company; 4. Chongqing * * Building Materials Co., shall compensate Chongqing * * Materials Co., and Shenyang * Economic and Trade Company for economic losses and reasonable expenses incurred in stopping the infringement, totaling 500,000 Yuan; 5. The other claims of Chongqing * * Materials Co., and Shenyang * Economic and Trade Company shall be dismissed. After the first-instance judgment was rendered, Chongqing * * Building Materials Co., lodged an appeal. The High People's Court of Chongqing Municipality rendered the second-instance judgment, rejecting the appeal, and upholding the original judgment.

Reasons of Decision

The court's effective judgment holds that, the alleged infringer invoked its rights to its proprietary trademark as a legitimate defense, it was therefore necessary to review the basis of such rights, and thereby reasonably determine the scope and intensity of judicial protection. Based on the purpose of intellectual property protection to incentivize innovation and the principle of proportionality, the scope and intensity of judicial protection should be commensurate with the trademark's distinctiveness and renown. More importantly, the application for registration and use of a trademark should be based on the principle of good faith. For a trademark that is registered and used later, in cases where the classification of specific goods may be ambiguous, such trademark should give precedence to prior trademarks used on similar goods within the same industry, so as to to protect the legitimate rights or interests of prior trademarks and avoid encroaching on or exploiting the legitimate rights and interests of other persons.

Chongqing * * Building Materials Co. , as a producer and business operator that was within the same geographical area as the owner of the proprietary trademark in the case, and whose business scope was highly overlapping with that of the latter, was highly unlikely to be completely unaware of the proprietor's trademark; the word "Royal" (劳亚尔 in Chinese) itself was a coined word in Chinese with no fixed meaning and possessed strong inherent distinctiveness, making the likelihood of coincidental registration extremely low; the products involved in the case had not been conclusively classified for a long time, and it was therefore highly probable that the company, owning registered trademarks in related categories, was aware of this situation. Instead of reasonably giving respect to the prior proprietor's trademark, the Chongqing * * Building Materials Co. , had persistently and extensively used its trademark in the production and sale of goods similar to those of such proprietary, thereby causing market confusion and misidentification, clearly demonstrating an intention to hijack the goodwill conveyed by the prior trademark. The Chongqing * * Building Materials Co. , acquired and used the registered trademark later without good faith, thus violating the principle of good faith and committing an abuse of rights.

Author: Wang Le

30 * Co., Limited v. Foshan * Ceramic Co., Ltd. et al. (Dispute over Trademark Infringement) *

Keywords

Infringement of Trademark Rights, Improper Use of Trademarks, Similar Trademarks

Gist of Decision

In the process of trademark usage, the non-improper use of trademarks through such means as font alterations, which constitutes similarity to a well-known trademark of the proprietor, can easily lead to confusion on the part of the public regarding the origin of the goods represented by the trademarks, and therefore, such practice still constitutes trademark infringement.

Case Number

First Instance: Civil Judgment No. 29705 [2022] Trial, Civ. Division, People's Court of Yuzhong District of Chongqing Municipality (Dated: March 13, 2023)

---

* This case has been included into typical cases (the eleventh batch) heard by courts of Chongqing Municipality concerning judicial protection for the private sector.

Essential Facts

* Co., Ltd. (hereinafter referred to as "* Co.,") was the proprietor of the well-known trademark "冠军", and it discovered that * Building Materials Sales Center in the Chongqing High-tech Industrial Development Zone (hereinafter referred to as "* Building Materials Sales Center") was selling ceramic tiles bearing the logo "冠军陶瓷". A side of the outer packaging thereof bore the name and address of Foshan * Ceramics Co., Ltd. (hereinafter referred to as "Foshan * Co.,"); after scanning of the QR code on the products, the official account of "Guanjun Yinxiang Ceramic Tiles" would be displayed. The Plaintiff alleged that the production and sales activities of Foshan * Co., and * Building Materials Sales Center were clearly intended to hijack the fame of "Guanjun Ceramic Tiles", which was likely to cause confusion and misidentification among consumers, thereby damaging the reputation of the plaintiff company's well-known trademark. Therefore, the Plaintiff requested that the Defendants must cease the infringing activities and compensate it for the losses incurred.

During the hearing, a defendant, Foshan * Co., argued that its legal representative, Mao * *, was the exclusive owner of the "冠军印象 GUANJUNYINXIANG" trademark, and that the trademark was used on the goods for which the trademark was authorized. Furthermore, the China National Intellectual Property Administration had certified that the "冠军印象 GUANJUNYINXIANG" trademark did not involve any misleading or confusing circumstances, and had ruled to maintain the trademark. Therefore, its use of the aforementioned trademark was legitimate and lawful.

Holding

The People's Court of Yuzhong District rendered the first-instance judgment: 1. The Defendant, * Building Materials Sales Center, shall immediately cease the infringement of the Plaintiff's exclusive right to use its registered trademark, namely, to cease the sale of products bearing the "Guanjun Marble" (冠軍大理石 in Chinese) logo and the improper use of trademark logos on shop "冠军印象 GUANJUNYINXIANG" signages and in interior advertising; 2. The Defendant, Foshan * Co., , shall cease the infringement of the Plaintiff's exclusive right to use its registered trademark "冠軍" "冠軍", namely, to cease the production of products bearing the "Guanjun Marble"(冠軍大理石 in Chinese) logo; 3. The Defendant, * Building Materials Sales Center, shall compensate the Plaintiff for economic losses and reasonable expenses totaling 25, 000 Yuan within ten days; 4. The Defendant, Foshan * Co., and Mao * *, shall be jointly and severally liable for compensating the Plaintiff for economic losses and reasonable expenses totaling 80, 000 Yuan within ten days; 5. The other claims of the Plaintiff shall be dismissed. Following the pronouncement of the judgment, none of the parties appealed, and the decision has since become effective.

Reasons for Decision

The court's effective judgment holds that although the China National Intellectual Property Administration has determined that the trademark "冠军印象 GUANJUNYINXIANG" does not involve circumstances prone to mislead or cause confusion and has upheld it, this should be premised on the proper use of the trademarks involved. When there is any improper use of a trademark, which conflicts with the exclusive rights of any earlier trademark registered by any other person, the act of improper use of a trademark should nonetheless be judged in accordance with the relevant provisions of the *Trademark Law of the People's Republic of China*. Foshan * Co., used the logo "", "冠军印象 GUANJUNYINXIANG" in its tile sample advertisements, which altered the word "guanjun" (冠军 in Chinese) in the trademark "" to "冠軍" and intentionally reduced the size of the word "yinxiang" (印象 in Chinese) in the promotional logo, thus making the Chinese characters "冠軍陶瓷" appear more prominent; the characters "冠軍" contained in the above logo was identical to the word "冠軍" of a well-known trademark enjoyed by * Company, which constituting an instance of trademark similarity. As entities specializing in building material business, Foshan * Co., and * Building Materials Sales Center were presumed to have been aware of the trademark "冠軍", but they nonetheless had failed to fulfill their duty of reasonable care and produced and sold goods labeled with the word "冠軍", thus they shall be held liable for infringement.

Author: Gong Jian

31 * mi Technology Co., Ltd. v. Beijing * Drinks Company (Dispute over Trademark Infringement and Unfair Competition) *

Keywords

Well-Known Trademarks, Cross-Class Protection, Principle of Proportionality

Gist of Decision

For the proprietor of a well-known trademark which is engaged in diversified business, it is necessary to strengthen cross-class protection in accordance with the principle of proportionality. Specifically, protection should not be limited to the associative scope of the relevant approved and registered goods categories. Instead, more intense cross-class protection should be adopted for a trademark with strong distinctiveness and high renown. Furthermore, a resolute negative evaluation should be given to the free-ride practices that maliciously appropriate the goodwill of any proprietor, in order to fully and effectively safeguard the legitimate rights and interests of the proprietors.

---

* This case was selected as one of the top ten typical cases heard by courts of Chongqing Municipality concerning judicial protection of intellectual property in 2023.

Case Number

First Instance: Civil Judgment No. 3284 [2022] Trial, Civ. Division, the No. 1 Intermediate People's Court of Chongqing Municipality (Dated: July 31, 2023)

Second Instance: Civil Judgment No. 299 [2023] Final, Civ. Division, the High People's Court of Chongqing Municipality (Dated: December 29, 2023)

Essential Facts

* mi Technology Co., Ltd. (hereinafter referred to as " * mi Technology Co.,") has registered trademarks No. 8228211, "Xiaomi" (小米 in Chinese) and No. 8911270 " ", which were approved for use in Class 9 goods, namely, mobile phones, etc. Subsequently, it also registered trademarks No. 10674562 and No. 25789474 "Xiaomi" (小米 in Chinese), approved for use in Class 32 goods. The trademarks No. 8228211 "Xiaomi" and No. 8911270 " " of * mi Technology Co., were well-known trademarks with high market recognition. The Plaintiff claimed that there were a large number of unauthorized products infringing the Plaintiff's exclusive right to use the registered trademarks, such as "Mi Cola" (小米可乐 in Chinese) on the market. Beijing * Drinks Company commissioned Tianjin * Company and * Foodstuff Company to produce a beverage product named "Mi Cola" (小米可乐 in Chinese), and in promoting the allegedly infringing product, adopted an orange-white color scheme and advertising slogans as "Mi Cola, living up to the name 'Xiaomi' (小米 in Chinese)", "In 2010, Xiaomi paid homage to Apple, and in 2018, Xiaomi paid homage to Cola", and "Xiaomi phones were born for enthusiasts; Mi Cola was born for fermentation", all of which were likely to give rise to the impression that Mi Cola was either a product of * mi Technology Co.,, or there was a special association between the two. Therefore, * mi Technology Co., accordingly filed a lawsuit against Beijing * Drinks Company for trademark infringement and unfair competition.

The Defendant argued that its actions did not constitute trademark infringement or unfair competition, and that the Plaintiff had not used the trademarks in question; therefore, all of the Plaintiff's claims should be dismissed.

Holding

The No. 1 Intermediate People's Court of Chongqing Municipality rendered the first-instance judgment: 1. Beijing * Drinks Company shall immediately cease trademark infringement and unfair competition practices in question; 2. The Beijing * Drinks Company shall compensate * mi Technology Co., for economic losses in the amount of 5 million Yuan as well as reasonable expenses exceeding 130, 000 Yuan. Dissatisfied with the judgment, the Beijing * Drinks Company filed an appeal. The High People's Court of Chongqing Municipality rendered the second-instance judgment, rejecting the appeal, and upholding the original judgment.

Reasons of Decision

The court's effective judgment holds that, given the diversified business model of * mi Technology Co.,, the renown of the trademarks in question and the reach of the goodwill thereof, as well as such overall factors as the product labeling, decoration, advertising, and marketing methods of the alleged infringing products, the alleged infringing marks would not only easily lead the public to associate the alleged infringing products with the * mi Technology Co.,, thereby causing confusion in market differentiation, but also would establish considerable association between the alleged infringing marks and the well-known trademarks of * mi Technology Co.,, thus unfairly exploiting the market reputation of the latter's well-known trademarks and infringing upon the exclusive rights thereof to use the relevant registered trademarks of * mi Technology Co.,. The use of the advertising slogans, products, and the orange-and-white color scheme similar to that of * mi Technology Co., had amounted to an instance of free riding of the goodwill of the * mi Technology Co.,. The actions of Beijing * Drinks Company therefore constituted unfair competition and the company should bear the corresponding liability for infringement. Tianjin * Company and * Foodstuff Company, as commissioned manufacturers, had failed to fulfill their duty of reasonable care and should therefore bear corresponding liability for infringement.

Author: Xu Zhen

Part IV

Anti Unfair Competition and Monopoly Cases

32 Tai * Group Chongqing Fuling Pharmaceutical Co., Ltd. v. Shenyang Heng * Biological Health Products Co., Ltd. and Chongqing Yuzhong Heng * ang Pharmacy (Dispute over Unfair Competition) *

Keywords

Unfair Competition, Well-known Goods[1], Unique Decoration

Gist of Decision

1. When identifying a well-known product, the people's court shall mainly consider factors such as when, where and to whom the product is sold to, the sales revenue, as well as the duration, intensity and geographic coverage of promotion events of the product, and the protection of the product as a well-known product.

2. The protection of a well-known product reflects the general recognition of the public towards the product after it becomes well-known, and it is based on

* This case was selected as one of the 50 typical intellectual property cases heard by Chinese courts in 2008.

[1] When *The Law of the People's Republic of China Against Unfair Competition* was revised in 2019, the term "well-known goods" was replaced by "goods with a certain degree of influence"; the same below.

the precondition that the product can be easily identified by the public. Product names, packaging, and decorations that lack distinctive features are difficult to identify and therefore cannot be protected by law.

Case Number

First Instance: Civil Judgment No. 225 [2007] Trial, Civ. Division, the No. 5 Intermediate People's Court of Chongqing Municipality (Dated: March 21, 2008)

Essential Facts

Tai * Group Chongqing Fuling Pharmaceutical Co., Ltd. (hereinafter referred to as "Tai * Fuling Pharmaceutical") claimed that the "Qumei" weight loss capsules produced by Tai * Fuling Pharmaceutical had gained a highly favorable reputation and a significant market share in the weight loss products market, due to the safety, convenience, and significant efficacy of the "Qumei" capsules, and had become the number one brand in the Chinese weight loss product market; Shenyang Hengjiu Biological Health Products Co., Ltd. (hereinafter referred to as "Shenyang Heng * Company") and Chongqing Yuzhong Heng * tang Pharmacy (hereinafter referred to as "Heng * tang Pharmacy") had used packaging and decoration similar to its well-known products for the purpose of production and operation, making it difficult for average consumers to distinguish them from each other and thus infringing on the legitimate rights and interests of Tai * Fuling Pharmaceutical. Tai * Fuling Pharmaceutical then filed a lawsuit with the court, requesting that: 1. Shenyang Heng * Company shall stop the production and sale of the alleged infringing products, and Heng * tang Pharmacy shall stop selling the infringing products; 2. Shenyang Heng * Company and Heng * tang Pharmacy shall recall all infringing products sold in the market and hand them over to Tai * Fuling Pharmaceutical for destruction; 3. Shenyang Heng * Company shall compensate Tai * Fuling Pharmaceutical for economic losses in the amount of 150,000 Yuan; Heng * tang Pharmacy shall bear joint and several liability with Shenyang

Heng * Company for compensation should it be unable to prove that the infringing products had been purchased from a legitimate source; 4. Shenyang Heng * Company and Heng * tang Pharmacy shall bear the infringement investigation fee in the amount of 1, 428. 09 Yuan incurred by Tai * Fuling Pharmaceutical; 5. Shenyang Heng * Company and Heng * tang Pharmacy shall bear the litigation costs of this case.

A defendant, Heng * tang Pharmacy, argued that the Plaintiff's claims had no factual or legal basis, and that the products sold by the defendant were from a legitimate source and hence it was not obligated to ascertain that the products sold infringed upon the Plaintiff's rights.

Holding

The No. 5 Intermediate People's Court of Chongqing Municipality rendered the first instance judgement: 1. Shenyang Heng * Company shall immediately cease its infringing practices, including the production, sale, and use of the "Quxianmei" weight loss capsules using the alleged infringing decoration; 2. Heng * tang Pharmacy shall immediately cease its infringing practices, including stopping the sale and use of the "Quxianmei" weight loss capsules using the alleged infringing decoration; 3. Shenyang Heng * Company shall compensate Tai * Fuling Pharmaceutical for economic losses in the amount of 150, 000 Yuan; 4. The other claims of Tai * Fuling Pharmaceutical shall be dismissed.

Reasons for Decision

The court's effective judgment holds that firstly, well-known goods refer to goods that have a certain degree of popularity in the market and arewell-known to the relevant public. The "Qumei" weight loss capsules produced by Tai * Fuling Pharmaceutical had won multiple awards from national authorities and local authorities in Chongqing, and enjoyed a good reputation; From 2001 to 2007, it continuously promoted the "Qumei" weight loss capsules nationwide through celebrity endorsements, television media, newspapers, and car body advertisements, the coverage of which were significantly extensive; The geographical scope within which "Qumei" weight loss capsules were marketed covered 25 provinces and municipalities directly under the central government, covering major domestic markets, proving that "Qumei" weight loss capsules enjoyed a high degree of recognition in the market and were well-known to the public, including consumers, other business entities, and distributors in the industry. Therefore, "Qumei" weight loss capsules should be deemed as a well-known brand name in the field of weight loss drugs. Secondly, unique packaging and decoration refer to packaging and decoration that are not commonly used for related products and have significant distinguishing features. Packaging refers to auxiliary materials and containers used on goods for the purpose of identifying them and facilitating their carrying, storage, and transportation; Decoration refers to the addition of text, patterns, and colors, as well as the arrangement and combination thereof on a product or its packaging, for the purpose of identifying and beautifying it. The "Qumei" weight loss capsules were packaged in rectangular cardboard boxes, which were commonly used for capsule drugs and did not have a significant feature distinguishing the source of the product. Therefore, it could not be deemed as unique packaging of the "Qumei" weight loss capsule. Whether the decoration of a product is similar to that of another should be assessed based on the main parts of such decoration and the overall impression thereof, and the criteria thereof should be whether average buyers of average degree of care will mistake one product for another. Although there were differences in local details between the decoration of the "Quxianmei"(曲线美 in Chinese) weight loss capsules and that of the "Qumei"(曲美 in Chinese) weight loss capsules, overall, the decorations of both products highlighted the words "Qumei" or "Quxianmei" and the "S" shape pattern on a lemon yellow background, and were very similar to each other in the main parts of the decorations, such as the character "Qu"(曲 in Chinese) and "S" shape pattern, patterns on the capsules, and combinations of phonetic fonts. Therefore, for the "Quxianmei" weight loss capsules, Shenyang Heng * Company did use a decoration similar to that of the "Qumei" weight loss capsules. Finally, to determine whether the decoration usage by Shenyang Heng * Company constituted unfair competition, consideration should be given to whether such usage harmed the legitimate rights and interests of Tai * Fuling Pharmaceutical. The therapeutic effects and consumer groups of both products were the same, and they were also both distributed through pharmacies; therefore, the decoration used for "Quxianmei" capsules, which was highly similar to that of "Qumei" capsules, was sufficient to mislead the average buyers of average degree of care to mistake the former for the latter. Therefore, Shenyang Heng * Company's use of decoration similar to the unique decoration of "Qumei" weight loss capsules constituted unfair competition.

Author: Cao Ke

33 Chongqing Yin * Culture Media Co., Ltd. v. Chongqing * * University (Dispute over False Publicity) *

Keywords

Unfair Competition, False Promotion, Fair Competition Order

Gist of Decision

The public welfare promotion activities are characterized by indirect profitability, and there is also competition in the broad sense among persons and entities engaged in public welfare promotion activities. Therefore, false or exaggerated publicity concerning information related to such activities that undermines the fair competition order, misleads consumers, and damages the legitimate rights and interests of other competitors, should also be deemed as false advertising under Article 8 of *Law of the People's Republic of China Against Unfair Competition*, and those who are responsible shall be investigated for civil liability accordingly.

Case Number

First Instance: Civil Judgment No. 247 [2009] Trial, Civ. Division, the

* This case was selected as one of the 50 typical intellectual property cases heard by Chinese courts in 2009.

No. 5 Intermediate People's Court of Chongqing Municipality (Dated: November 3, 2009)

Essential Facts

The Plaintiff, Chongqing Yin * Culture Media Co. , Ltd. (hereinafter referred to as "Yin * Company") claimed that during the "2009 China Chongqing Green Image Ambassadors Event" undertaken by the Plaintiff in June 2009, the Defendant, Chongqing * * University, signed an agreement with the Defendant, Chongqing Fang * Paradise Tourism Co. , Ltd. (hereinafter referred to as "Fang * Co. ,"), according to which Fang * Co. , would be the title sponsor for the "Fang * Green Image Ambassadors Event". After that, the two Defendants conducted extensive publicity on the event and actively recruited "Fang * Green Image Ambassadors". In the promotional materials, it was stated that the event organizers were the same as those of the "2009 China Chongqing Green Image Ambassadors Event", and the description of the event process was also consistent with that of the "2009 China Chongqing Green Image Ambassadors Event".

The Plaintiff argued that the behaviors of the two Defendants constituted false promotion, which had infringed upon the Plaintiff's legitimate interests. Therefore, the Plaintiff filed a lawsuit to the court, requesting that: 1. the two Defendants shall be ordered to immediately cease the infringement, that is, to cancel the "Fang * Green Image Ambassadors Event"; 2. the two Defendants shall be ordered to eliminate the negative effects and apologize to the Plaintiff; 3. the two Defendants shall be ordered to jointly compensate the Plaintiff for economic losses in the amount of 50, 000 Yuan; 4. The litigation costs of this case shall be borne by the two Defendants. The Defendant, Chongqing * * University, argued that it did not engage in false promotion. The Plaintiff, Chongqing Yin * Co. , did not obtain exclusive authorization until after the Defendant's event, and the Defendant did not infringe upon the Plaintiff's legitimate rights and interests. The Defendant, Chongqing Fang * Co. , , argued that Fang * Co. , 's sponsorship activities were of a public welfare nature. The two Defendants were not in competition with the Plaintiff and therefore did not qualify as parties to unfair competition, and hence could not have infringed on the economic interests of the Plaintiff. The behaviors of the two Defendants would not cause misunderstandings among the public and hence did not constitute false promotion.

Holding

The No. 5 Intermediate People's Court of Chongqing Municipality rendered the first instance judgement: 1. The Defendant Chongqing * * University and Chongqing Fang * Co., shall compensate the Plaintiff Chongqing Yin * Co., for economic losses in the amount of 10,000 Yuan; 2. The other claims of the Plaintiff, Chongqing Yin * Co., shall be dismissed.

Reasons for Decision

The court's effective judgment holds that firstly, whether the behaviors of the two Defendants constituted false promotion. For entities engaged in business operations of goods and for-profit services, undertaking public welfare events or offering title sponsorship for such events can help to expand the influence of such entities, which is beneficial for the organizers or sponsors to enhance their competitiveness and trading opportunities in the aforementioned operations or services. Therefore, undertaking public welfare events and offering title sponsorship for public welfare events have commercial value in terms of advertising and promotion, and should therefore follow the principles of honesty, credibility, and business ethics, and should not involve misleading false promotion. In this case, Chongqing * * University was the organizer of the "Fang * Green Image Ambassador Recruitment Event", while the Defendant, Fang * Co., was the title sponsor thereof. Both Defendants had not provided sufficient evidence to prove that they had been legally authorized to host or sponsor the "2009 China Chongqing Green Image Ambassadors Event", nor had they provided sufficient evidence to prove that the relevant information on the event posters was true. Therefore, based on factors such as daily life experience, general public attention, the fact there had been misunderstanding, and the actual situation of the target audience, the court decided that such behaviors amounted to misleading false promotion. Secondly, whether the behaviors of the two Defendants had infringed upon the legitimate rights and interests of the Plaintiff. The "2009 China Chongqing Green Image Ambassadors Event" had advertising and commercial value to a certain extent, and the Plaintiff, as the event organizer, could engage in commercial activities such as sponsorship and investment promotion during the event, thus enjoying legitimate commercial interests. The two Defendants engaged in false promotion, which was sufficient to cause confusion and misunderstanding among the public, and therefore they were subjectively at fault. And the Defendant, Fang * Co. , Ltd. , as the title sponsor, also failed to fulfill its obligation of reasonable examination. Therefore, the two Defendants had violated the principles of good faith and recognized business ethics, disrupted the social and economic orders, and harmed the commercial interests of the Plaintiff, Yin * Company, and hence had committed unfair competition behavior.

Author: Cao Ke

34 Hai * China Leather City Co., Ltd v. Chongqing Airport Zhe * Leather City Management Co., Ltd. (Injunction on Dispute over Trademark Infringement and Unfair Competition) *

Keywords

Trademark Infringement, Unfair Competition, Intra-litigation Injunction

Gist of Decision

Where in hearing a case of dispute over trademark infringement and unfair competition, the first instance court has already determined that the accused infringer has committed infringement, but the accused infringer continues to engage in the alleged trademark infringement and unfair competition while the second instance trial is still going on, then if the possibility of the accused infringer's behavior being ultimately recognized as infringement is high, and failure to stop the behavior in a timely manner will result in irreparable damage to the proprietor's competitive advantage and market share, then the competent people's court may issue an interim intra-litigation injunction against the accused infringer's practices of trademark infringement and unfair competition, provided

* This case was selected as one of the 50 typical intellectual property cases heard by Chinese courts in 2016.

that the proprietor provides appropriate guarantees.

Case Number

Injunction: Civil Ruling No. 536 [2016] Civ. Division, the High People's Court of Chongqing Municipality (Dated: December 19, 2016)

Essential Facts

Hai * China Leather City Co., Ltd. (hereinafter referred to as "Hai * Leather City Co.,") claimed that "Hai * Leather City" was the exclusive name of its well-known service name. Chongqing Airport Zhe * Leather City Management Co., Ltd. (hereinafter referred to as "Zhe * Leather City Co.,") opened the Airport Hai * Leather City Market in Chongqing. Airport Leather City Company used signs and slogans such as "Hai * Leather City", "Airport Hai * Leather City", "Chongqing Airport Hai * Leather City", "Chongqing Zhe * Airport (Hai *) Leather City", and "Airport (Hai *) Leather City" in advertising and promotion placed on the buildings of the leather market, as well as on the WeChat account, websites, etc. of the leather market. Therefore, Hai * Leather City Co., filed a lawsuit, requesting that Zhe * Leather City Co., should immediately cease trademark infringement and unfair competition, and compensate Hai * Leather City Co., for the economic losses caused by the use of the name "Hai * Leather City", totaling 13.125 million Yuan, as well as reasonable expenses in the amount of 25,000 Yuan incurred to stop the infringement. Furthermore, Hai * Leather City also applied for an intra-litigation injunction, requesting that: 1. Zhe * Leather City shall not carry out advertising and promotional activities in the name of "Hai * Leather City" [including "Airport Hai * Leather City", "Chongqing Airport Hai * Leather City", "Chongqing Zhe * Airport (Hai *) Leather City", "Airport (Hai *) Leather City", etc.], and shall destroy its printed promotional materials containing the name "Haining Leather City"; 2. Zhe * Leather City shall immediately stop using the name "Hai * Leather City" and remove the name "Hai * Leather City" used on its market signs, road signs, and billboards; delete the name and graphic image of "Haining Leather City" used on the WeChat account of k * * * * * and the website www. k * * * * * * . com.

The Defendant, Zhe * Leather City argued that the evidence provided by the Plaintiff could not prove that its predecessor was "Hai * Leather City", and therefore "Hai * Leather City" was not the exclusive name of the Plaintiff's well-known service, and the accused infringing logos were not similar to the Plaintiff's trademark, and therefore they did not constitute trademark infringement. Neither Zhe * Leather City nor the Plaintiff was engaged in any sales of goods; therefore this case did not involve unfair competition.

Holding

The High People's Court of Chongqing Municipality rendered the following ruling: 1. Zhe * Leather City Co., shall immediately stop using the name "Hai * Leather City" [including "Airport Hai * Leather City", "Chongqing Airport Hai * Leather City", "Chongqing Zhe * Airport (Hai *) Leather City", "Airport (Hai *) Leather City" and other words] in advertising and promotional activities, and shall destroy promotional materials printed with the words "Hai * Leather City", "Airport Hai * Leather City", "Chongqing Airport Hai * Leather City", "Chongqing Zhe * Airport (Hai *) Leather City", "Airport (Hai *) Leather City", among others; 2. Zhe * Leather City Co., shall immediately stop using the name "Hai * Leather City" [including "Airport Hai * Leather City", "Chongqing Airport Hai * Leather City", "Chongqing Zhe * Airport (Hai *) Leather City", "Airport (Hai *) Leather City", etc.], and shall delete the names "Hai * Leather City", "Airport Hai * Leather City", "Chongqing Airport Hai * Leather City", "Chongqing Zhe * Airport (Hai *) Leather City", "Airport (Hai *) Leather City", from its recruitment materials, road signs and billboards; delete the names and images using the words "Hai * Leather City", "Airport Hai * Leather City", "Chongqing Airport Hai * Leather City", "Chongqing Zhe * Airport (Hai *) Leather City", "Airport (Hai *) Leather City", etc., from the k * * * * * WeChat account and the website www. k * * * * * . com.

Reasons for Decision

The court's effective ruling holds that both Hai * Leather City Co. , and Zhe * Leather City Co. , were engaged in professional leather-market-related services and therefore were in direct competition with each other. The use of the name "Hai * Leather City" by Zhe * Leather City Co. , including the words "Airport Hai * Leather City", "Chongqing Airport Hai * Leather City", "Chongqing Zhe * Airport (Hai *) Leather City", "Airport (Hai *) Leather City", etc. , for publicity and operation, was suspected of infringing on the rights and interests of Hai * Leather City Co. , , which might constitute unfair competition. The then current season was the peak season for leather clothing sales in Chongqing. If the above-mentioned practices of Zhe * Leather City Co. , were not stopped in a timely manner, they would result in irreparable damage to the competitive advantage and market share of Hai * Leather City Co. , . On the premise that Hai * Leather City Co. , provided appropriate guarantees, it is necessary to issue an injunction on the above-mentioned practices of Zhe * Leather City Co. , .

Author: Ge Guangying

35 Yuzhong District Xiao * Traditional Hotpot Restaurant v. Yubei District Linfeng Xiao * Restaurant (Dispute over Unfair Competition)*

Keywords

Unfair Competition, Affiliated Enterprise, Reputation Sharing

Gist of Decision

Where closely associated enterprises use similar logos, and such logos are used on the same or similar goods or services, then if one of such logos gains a certain level of renown after it is put into use for some time, the public will be persuaded to believe that another of such logos has a specific connection with the logo; in such a scenario, the renown and goodwill of the latter can be positively transmitted to former.

Case Number

First Instance: Civil Judgment No. 7238 [2017] Trial, Civ. Division, People's Court of Yubei District of Chongqing Municipality (Dated: December 1, 2017)

---

* This case was selected as one of the 50 typical intellectual property cases heard by Chinese courts in 2017.

Essential Facts

The Plaintiff, Yuzhong District Xiao * Traditional Hotpot Restaurant, claimed that the Plaintiff was registered and established on July 5, 2010, with its business scope being hotpot service. The restaurant sign used by the Plaintiff at the beginning of its establishment was "Xiao * Hotpot", and after November 28, 2014, two new characters, "Yuwei" (渝味 in Chinese) were added and hence the sign of the restaurant was changed to "Yuwei Xiao * Hotpot". On March 22, 2012, "Xiao * Hotpot" was named as one of the "Top 50 Hotpot Restaurants in Chongqing". In the summer of 2013, Season 2 of the popular television program "A Bite of China", which was produced by China Central Television, featured "Xiao * Hotpot" in the programme, and the programme team visited and interviewed Yuzhong District Xiao * Traditional Hotpot Restaurant. There had already been dozens of restaurants under the brand name of Xiao *, including the Plaintiff (as the flagship restaurant), restaurants directly operated by the Plaintiff, chain restaurants, and affiliated restaurants, covering scores of cities in provinces, autonomous regions and municipalities like Chongqing, Jiangsu, Guangdong, Chengdu, Inner Mongolia, and Xinjiang. On July 7, 2016, the Defendant, Linfeng Xiao * Restaurant was registered and established in Yubei District. The Defendant's business name as was registered with the industry and commerce authority included the characters "Xiao * " and in its business operations, the Defendant had used "Xiao * Traditional Hotpot" as the name of the hotpot restaurant; furthermore, it had also used characters like "Xiao * Traditional Hotpot" and "Xiao * Hotpot" in its outdoor advertisements, ordering cards, menus, stair stickers, and promotional stickers inside the restaurant. The Plaintiff argued that the above-mentioned practices of the Defendant were sufficient to result in misunderstandings in consumers so that they would assume the "Xiao * Traditional Hotpot" operated by the Defendant was actually operated by the Plaintiff or was related to the Plaintiff.

Therefore, the Plaintiff requested that: 1. The Defendant shall immediately cease the use of storefront signs with the Chinese characters "Xiao * " in catering services and any other unfair competition activities using the words "Xiao * " in business activities; 2. The Defendant shall change the trade name in its corporate name, which shall not contain characters the same as or similar to "Xiao * " after the change; 3. The Defendant shall publicly eliminate the negative effects and apologize to the Plaintiff in the newspaper, *Chongqing Morning Post* and on www. cqnews. net; 4. The Defendant shall compensate the Plaintiff for losses in the amount of 407, 865 Yuan (including expenses incurred to prevent the infringement, namely notarization fees of 2, 000 Yuan, attorney fees and travel expenses in the amount of 5, 500 Yuan, cost of food and drinks in the amount of 238 Yuan, and photo development fee in the amount of 127 Yuan).

The Defendant, Yubei District Linfeng Xiao * Restaurant, argued that the trade name of a sole proprietorship did not qualify as corporate names under Article 6 of *Law of the People's Republic of China Against Unfair Competition;* the Plaintiff had not provided evidence to prove the popularity of the "Xiao * " logo; and even if "Xiao * " was a well-known brand, its owner should be an individual, namely Zhang *, not the Plaintiff; the trademark used by the Defendant had been obtained through legal registration, and there was no subjective malice on the part of the Defendant, nor would it cause confusion or misidentification among the public; the registered trademark of the Plaintiff was "Yuwei Xiao * ", not "Xiao * "; and the renown of a corporate name would change over time, and since the Plaintiff had not used the trade name, "Xiao * ", after 2014, so the trade name did not have a high level of renown.

Holding

The People's Court of Yubei District of Chongqing Municipality rendered the first instance judgement: 1. The Defendant shall immediately cease the use of storefront signs with the characters "Xiao * " and any other unfair competition practices using the characters "Xiao * " in business activities; 2. The Defendant shall alter its registered corporate name, and the characters "Xiao * " shall not be used in the altered corporate name; 3. The Defendant shall publish a statement on www. cqnews. net to eliminate the negative effects (the content must be subject to review by this court); Should the Defendant fail to perform the judgment within the prescribed time, the main content of the judgment will be published on www. cqnews. net, and the publication fee will be borne by the Defendant; 4. The Defendant shall compensate the Plaintiff for economic losses in the amount of 70, 000 Yuan; 5. the other claims of the Plaintiff shall be dismissed.

Reasons for Decision

The court's effective judgment holds that although the awards in question were not solely conferred to the Plaintiff; they were also partially conferred to an affiliated company, the Xiao * Company. However, the operator of the Plaintiff and the legal representative of the affiliated company were both the same person. The main business of the affiliated company was to promote the "Xiao * Hotpot" and "Yuwei Xiao * Hotpot" brands, and the Plaintiff was a restaurant directly operated by the affiliated company. Both parties were entities managing the "Xiao * Hotpot" and "Yuwei Xiao * Hotpot" brands. Therefore, the Plaintiff and its affiliated company were closely related civil and commercial entities, and the Plaintiff could therefore also enjoy the honors and accumulated goodwill of the above two brands. During its actual business operation, the Plaintiff had successively used two brand names, "Xiao * Hotpot" and "Yuwei Xiao * Hotpot", both of which were identified by the word "Xiao * ", and the only difference between the two was that the latter had an additional word "Yuwei" compared to the former, while "Yuwei" (渝味 in Chinese) was usually understood as "flavor of Chongqing", and there was an inclusion relation between the latter and the former; so the Plaintiff had not given up using "Xiao * Hotpot". The Plaintiff's use of "Yuwei Xiao * Hotpot" should be regarded as a continuous use of "Xiao * Hotpot". The restaurant signs used by the Plaintiff in business operation always included the two characters, "Xiao * ", and the two characters, "Xiao * " had also been the main identifier. The Plaintiff's promotion and use of "Yuwei Xiao * Hotpot" should be regarded as the promotion and use of "Xiao * Hotpot", and on the premise that "Xiao * Hotpot" and "Yuwei Xiao * Hotpot" had been widely promoted and used and had gained a certain level of popularity, the characters "Xiao * " had already come to symbolize the Plaintiff's good will. Therefore, "Xiao * " was also the Plaintiff's trade name, which enjoyed a high level of recognition in the Hotpot industry and was well-known to the public; the public would establish a stable association between the brand name and the Plaintiff, and hence, it qualified as one of the corporate names protected by *Law of the People's Republic of China Against Unfair Competition*. The Defendant's prominent use of the characters "Xiao * " on the storefront door infringed upon the Plaintiff's right to corporate name; The Defendant's use of the characters "Xiao * " on glass walls, menus, ordering cards, advance receipts, promotional stickers, and staircase stickers in the restaurant also infringed upon the Plaintiff's right to a well-known service name.

Author: Yu Bo

36 Chongqing Tian * Food Co., Ltd. v. Chengdu Tian * Monosodium Glutamate Co., Ltd. (Dispute over Unfair Competition) *

Keywords

Unfair Competition, Packaging and Decoration Rights, Coexistence of Marks

Gist of Decision

1. Both the decoration and registered trademark of goods have the function of identifying the source of such goods. Under normal circumstances, after the registration application of the trademark is duly approved, then to the extent of the goods that such trademark is authorized to be used, the decorations that are identical or similar to those of the goods represented by such trademark cannot be used to entitle the corresponding owners thereof to the rights and interests related to the decoration of goods; otherwise, it will undermine the basic value of the trademark registration system. However, if due to historical reasons, the decoration and registered trademark of a product belong to different entities respectively and the decoration and trademark have been coexisting after they are put into use for a long period, and the product decoration has a higher level of

* This case was selected as one of the 50 typical intellectual property cases heard by Chinese courts in 2018.

renown, then such decoration shall be protected by *Law of the People's Republic of China Against Unfair Competition*.

2. The right tocorporate name is obtained through registration and is regional; its protection scope should be consistent with the extent of its renown. The proprietor of a registered corporate name has the right to exclude others from registering the same name within the same administrative area as that of its proprietary corporate name; however, whether it is possible to prohibit others from registering the same or similar trade name outside the approved registration area depends on the degree and scope of the renown of the corporate name.

Case Number

First Instance: Civil Judgment No. 9726 [2016] Trial, Civ. Division, the People's Court of Yubei District of Chongqing Municipality (Dated: March 31, 2017)

Second Instance: Civil Judgment No. 3926 [2017] Final, Civ. Division, the No. 1 Intermediate People's Court of Chongqing Municipality (Dated: May 28, 2018)

Essential Facts

Chongqing Tian * Food Co., Ltd. (hereinafter referred to as "Chongqing Tian * Co.,") claimed that its predecessor was the Tianchu Monosodium Glutamate Factory founded by Mr. Wu *chu and Mr. Zhang *yun in Shanghai in 1923. The powdered monosodium glutamate containing 80% sodium glutamate produced by the factory was highly popular with consumers and had won numerous honorary titles, enjoying a tremendous reputation in China's domestic monosodium glutamate industry. The factory used its highly distinctive packaging for the above-mentioned monosodium glutamate product, and after long-term extensive promotion and publicity, the packaging had distinctive features that differentiate the Tian * product from similar products, making it a unique packaging and decoration for the above-mentioned monosodium glutamate product. The "Tian *" trade name of Chongqing Tian * Co., has also been rated as a "Well-known Trade Name of an Enterprise Legal Person". Since its establishment, Chengdu Tian * Monosodium Glutamate Co. , Ltd. (hereinafter referred to as "Chengdu Tian * Co. ,"), has used the Plaintiff's well-known trade name "Tian * " as its corporate name without permission, and has used packaging similar to the Plaintiff's unique packaging on similar Monosodium Glutamate products it produced; such practices could easily mislead consumers into believing that the products of the two companies were identical or related, and therefore constituted unfair competition. Jiangbei District Shuang * Foodstuff Store (hereinafter referred to as "Shuang * Store"), as a general agent of Chengdu Tian * Co. , , engaged in wholesale and retailing of monosodium glutamate at Panxi Market in Chongqing, while Liu * was the actual operator and seller at the Shuang * Store. The actions of Chengdu Tian * Co. , , Shuang * Store, and Liu * constituted joint infringement and therefore the three shall bear joint and several liability for compensation.

Therefore, the Plaintiff requested that: 1. Chengdu Tian * Co. , shall immediately cease the production and sale of products with packaging identical or similar to that of Chongqing Tian * Co. , 's products, destroy the infringing products, and stop promoting the infringing products on its website; Shuang * Store and Liu shall stop selling the infringing products mentioned above. 2. Chengdu Tian * Co. , , Shuang * Store, and Liu * shall jointly compensate Chongqing Tian * Co. , for economic losses totaling 1, 000, 000 Yuan (including reasonable litigation costs paid by Chongqing Tian * Co. , , including 14, 000 Yuan notary fees and attorney fees in the amount of 100, 000 Yuan). 3. Chengdu Tian * Co. , shall stop using the "Tian * " trade name in its corporate name and publicly apologize to Chongqing Tian * Co. , in *Chongqing Daily*, *Sichuan Daily*, *Guangdong Daily*, Chongqing TV, Sichuan TV, and Guangdong TV, to eliminate the negative effects.

The Defendant, Chengdu Tian * Co. , argued that the Plaintiff's claim that a well-known product would inevitably affect its packaging and decoration was untenable; the products produced by the Defendant were completely different from those for which the trademark claimed by the Plaintiff was used, and therefore would not lead to misidentification among the consumers; the Plaintiff did not have the exclusive right to use the Tian * trade name, as the Plaintiff had used the Tian * trade name before 2009, and after that year, it had been using another trade name, Tian * Tianyan, instead of Tian *, and had stopped using the Tian * trade name; furthermore, the "Tian *" trade name had been used by multiple companies and enterprises in the monosodium glutamate industry nationwide and therefore it could not have been monopolized by the Plaintiff. Therefore, the Defendant had not engaged in unfair competition and the Plaintiff's claims should be dismissed.

Holding

The People's Court of Yubei District of Chongqing Municipality rendered the first instance judgment: 1. Chengdu Tian * Co., shall immediately stop using packaging similar to the packaging and decoration of the monosodium glutamate powder in bags with 80% sodium glutamate content produced by Chongqing Tian * Co., in its production, sales, and online promotion of monosodium glutamate products. Shuang * Store and Liu * shall immediately stop selling monosodium glutamate products with packaging and decoration similar to the packaging and decoration of the monosodium glutamate powder in bags with 80% sodium glutamate content produced by Chongqing Tian * Co.,. 2. Chengdu Tian * Co. shall compensate Chongqing Tian * Co., for economic losses and reasonable expenses totaling 100,000 Yuan and Shuang * Store and Liu * shall jointly compensate Chongqing Tian * Co., for economic losses and reasonable expenses totaling 10,000 Yuan. 3. Chengdu Tian * Co. shall immediately stop using corporate names containing the words "Tian *". 4. The other claims of Chongqing Tian * Co., shall be dismissed. Chengdu Tian * Co.,, Shuang * Store, and Liu * all appealed against the above judgment by the first instance court. The No. 1 Intermediate People's Court of Chongqing Municipality rendered the second instance judgment: 1. Maintaining items 1 and 4 of the first instance judgment; 2. Revoking the third item of the first instance judgment; 3. Changing the second item of the first instance judgment to, the appellant, Chengdu Tian * Co., shall compensate the respondent Chongqing Tian * Co., for economic losses and reasonable expenses in the amount of 80,000 Yuan.

Reasons for Decision

The court's effective judgment holds that under normal circumstances, if a person other than the proprietor applies to register the main part of the packaging and decoration of a product as a trademark and such application is approved, the packaging and decoration will no longer be protected by *Law of the People's Republic of China Against Unfair Competition*. The reason is that the protection of packaging and decoration by *the Law of the People's Republic of China Against Unfair Competition* is essentially the protection for unregistered trademarks, which is complementary to the protection of registered trademarks by *the Trademark Law of the People's Republic of China*. After the approval for the registration application of a trademark, then the trademark shall be subject to an exclusive right to use it. Within the scope of the goods for which the trademark is approved to be used, marks that are the same as or similar to such trademark cannot be used to entitle the corresponding owners thereof to the rights and interests related to packing and decoration; otherwise, it will undermine the basic value of the trademark registration system. In this case, a party that is an outsider to the case had registered the main part of the packaging and decoration involved as a trademark, but both the outsider and Chongqing Tian * Co., originated from Tian * monosodium glutamate Factory founded by Wu * chu, and there had been a historical relationship between the two. The agreement signed by the two sides appeared to be a trademark license, but in essence, it was based on the coexistence and joint use of trademarks in a specific historical context. The packaging and decoration involved in the case had a high level of popularity and had the function of identifying the source of goods. Chongqing Tian * Co., had the right to claim rights regarding the packaging and decoration in question. Chengdu Tian * Co., used packaging and decoration similar to those involved in the case on the same kind of products as those by the Plaintiff, which was sufficient to confuse the sources of the two and cause misidentification among consumers. Therefore, such practices constituted unfair competition.

Author: Zhang Yan

37 Chongqing E * Technology Co., Ltd. v. Huang * (Dispute over Unfair Competition) *

Keywords

Unfair Competition, WeChat Official Account, Operator, A Competitive Relationship, Business Defamation

Gist of Decision

Wherea natural person who does not directly engage in the production and operation of goods or provision of services uses social media platforms to publish articles for profit, accept sponsorship, or advertise for other business operators, such natural person can be recognized as engaging in or participating in business activities, and thus can be recognized as a business operator under *the Law of the People's Republic of China Against Unfair Competition*.

Case Number

First Instance: Civil Judgment No. 243 [2019] Trial, Civ. Division, Chongqing Pilot Free Trade Zone People's Court (Dated: June 11, 2019)

---

* This case was selected as one of the top ten typical cases heard by courts of Chongqing Municipality in 2019 concerning intellectual property judicial protection, and was included into typical cases (the fourth batch) heard by courts of Chongqing Municipality concerning judicial protection for the private sector.

Essential Facts

The Plaintiff, Chongqing E * Technology Co., Ltd. (hereinafter referred to as "Yi * Co.,") claimed that the Plaintiff, founded in 2008, was a leading Internet company focusing on the pet industry in China, and its e-commerce platform, "E-pet www. epet. com" was a popular independent B2C platform for pet products. The Plaintiff found that the original articles published on the Defendant's "Ai *" WeChat official account fabricated and spread false information, and maliciously defamed and belittled the Plaintiff's goods, so as to attract readers' attention and seek improper profits, which had weakened the Plaintiff's market competitiveness. The Defendant's practices constituted business defamation. Therefore, the Plaintiff initiated a lawsuit against the Defendant, requiring that the Defendant should immediately cease the business defamation and issue an apology statement to eliminate the negative effects.

The Defendant, Huang * failed to appear in court to respond to the lawsuit and did not submit a defense.

After trial, the court found that E * Co., was established on March 25, 2008, and E Pet Mall was its e-commerce platform. Yi * Co., had won many honors, such as "Exemplary E-commerce Enterprise of Chongqing", "Excellent Internet Information Service Enterprise", etc. The Defendant, Huang *, was the operator of the WeChat official account "Ai *", the profile of which stated "Aimao, an official account dedicated to cats". The account has three main sections: science popularization, public welfare and cooperation. The official account had published articles to promote the E-pet Mall, thank sponsors, introduce medical teams, etc. On December 14, 2018, the official account released an article titled "Orijen Claims that its pet food has no quality problem? I'll give it a hard slap on the face!" On December 21, 2018, the official account released another article titled "The cat food nearing expiration date sold by E Pet is problem food? Or Fake food?", which included the following: "but if judging from the appearance of the cat food, it seems that the problem is also very big" "but it can be said that the Batch 2.22 of the expiring cat food sold by E Pet has very serious problems! It is suspected to be fake" "Aimao personally suggest that you should not buy pet food on this platform, after all, its reputation is not that good", among others.

Holding

The Chongqing Pilot Free Trade Zone People's Court rendered the first-instance judgment: 1. The Defendant, Huang *, shall immediately stop the business defamation, that is, delete the article "The cat food nearing expiration date sold by E Pet is problem food? Or Fake food?" published in his "Ai *" WeChat official account (WeChat: a * * * * * * * * * * * *); 2. The Defendant, Huang *, shall issue a public apology statement on the front page of his "Ai *" WeChat official account (WeChat: a * * * * * * * * *) for 30 consecutive days to eliminate the negative effects (the content of the statement must be subject to review by the court); 3. The other claims of the Plaintiff, E *, shall be dismissed.

Reasons for Decision

The effective judgment of the court holds that although Mr. Huang * in this case is a natural person who is not directly engaged in the production and operation of goods or provision of services, as the founder of the official account of Ai *, he can be identified as engaged in or involved in economic activities, as he has published articles on the official account and received benefits by enabling the reward function, obtained sponsorship and promoted sponsors and released advertising for other businesses and teams on the official account, and should therefore be identified as a business operator under *Law of the People's Republic of China Against Unfair Competition*. E-pet Mall, established by E * Co.,, mainly sells pet supplies. For both the Plaintiff and Defendant, they are directly or indirectly engaged in economic activities related to the cat food industry. Regardless of whether Huang * had been advertising and promoting other businesses or exposing other businesses' cat food, the result would inevitably lead to other businesses gaining competitive advantages or destroying their competitive advantages, which would have an impact on the cat food market. Therefore, the Plaintiff and Defendant were in a competitive relationship in the above-mentioned fields. Huang * 's article "Claiming desperately that its pet food has no quality problem? I'll give it a hard slap on the face!" did not constitute business defamation; In the article "The cat food nearing expiration date sold by E Pet is problem food? Or Fake food?", even though it had been known that the assessment results of the Orijen cat food nearing expiration date sold by E-pet showed no significance difference from those of normal Orijen cat food, the article "The cat food nearing expiration date sold by E Pet is problem food? Or Fake food", despite absence of evidence, claimed that "but if judging from the appearance of the cat food, it seems that the problem is also very big" "but it can be said that the Batch 2.22 of the expiring Orijen cat food sold by E Pet has very serious problems! It is suspected to be fake", which had exceeded the limits of legitimate commercial evaluation and was misleading information. It would be easy for consumers of such goods or services and other business operators closely related to the marketing of such goods or services to fall under a wrong understanding due to the above information, and have a wrong evaluation of E * Co.,, thus damaging its reputation. Such practices clearly violated the principles of integrity and business ethics, and hence constituted business defamation.

Author: He Haiyan

38 Chongqing Zhi * Building Materials Co., Ltd. v. Chongqing * Materials Association et al. (Dispute over Unfair Competition)*

Keywords

Unfair Competition, Industry Association, Business Operator, Actor of Behavior, False Information

Gist of Decision

1. Article 2 of *the Law of the People's Republic of China Against Unfair Competition* defines "business operators" based on "behavioral standards". Industry associations engaged in business activities such as commodity production or service provision should be recognized as operators.

2. To distinguish between the behaviors of an industry association, the behaviors of a member of such association, and joint behaviors of both the association and members thereof, comprehensive consideration shall be given to factors such as the identity and responsibilities of the actor of behaviors, name in which the behaviors are carried out, scope of business, beneficiaries, and nature of the behaviors. Where the identity and behaviors of a specific member of an industry association are mixed up with those of the industry, and such member is

---

* The judgment document of this case won the title of The Third National 100 Excellent Judgment Documents of Courts.

able to control such association, then business activities are carried out in the name of the association and with the member as the direct beneficiary should be recognized as joint behaviors of the association and the member.

3. Determination of whether a certain item of information falls within the category of "false information" as stipulated under Article 11 of *the Law of the People's Republic of China Against Unfair Competition* should be based on the actual circumstances in which such item of information is released. If the content of such information is "fabricated" at the time of release thereof, such information shall be deemed as false information. Even if the person releasing such information can prove the authenticity of the information with ex post facto evidence, the "legitimacy" of such person's previous actions cannot be established.

Case Number

First Instance: Civil Judgment No. 10211 [2018] Trial, Civ. Divsion, People's Court of Yubei District of Chongqing Municipality (Dated: December 16, 2018)

Second Instance: Civil Judgment No. 1026 [2019] Final, Civ. Division, the No. 1 Intermediate People's Court of Chongqing Municipality (Dated: October 25, 2019)

Essential Facts

In the competitive bidding for the project of flue fire check valves used in public rental housing, Zhi * Company beat Duo * Company and other competitors, and its products were included by the Chongqing Real * Group into its designated products. Afterwards, the Flue Special Committee sent a letter to Chongqing Real * Group and its project department in Chongqing, stating that the fire check valve produced by Zhi * Company did not meet the requirements of the standard specifications, and hoped that the Chongqing Real * Group would be cautious. The user of the contact phone number at the end of the letter was Wu * *, who was the person in charge of the Flue Special Committee, which was a branch of the Chongqing * Association. He was also the general agent of Xiao * fire check valves in Chongqing, a shareholder and manager of Duo * Company, and the legal representative and a shareholder of Yun * Company, which in turn was the general agent of Wan * brand fire check valves in Chongqing. Xiao * brand and Wan * brand fire check valves, and Zhi * Company's products were all designated brand products for public rental housing projects. Duo * Company and Yun * Company were both suppliers of Chongqing Real * Group in Chongqing. Zhi * Company believed that the statement made in the letter regarding the then current quality of its products had no factual basis and involved fabricated information, which constituted business defamation. Therefore, it filed a lawsuit.

The Defendants, Chongqing * Association and Wu * *, jointly argued that the letter in question had been sent by the related letter by the Flue Special Committee for the purpose of regulating the industry, and the fact that the letter had been sent to a specific third party did not constitute infringement, and the content of the letter did not involve fabrication or defamation. The evidence presented by Zhi * Company was insufficient to prove that its products were up to the relevant quality standards.

Holding

The People's Court of Yubei District of Chongqing Municipality rendered the first instance judgement: Chongqing * Association shall immediately stop releasing defamatory information to third parties that is the same as the content of the Business Coordination Letter above and shall compensate the Zhi * Company for economic losses in the amount of 30,000 Yuan (including reasonable expenses). Chongqing * Association and Zhi * Company then appealed against the judgment. The No. 1 Intermediate People's Court of Chongqing Municipality rendered the second instance judgment: 1. The first instance judgment shall be revoked; 2. Wu * * shall immediately stop releasing letters whose content is the same as or similar to that of the letter involved in the case; 3. Wu * * shall issue a written statement to Chongqing Real * Group, and the Peidu Jiayuan

Project Office of Chongqing Real * Group, to eliminate the negative effects; 4. Wu * * and Chongqing * Association shall pay 25,000 Yuan to Zhi * Company as reasonable expenses incurred in connection with stopping the infringement in the case.

Reasons for Decision

The court's effective judgment holds that firstly, the identification of operators in *the Law of the People's Republic of China Against Unfair Competition* should be based on the "standard of behavior", which means that regardless of the qualifications of the actor of behaviors, as long as the actor engages in or participates in market activities such as commodity production, operation, or service provision, such actor should be identified as an operator. Judging by the content of the services provided by the Chongqing * Association, as was shown by the articles of association thereof, the association qualified as a business operator under *the Law of the People's Republic of China Against Unfair Competition*. Regarding the issue of the actor of behavior in this case, the court believed that the letter involved in the case exceeded the scope of business responsibilities of the Flue Special Committee. There was a high degree of overlapping between the association and a member thereof, namely, Duo * Company, in terms of personnel and venue, among others. As a shareholder and general manager of Duo * Company, Wu * * had convenient access to using the seal of the Flue Special Committee. Therefore, Wu * * and the Flue Special Committee should be joint actors of behavior in this case.

Secondly, false information under *the Law of the People's Republic of China Against Unfair Competition* refers to information that does not match the corresponding actual circumstances; however, the "actual circumstances" here do not indicate "absolute truth", but rather the "truth" recognized by the relevant parties at a specific time. The "specific time" point should be determined as the time when the operator fabricates or disseminates relevant information. In this case, Chongqing * Association and Wu * confirmed in court that there was no evidence to support the statements made in the letter, which should be considered as fabricating and disseminating "false information", thus constituting business defamation under *the Law of the People's Republic of China Against Unfair Competition*. As for the testing report made after the implementation of the accused behaviors, regardless of the conclusion thereof, it could not re-establish the legitimacy of the behaviors and therefore could not affect the characterization of the behavior. Finally, the letter involved in the case was jointly implemented by the Flue Special Committee and Wu *, and both parties should bear joint and several liability according to law. As the Flue Special Committee was a secondary branch of the Chongqing * Association, the corresponding responsibility of the Flue Special Committee should be borne by the latter.

Author: Zhou Ying

39 Shanghai * Food Co., Ltd. v. Chongqing * Food Co., Ltd. (Dispute over Trademark Infringement and Unfair Competition) *

Keywords

Trademark Infringement, Unfair Competition, License Labeling, Substantive Examination

Gist of Decision

The registration of a corporate name is regional. In the case where the corporate name (business name) registered overseas is the same as or similar to a domestic corporate name that has significant influence domestically, then when the people's court reviews whether the use of the corporate name by the domestic licensee is legitimate, it cannot simply rely on the licensing relationship to determine the legitimacy of the behavior; rather, the people's court should conduct a comprehensive substantive review based on the principle of good faith, from the perspectives of the true purpose of the authorization and licensing, whether the domestic and foreign enterprises are affiliated, and whether the relevant usage of the corporate names has caused confusion among the public, so as to prevent and regulate the practices that exploit the regional nature of

* This case was selected as one of the 50 typical intellectual property cases heard by Chinese courts in 2019.

corporate name registration rules, which may result in confusion under Article 6 (2) of *the Law of the People's Republic of China Against Unfair Competition*.

Case Number

First Instance: Civil Judgment No. 6600 [2019] Trial, Civ. Division, Chongqing Pilot Free Trade Zone People's Court (Dated: September 3, 2019)

Second Instance: Civil Judgment No. 10705 [2019] Final, Civ. Division, the No. 1 Intermediate People's Court of Chongqing Municipality (Dated: December 13, 2019)

Essential Facts

Shanghai Guan * yuan Food Co., Ltd. was the owner of the well-known trademark "Guan * yuan" and the corporate trade name "Guan * yuan". Chongqing * Food Co., Ltd., authorized by Taiwan Guan * yuan Group (Hong Kong) Co., Ltd., marked the full name of the authorizing enterprise, "Taiwan Guan * yuan Group (Hong Kong) Co., Ltd." on the side of the packaging bags of its "Guangdong-style Taiguan Mooncake" products. A food supermarket in Nan'an District of Chongqing Municipality sold the mooncakes involved in the case and marked the words "Guan * yuan Duokou" on the printed receipts. Shanghai Guan * yuan Food Co., Ltd. argued that the above practices constituted an infringement of its "Guan * yuan" trademark rights, and they also involved an intentional attempt to free-ride its "Guan * yuan" corporate name, which had resulted in confusion and misidentification among consumers, which also constituted unfair competition. The Plaintiff, Shanghai Guan * Yuan Company has filed a lawsuit with the court, requesting an order that: 1. The two Defendants shall immediately cease their infringement of the Plaintiff's exclusive rights to registered trademark; 2. The Defendant, Chongqing * Food Co., Ltd., shall immediately stop using the name "Taiwan Guan * yuan Group (Hong Kong) Co., Ltd." on its mooncakes involved in the case; 3. The Defendant, a food supermarket in Nan'an District, shall compensate the Plaintiff for economic losses of 50,000 Yuan; 4. The Defendant, Chongqing * Food

Co., Ltd., shall compensate the Plaintiff for an economic loss of 150,000 Yuan; 5. The litigation costs of this case shall be borne by the two Defendants.

The Defendant, Chongqing * Food Co., Ltd., argued that their actions did not constitute trademark infringement or unfair competition. The Defendant, a food supermarket in Nan'an, argued that the goods sold in question had a legal source and it did not notice the words "Guan * yuan" on the mooncakes when purchasing.

Holding

The Chongqing Pilot Free Trade Zone People's Court rendered the first instance judgement: 1. Chongqing * Food Co., Ltd. shall stop using the corporate name containing the word "Guan * yuan" on its mooncakes involved in the case; 2. Chongqing * Food Co., Ltd. shall compensate the Plaintiff for economic losses of 80,000 Yuan; 3. The other claims of the Plaintiff shall be dismissed. Chongqing * Food Co., Ltd. was dissatisfied with the judgement and filed an appeal, but later applied to withdraw the appeal. The No. 1 Intermediate People's Court of Chongqing Municipality rendered the second instance ruling: allowing the withdrawal of the appeal.

Reasons for Decision

The court's effective judgment holds that "Guan * yuan" can be recognized as a corporate name with considerable influence. The practices of Chongqing * Food Co., Ltd., i.e., labelling the authorizing enterprise as Taiwan Guan * yuan Group (Hong Kong) Co., Ltd. on the mooncakes involved in the case violated the principle of good faith; as a competitor in the same industry, Chongqing * Food Co., Ltd., i.e., clearly aware that the corporate name of Shanghai * Food Co., Ltd. had a high degree of recognition and influence in the market, and taking advantage of the fact that its legal representative was also the sole director of Taiwan * Group (Hong Kong) Co., Ltd., by signing an authorization and entrustment document, labelling the mooncakes involved in the case and produced by it with a corporate name that was identical with the corporate name of Shanghai * Food Co. , Ltd. , which had led people to mistakenly believe that there was a special association between the products involved and the enterprises in the case; therefore, such practices constituted unfair competition.

Author: Fan Wenyan

40 Chongqing * Business Consulting Co., Ltd. v. Tan * et al. (Dispute over Infringement of Trade Secrets) *

Keywords

Unfair Competition, Trade Secrets

Gist of Decision

1. Customer lists, trading intention, including specific needs, price consultation and other business information that is immediate and private and can bring real benefits, should be protected as business secrets.

2. Where any internal employee of a company (as the proprietor) colludes with any competitor of the company in the same industry to illegally obtain, disclose or use the company's trade secrets for personal gain, thus causing damage to the company's interests and benefiting such competitor in the same industry, such practice then constitutes joint infringement. If the circumstances are serious, punitive joint and several damages ranging from 1 to 5 times the profits so obtained from the infringement shall be applied to the employee and competitor in the same industry.

---

* This case was selected as one of the 50 typical intellectual property cases heard by Chinese courts in 2019.

Case Number

First Instance: Civil Judgment No. 1225 [2019] Trial, Civ. Division, the No. 5 Intermediate People's Court of Chongqing Municipality (Dated: December 20, 2019)

Essential Facts

The Plaintiff, Chongqing * Business Consulting Co., Ltd., claimed that during the Defendant, Tan * 's tenure with the Plaintiff, Tan * had repeatedly disclosed to Chongqing * Enterprise Management Consulting Company commercial information such as a list of customers and transaction intentions for which the Plaintiff had adopted confidential measures, to be exploited by it. The latter profited from such information and split the profits with Tan *. The Plaintiff argued that the infringing practices by Tan * and Chongqing * Management Consulting Company constituted unfair competition and had resulted in economic losses on the part of the Plaintiff. The Plaintiff then filed a lawsuit, requesting that: 1. The two Defendants shall immediately cease their infringing practices and shall not disclose, use or allow any other party to use the Plaintiff's trade secret that they had come into; 2. The two Defendants shall jointly compensate the Plaintiff for the losses thereof of 100,000 Yuan caused by the infringement; 3. The reasonable expenses and litigation costs incurred by the Plaintiff in preventing the infringement in this case shall be borne by the two Defendants.

The Defendant, Tan *, argued that the evidence presented by the Plaintiff was obtained illegally and should not be accepted; The customer lists claimed by Plaintiff did not constitute trade secrets under *the Law of the People's Republic of China Against Unfair Competition*; The Defendant did not use the business information claimed by the Plaintiff to seek customers externally. The Defendant, Chongqing * Enterprise Management Consulting Company, argued that the Plaintiff's customer list information did not meet the statutory requirements for trade secrets; The Defendant, Chongqing * Management Consulting Company, did not engage in the bribery alleged by the Plaintiff; The Plaintiff's claim of economic losses had no basis, and the Plaintiff's lawsuit was malicious.

Holding

The No. 5 Intermediate People's Court of Chongqing Municipality rendered the first instance judgement: 1. The Defendant, Tan * and another Defendant, Chongqing * Enterprise Management Consulting Company shall immediately cease their unfair competition practices; 2. The Defendant, Tan * and another Defendant, Chongqing * Enterprise Management Consulting Company, shall jointly compensate the Plaintiff, Chongqing * Business Consulting Company for economic losses of 74, 130 Yuan; 3. The Defendant, Tan * and another Defendant, Chongqing * Enterprise Management Consulting Company, shall jointly compensate the Plaintiff for reasonable expenses incurred in preventing the infringement, of 4, 500 Yuan; 4. The other claims of the Plaintiff shall be dismissed.

Reasons for Decision

The court's effective judgment holds that the customer information possessed by the Plaintiff in this case included the customers' names, phone numbers, WeChat business cards, licenses, and home addresses, as well as transaction intention and needs. The transaction intention and needs include handling business registration, business licenses, bookkeeping, tax reporting, as well as commercial information such as inquiries, quotations, and transaction prices, which were real-time and confidential and therefore should be categorized as non-public information. At the same time, the two Defendants' practices, i. e., exchanging, buying, and selling customer information, and profiting from it, indicated that the commercial information involved in the case had certain commercial value. In addition, the Defendant, Tan *, promised to keep the Plaintiff's trade secrets confidential in the employment contract, and the Plaintiff took corresponding confidentiality measures for such trade secrets. The general business information owned by the Plaintiff in this case therefore constituted trade secrets.

During his tenure as a business consultant for the Plaintiff company, the Defendant, Tan *, violated the confidentiality obligations and requirements under the contract, abused his office, and disclosed the Plaintiff's trade secrets he held to the Defendant, Chongqing * Enterprise Management Consulting Company, in a seller-buyer transaction, for profit, and tacitly allowed the Defendant, Chongqing * Enterprise Management Consulting Company, to use such secrets for its business activities. His subjective malice in the infringement was obvious. And the Defendant, Chongqing * Enterprise Management Consulting Company, knowingly lured the Defendant, Tan *, into committing the above-mentioned illegal actions, obtained and used the trade secrets in question through the Defendant, Tan *, and used the secrets for its business activities, which also constituted infringement of the Plaintiff's trade secrets. The disclosure and acquisition of the Plaintiff's trade secrets by the two Defendants showed obvious subjective malice, and the circumstances were serious, thus constituting joint infringement. Punitive damages should therefore be applied to the unfair competition practices of the two Defendants, that is, taking the value of transactions, in the amount of 24,710 Yuan, between the two Defendants in buying and selling the Plaintiff's trade secrets, as the Defendant's profit obtained from the infringement, multiplying the base value by three, the two Defendants shall jointly compensate the Plaintiff for economic losses of 74,130 Yuan.

Author: Huang Jian

41 Shenzhen * Computer Systems Co., Ltd. et al. v. * Chongqing Network Technology Co., Ltd. et al. (Dispute over Unfair Competition) *

Keywords

Unfair Competition, Network Technology, Click Farming, Joint Infringement

Gist of Decision

Where a business operator provides click farming services through network technology, which interferes with the normal business models and activities of other operators, harms the legitimate rights and interests of other operators, users, and consumers, generates improper benefits, disrupts normal competition order, damages benign competition relationships, then such practices constitute unfair competition, and the operator shall bear infringement liability.

Case Number

First Instance: Civil Judgment No. 3618 [2019] Trial, Civ. Division, the No. 5 Intermediate People's Court of Chongqing Municipality (Dated: April 26, 2020)

---

* This case was included into the top ten typical Internet cases, the top 50 typical intellectual property cases heard by Chinese courts in 2020, and typical monopoly and unfair competition cases heard by people's courts in 2021.

Essential Facts

The Plaintiff, Shenzhen * Computer Systems Co., Ltd., and * Technology (Shenzhen) Co., Ltd., jointly claimed that the Plaintiff was one of the largest Internet-integrated service providers in China and one of the Internet enterprises with the largest number of service users in China. The Plaintiff's products included * * Zone, * * Game, * * Express, * * Video, * Chat, and * * Weishi, which covered television, personal computers and mobile devices, were highly influential worldwide and had become essential tools for users' socializing and communication. After inquiry, the Plaintiff found that the two Defendants had registered and operated www.jiywe *.com (Penguin Agent Network), www.qieh *.com (Penguin Agent Network), www.b22.qieh *.com (Jinzhao Click Farming Network), www.jz.qieh *.com (Jinzhao Click Farming Network), www.diss.qieh *.com (All-Media Click Farming Network), and www.souzhuank *.com (Earner Marketing Network), using the Plaintiff's website and products to engage in paid services for volume inflation and click farming, as well as promoting and advertising.

The aforementioned volume inflation and click farming services not only targeted products of the Plaintiff, but also those of other Internet companies competing with the Plaintiff, such as × × Toutiao, i * * yi Video and * yin, etc. The two defendants used technical means to implement paid volume inflation and click farming services targeting the online products of the Plaintiff and the Plaintiff's peers, artificially increased the reading volume, click volume and number of user fans of online videos and articles, misled consumers, violated the legitimate rights and interests of consumers, misled the Plaintiff's judgments and decisions concerning products and specific users, damaged the Plaintiff's normal operation and legitimate rights and interests, disrupted the market competition order, and damaged the legitimate competition relationships on the Internet. According to *The Administrative Measures for Online Trading* and *The Law of the People's Republic of China Against Unfair Competition*, such practices constituted unfair competition.

The Defendant, * Chongqing Network Technology Company and the Defendant, Tan * jointly argued that the Defendant, Tan * was not eligible, and the independence of the company's personality and limited liability of shareholders are the basic principles of China's company law, and a company should bear full responsibility for its debts with its property. The business practices of the Defendant, * Chongqing Network Technology Company did not constitute unfair competition against the Plaintiff.

After hearing the case, the court found that * * Chongqing Network Technology Company was a single-member limited liability company, and Tan * was the executive director and general manager of the company, as well as the sole shareholder of the company. From December 2017 to July 2019, the two Defendants respectively launched 6 websites, namely, www. qieh *. com (Penguin Trading Network), www. b22. qieh *. com (Jinzhao Click Farming Network), HYPERLINK "http://www. souzhuanke. com", www. souzhuank *. com (Souzhuanke), HYPERLINK "http://www. jz. qiehy. com", www. jz. qieh *. com (Jinzhao Click Farming Network), www. diss. qieh *. com(All-Media Click Farming Network) and HYPERLINK http://www. jiyweb. com" Www. jiywe *. com (Penguin Agent Network). The two Defendants accepted customer-commissioned click-farming orders at a high price through their websites, transferred or delegated the orders to other online marketing platforms at a lower price, and used and exploited the technical means of online marketing platforms to falsely boost the click-through rate, browsing rate, and reading rate of content and information on the Plaintiff's websites, and engaged in promotion activities, to obtain price difference between commissioned volume-inflating orders and delegated click-farming orders, with a profit margin of up to 153%. The two Defendants, in order to attract customers, obtain orders, and boost data traffic volume, also promoted and taught customers via their websites how to use domain names to establish secondary websites, how to click farm by proxy, and how to profit from click farming, as well as other click farming techniques and methods, and answered difficult questions about click farming.

Holding

The No. 5 Intermediate People's Court of Chongqing Municipality rendered the first-instance judgment: 1. * Chongqing Internet Technology Company and the Defendant, Tan * shall immediately stop unfair competition, that is, stop providing click farming services on their host websites for Internet products or services and their content information of Shenzhen * Computer System Co., Ltd. and * Technology (Shenzhen) Company; 2. * Chongqing Network Technology Company and Tan * shall jointly compensate the Plaintiff, Shenzhen * Computer System Co., Ltd. and * Technology (Shenzhen) Company, for economic losses and reasonable expenses incurred to prevent unfair competition, totaling 1.2 million Yuan; 3. * Chongqing Network Technology Company and Tan * shall publish a statement in *The Legal Daily* to eliminate the negative effects; 4. The other claims of Shenzhen * Computer System Co., Ltd. and * Technology (Shenzhen) Company shall be dismissed.

Reasons for Decision

The effective judgment of the courtholds that the disputed practices in this case were that the Defendants, after being commissioned to provide paid click-farming service for the products or services of the Plaintiff and other Internet business operators, transferred the click-farming service orders to Rainbow System and other online marketing platform service providers specializing in providing click-farming services, which in turn provided inflated or false data concerning Internet products or services, earning the difference between the price paid by customers and fees charged by online marketing platform service providers. In order to deliberately avoid the supervision over Internet business operators, the Defendants would inevitably abuse existing technical means of insertion, free-riding, linking or hijacking in the Internet field to secretly carry out click-farming. The Defendants had made sufficient preparations in terms of network technology before and after being commissioned by customers to provide click-farming services.

The above-mentioned practices of the Defendants met the conditions under Item (4), Paragraph 2, Article 12, of *The Law of the People's Republic of China Against Unfair Competition*, which stipulates that "a business operator shall not, by using technical means to interfere with users' choice or otherwise, commit any other acts that affect or sabotage the normal operation of any online product or service lawfully provided by another business operator", and therefore constituted unfair competition. Firstly, the two Defendants provided paid click-farming services targeting the Plaintiff's products or services or products or services that competed with them, provided inflated or false data, and improperly utilized the market position and reputation already obtained by others to seek business opportunities and benefits for themselves, which violated the principles of good faith and business ethics. Secondly, the two Defendants provided click-farming services targeting Internet products or services, provided invalid access data, put Internet business operators (including the Plaintiff) in an improper position of false publicity, affected the business decisions of Internet business operators, interfered with the business model of Internet business operators, reduced the service quality of Internet business operators, and increased the operating costs of Internet business operators. Thirdly, the two Defendants, in view of the Plaintiff's products or services or products or services that compete with that of the Plaintiff, provided click-farming services targeting specific Internet products or services, deceived and misled users and consumers, and infringed on the legitimate rights and interests of users and consumers, such as the right to know and the right to choose. Finally, the click-farming practices of the two Defendants had harmed public interest, and disrupted normal market order and healthy competition relationships. Subjectively, the two Defendants had the intention to jointly engage in unfair competition practices; objectively, they collaborated with each other according to a pattern of division of labor, which constituted joint infringement in the form of unfair competition, and therefore, they should bear corresponding civil liabilities.

Author: Huang Jian

42 ∗mi Technology Co., Ltd. v. Chongqing ∗Technology Co., Ltd. (Dispute over Unfair Competition)*

Keywords

Unfair Competition, Pre-litigation Act Preservation

Gist of Decision

When a people's court reviews the pre-litigation act preservation related to intellectual property rights, it should give comprehensive consideration to a range of factors, including whether the infringement alleged by the applicant has factual basis and legal basis, whether taking preservation measures will cause irreparable damages to the applicant, whether taking preservation measures will lead to significant imbalance of interests between the parties, and whether it will harm public interest.

Case Number

Preservation: Civil Ruling for Act Preservation No. 1 [2020] Civ. Division, the No. 1 Intermediate People's Court of Chongqing Municipality (Dated: June 23, 2020)

---

* This case has been included into typical cases (the second batch) heard by courts of Chongqing Municipality concerning judicial protection in cyberspace.

Essential Facts

The applicant, * mi Technology Co., Ltd., was responsible for the brand operation and sales of Xiaomi TV 4 series products. The respondent, Chongqing * Technology Co., Ltd., had conducted an intelligent TV evaluation event for Xiaomi 4A, 4C, 4X, and Honor Smart Screen X1 models through live streaming. During the live streaming, the respondent used a pressure spray gun to spray flames onto the rear shells of the Honor Smart Screen X1 and Xiaomi 4A. The test results showed that the Xiaomi rear shell caught fire and burned, while the Honor rear shell did not. Within a few days before and after the live streaming evaluation event, the respondent posted 16 Weibo videos and articles on their official Weibo account, including "A full-process review of a truly professional teardown" and "A truly professional teardown! Honor Smart Screen vs. Xiaomi TV", with a total of over 2.4 million views. The applicant alleged that the video and Weibo content related to this case released by the respondent included misleading information, as a result of which, questioning the quality of Xiaomi TV quickly became a trending topic on the Internet, seriously misleading the public in evaluation of the quality of Xiaomi TV, damaging the applicant's business credibility and reputation, and causing significant losses that were difficult to remedy. Therefore, the applicant applied for pre-litigation act preservation.

Holding

The No. 1 Intermediate People's Court of Chongqing Municipality rendered the following ruling: Chongqing * Technology Co., Ltd. shall immediately delete the videos and Weibo postings involved in the case, with the ruling shall be effective and valid until the judgment of this case takes effect.

Reasons for Decision

After a proper review, the court found that the applicant and the respondent were in a competitive relationship with each other. As for the comparative combustion test involved in the case, the respondent's approach was problematic in terms of object selection, test methods, experimental completeness, and comparison conditions, which were highly likely to mislead consumers. The video and related articles involved in the case had objectively led to a large number of negative evaluations of the applicant's TV sets, which was likely to reduce its commercial credibility and product reputation. In view of the characteristics of information dissemination on the Internet, if the respondent's act were not stopped in time, it would continue causing damages to the applicant, and the damages would be difficult to remedy. Furthermore, requesting the respondent to delete the videos and articles involved in the case would not affect its normal business operations. Therefore, the respondent was ordered to immediately delete the video and blog posts involved in the case.

Author: Zhou Ying

43 Chongqing Pang * Food Co., Ltd. v. Chongqing Lao * Food Co., Ltd. (Dispute over Trademark Infringement and Unfair Competition) *

Keywords

Unfair Competition, Punitive Damages, Amount of Damages, Calculation Base

Gist of Decision

The application of punitive damages should be based on the plaintiff's request, and the calculation base for the amount of punitive damages should be in accordance with legal provisions. The current trademark law stipulates that the calculation base for the amount of punitive damages consists of three types: the plaintiff's loss, the defendant's profit, or the reference trademark license fee. Therefore, in the case where none of the three types of amounts mentioned above can be determined, the people's court should not use the statutory compensation amount determined by the previous effective judgment as the calculation base for punitive damages; rather, it should apply the statutory compensation system to determine the compensation amount at its discretion. However, the defendant's subjective malice, seriousness of circumstances, repeated infringement, etc. should be taken into account as factors in determining a higher compensation

* This case was selected as one of the 50 typical intellectual property cases heard by Chinese courts in 2020.

amount in the judgment.

Case Number

First Instance: Civil Judgment No. 2046 [2019] Trial, Civ. Division, the No. 5 Intermediate People's Court of Chongqing Municipality (Dated: January 2, 2020)

Second Instance: Civil Judgment No. 454 [2020] Final, Civ. Division, the High People's Court of Chongqing Municipality (Dated: July 27, 2020)

Essential Facts

Chongqing Pang * Food Co., Ltd. (hereinafter referred to as "Pang * Co.,") claimed that in November 2017, Chongqing Pang * Co., filed a lawsuit against Chongqing Lao * Food Co., Ltd. (hereinafter referred to as "Lao * Co.,") for producing and selling products that infringed Pang * Co., 's trademark rights and engaging in unfair competition. On May 14, 2018, the No. 5 Intermediate People's Court of Chongqing Municipality rendered Civil Judgement No. 1638 [2017] Trial, Civ. Division, the No. 5 Intermediate People's Court of Chongqing Municipality, ordering Lao * Co., to stop producing and selling the infringing products, cease relevant unfair competition practices, and compensate for economic losses in the amount of 100,000 Yuan. After the judgment came into effect, Chongqing Pang * Co., applied to the court for forcible enforcement, and the court winded up the case on December 14, 2018 after completing the enforcement. On April 10, 2019, Pang * Co., discovered that in the Hangzhou area, Lao * Co., was once again producing and selling large quantities of products with trademarks and packaging and decorations similar to those of Pang * Co., 's products. The Lao * Co., marked the "月半之子" logo (translator's note: the two Chinese characters "月" and "半" are the components another character, "胖", which is included in the Chinese name of Pang * Co.,) on the packaging boxes and canned products, and the logo was declared invalid by the Trademark Review and Adjudication Board.

The decoration used by Lao * Co., on its packaging boxes, canned products, and bagged products was almost identical to that of Pang * Co., 's "Pang * " Spicy Fish (almost identical to the previous infringement), which could easily lead to confusion and hence constituted unfair competition. The infringement committed by the Lao * Co., this time involved a comprehensive infringement ranging from the packaging box of the products to the canned and bagged products, and this infringement was a typical case of secondary infringement with obvious malice. In summary, Pang * Co., requested that: 1. Lao * Co., shall cease infringing on Pang * Co., 's "Pang * " trademark, and stop producing and selling the infringing products; 2. Lao * Co., shall stop using packaging and decoration similar to those of the "Pang * " product of Pang * Co., and shall cease unfair competition; 3. Lao * Co., shall compensate Pang * Co., for economic losses and reasonable expenses in the amount of 1 million Yuan; 4. The Lao * Co., shall issue an apology statement on a page (excluding the middle seam) of a newspapers distributed nationwide, to remove the obstruction and eliminate the negative effects of such infringement (the content of such statement shall be subject to review by Pang * Co.,); 5. The Lao * Co., shall bear the litigation costs of this case.

Holding

The No. 5 Intermediate People's Court of Chongqing Municipality rendered the first instance judgment: 1. Lao * Co., shall immediately stop producing and selling canned spicy fish seasoning that infringed on the exclusive trademark rights of Pang * Co., 's "Pang * " trademark; 2. The Lao * Co., shall immediately stop the unfair competition practices of using packaging and decoration similar to those of the Pang * Spicy Fish of Pang * Co.,; 3. Lao * Co., shall compensate Pang * Co., for economic losses and reasonable expenses paid to stop infringement, totaling 415,000 Yuan; 4. The other claims of Pang * Co., shall be rejected. The Lao * Co., then filed an appeal. The High People's Court of Chongqing Municipality rendered the second instance judgement: 1. Maintaining the first and second items of the Civil Judgment No. 2046 [2019] Trial, Civ. Division, the No. 5 Intermediate People's Court of

Chongqing Municipality; 2. Revoking the third and fourth items of Civil Judgment No. 2046 [2019] Trial, Civ. Division, the No. 5 Intermediate People's Court of Chongqing Municipality; 3. Chongqing Lao * Co., shall compensate Chongqing Pang * Co., for economic losses and reasonable expenses paid to stop infringement, totaling 250,000 Yuan; 4. Rejecting the other claims of Chongqing Pang * Co.,.

Reasons for Decision

The court's effective judgment holds that Pang * Co., did not provide evidence to prove the losses it had suffered, the benefits obtained by Lao * Co., through the infringement, and the applicable trademark licensing fees. Therefore, it was impossible to determine the amount of compensation for damages based on the above method, and hence punitive damages could not be applied to Lao * Co., accordingly. Therefore, the court of first instance adopted the statutory compensation in the amount of 100,000 Yuan determined in the case, No. 1638 [2017] Trial, Civ. Division, the No. 5 Intermediate People's Court of Chongqing Municipality, as the basis for punitive damages, and applied the standard of "more than one time but less than five times" under Article 63 (1) of *The Trademark Law of the People's Republic of China*. The amount of 400,000 Yuan, which is four times the amount of 100,000 Yuan, adopted as the economic loss compensation undertaken by Lao * Co., to Pang * Co.,, was obviously the result of an incorrect application of law and should be revised. The second instance court considered factors such as the popularity of the trademark involved in the case, the influence of product packaging and decoration, the fact that the Lao * Co., committed repeated infringement and had obvious subjective malice, and the fact that the lawyer appointed by the Pang * Co., to participate in the lawsuit would inevitably incur legal fees; therefore, the court determined at its discretion that the Lao * Co., should compensate Pang * Co., for economic losses and reasonable expenses paid to stop infringement, totaling 250,000 Yuan.

Author: Hei Xiaobing

44 Chongqing Yu * Dental Clinic Co., Ltd. v. Chongqing * Doctor * Jia Dental Hospital Co., Ltd. (Dispute over Unfair Competition)*

Keywords

Unfair Competition, Search Keywords, Implicit Use

Gist of Decision

Where a business operator sets the corporate name of a competitor as a search keyword for purposes, does not indicate to the users that the business operator is the operator represented by the keyword, then such practice will not result in confusion or misidentification among the users. However, where in the absence of proper justification, the operator sets any specific word in which any other person enjoys legitimate interests as an implicit search key word, thereby harming the interests of such person, then this practice violates the principle of good faith and general business ethics and constitutes unfair competition, and should therefore be regulated by Article 2 of *The Law of the People's Republic of China Against Unfair Competition*.

---

* This case has been included into typical cases (the first batch) heard by courts of Chongqing Municipality concerning judicial protection in cyberspace.

Case Number

First Instance: Civil Judgment No. 14019 [2019] Trial, Civ. Division, Chongqing Pilot Free Trade Zone People's Court (Dated: February 20, 2020)

Second Instance: Civil Judgment No. 4220 [2020] Final, Civ. Division, the No. 1 Intermediate People's Court of Chongqing Municipality (Dated: September 7, 2020)

Essential Facts

Chongqing Yu * Oral Clinic Co., Ltd. (hereinafter referred to as "Yu * Co.,") claimed that "Yu * " and "Yu * Oral" were its corporate name or abbreviation thereof, and that the purchase of "Yu * " and "Yu * Oral" as search keywords by Chongqing * Doctor * Jia Oral Hospital Co., Ltd. (hereinafter referred to as " * Doctor Co.,") constituted unfair competition, and hence it requested the court to order * Doctor Co., to cease infringement and compensate for economic losses.

* Doctor Co., argued that the practices involved in the case were not based on the intention to free-ride and hence did not constitute unfair competition.

After hearing the case, the court found that the Yu * Oral Clinic was established in December 2011 and was later renamed as Yu * Co., in May 2015. * Doctor Co., was established in March 2012. The business scope of both included dentistry, and the addresses of their premises were 4.2 kilometers apart. * Doctor Co., purchased search keywords such as "Yu * " and "Yu * Oral" on * search platform, and set the website of the company as the search result for the above keywords. So when users searched with keywords such as "Yu * " and "Yu * Oral" on * search platform, a link containing the words "Yu * Oral" would appear on the homepage of the search results. If users clicked on the link, they would be directly led to the website of * Doctor Co., and all contents displayed on the webpage pointed to * Doctor Co., and did not involve Yu * Co.,.

Holding

The Chongqing Pilot Free Trade Zone People's Court rendered the first instance judgement: rejecting all the claims of Yu * Co.,. After the judgment was announced, Yu * Co., filed an appeal. The No. 1 Intermediate People's Court of Chongqing Municipality rendered the second instance judgement: 1. Revoking the original judgment; 2. * Doctor Co., shall compensate Yu * Co., for economic losses and reasonable expenses in the amount of 20,000 Yuan.

Reasons for Decision

The court's effective judgment holds that there was a competitive relationship between Yu * Co., and * Doctor Co.,. Yu * Co., had legitimate interests in the keywords "Yu *" and "Yu * Oral" involved in the case, and * Doctor Co., had no reasonable basis for using the aforementioned keywords. The actions of * Doctor Co., i.e., setting "Yu *" and "Yu * Oral" as search keywords, were essentially hijacking some potential customers of Yu * Co., and seizing their trading opportunities, thus violating Article 2 of *The Law of the People's Republic of China Against Unfair Competition* and constituting unfair competition. Therefore, it was ruled that the original judgment shall be revoked and * Doctor Co., shall compensate Yu * Co., for its economic losses.

Author: Zhang Yan

45 Rui'an * Vehicle Parts Co., Ltd. v. Tang * et al. (Dispute over Unfair Competition) *

Keywords

Unfair Competition, Good Faith

Gist of Decision

A fair, honest, open, and orderly market competition order is an inherent requirement of the socialist market economy. In market competition, the most common interests of market entities in terms of competition are competitive advantage, business opportunities, and business models. The market encourages business operators to obtain competitive benefits through self-improvement, and prohibits obtaining competitive benefits by means harming others, especially through unfair means. In this case, Tang * took advantage of his position at the company where he worked to seize business opportunities and transfer them to the company he established for personal gains, in order to secure a competitive advantage and reap illegal commercial benefits. This is a typical case of unfair competition and also violates basic business ethics.

* This case has been included into typical cases (the first batch) heard by courts of Chongqing Municipality concerning the promotion of socialist core values.

Case Number

First Instance: Civil Judgment No. 122 [2019] Trial, Civ. Division, the No. 5 Intermediate People's Court of Chongqing Municipality (Dated: December 27, 2019)

Second Instance: Civil Judgment No. 717 [2020] Final, the High People's Court of Chongqing Municipality (Dated: September 18, 2020)

Essential Facts

Rui'an * Vehicle Parts Co., Ltd. specialized in the manufacturing and sales of automotive parts, motorcycle parts, and standard components. The business scope of Chongqing * Electromechanical Co., Ltd. included processing and sales of automotive parts and motorcycle parts. Tang * used to work for Rui'an * Vehicle Parts Co., Ltd. for a long time, during which he engaged in warehouse management, accounting, shipping and other tasks, and had come to know the product requirements and other information of the company's main customer, Hua * Company. During his tenure with the Rui'an * Vehicle Parts Co., Ltd., Tang * established Chongqing * Electromechanical Co., Ltd. Hua * Company had been cooperating with Rui'an * Vehicle Parts Co., Ltd. for many years, during which Tang * had been in charge of communication related to delivery of goods. After the establishment of Chongqing * Electromechanical Co., Ltd., Tang * began to supply goods in the name of the Chongqing * Electromechanical Co., Ltd., and Hua * Company correspondingly reduced its procurement of related products from Rui'an * Vehicle Parts Co., Ltd. Rui'an * Vehicle Parts Co., Ltd. subsequently filed a lawsuit with the court, requesting that Chongqing * Electromechanical Co., Ltd. and Tang * shall jointly compensate it for economic losses in the amount of 100,000 Yuan.

Holding

The No. 5 Intermediate People's Court of Chongqing Municipality rendered the first instance judgement: 1. Chongqing * Electromechanical Co., Ltd. and

Tang * shall jointly compensate Rui'an * Vehicle Parts Co., Ltd. for economic losses in the amount of 20,000 Yuan; 2. The other claims of Rui'an * Vehicle Parts Co., Ltd. shall be dismissed. Tang * and Chongqing * Electromechanical Co., Ltd. were dissatisfied and filed an appeal. The High People's Court of Chongqing Municipality rendered the second instance judgement: rejecting the appeal and upholding the original judgement.

Reasons for Decision

The court's effective judgment holds that Chongqing * Electromechanical Co., Ltd. should operate in good faith in market activities, and realize its own interests without harming the legitimate interests of others, social public interests, and market order. After years of operation and accumulation, Ruian * Vehicle Parts Co., Ltd. has established a relatively stable business relationship with Hua * Company. During the time when Tang * worked at Ruian * Vehicle Parts Co., Ltd., he had come to know that Hua * Company was a customer of Ruian * Vehicle Parts Co., Ltd., yet he nonetheless abused his position to seize real commercial benefits that should have been obtained by Ruian * Vehicle Parts Co., Ltd. and redirect them to Chongqing * Electromechanical Co., Ltd. At the same time, Chongqing * Electromechanical Co., Ltd. had not obtained competitive advantages or commercial benefits through fair competition, but through taking advantage of Tang *'s special identity in Ruian * Vehicle Parts Co., Ltd.. Such practices violated the principle of good faith and the established business ethics, and should therefore be prohibited by law. During the time when he was employed by Ruian * Vehicle Parts Co., Ltd., Tang * took advantage of his position and collaborated with Chongqing * Electromechanical Co., Ltd. to engage in the above-mentioned practices, which constituted joint infringement by the two parties.

Author: Liu Guangying

46 Chongqing Bajiangjun Catering Culture Development Co., Ltd. v. Chongqing * Catering Culture Management Co., Ltd. (Dispute over Unfair Competition)*

Keywords

Unfair Competition, Keyword Relevance, Search Ranking Rules, Redirecting Online Traffic

Gist of Decision

The results that appear after an Internet user makes a keyword – based search are ranked according to such factors of the search result pages as the the number of keywords contained in such pages, keyword relevance, and the number of clicks received by such pages. If a business operator takes advantage of the search result ranking rules based on keyword relevance through intensely using the names of an enterprise that is in the same industry as such business operator is and is competition with such business operator, and using on relevant information web pages its own photos, logos, franchise hotline numbers, promotional slogans, etc., then such practice shall be deemed as unfair competition.

---

* This case has been included into typical cases (the fourth batch) heard by courts of Chongqing Municipality concerning judicial protection in cyberspace.

Case Number

First Instance: Civil Judgement No. 34053 [2021] Trial, Civ. Division, the People's Court of Yuzhong District of Chongqing Municipality (Dated: December 24, 2021)

Essential Facts

On August 10, 2021, Chongqing Bajiangjun Catering Culture Development Co., Ltd. (hereinafter referred to as "Chongqing Bajiangjun Catering Co.,") searched for "Bajiangjun Hotpot Franchise" on "Baidu" and found the second article titled "How much does it cost to become a franchise member of Bajiangjun Hotpot in Tongnan District..." Under the title were photos of the legal representative of Chongqing Xiaoyu Catering Culture Management Co., Ltd. (hereinafter referred to as "Chongqing Xiaoyu Catering Co.,") and descriptions such as "If you want to know about information on Bajiangjun Hotpot franchise scheme, please contact Yuwei Xiaoyu Hotpot Consulting Platform". If a person clicked on this search result, the person would be directed to the website of Chongqing Xiaoyu Catering Co.,. There were several articles on the web page from top to bottom with the title "Bajiangjun", including one titled "What are the advantages of the Bajiangjun Hotpot Franchise Project in Tongnan District", which used photos of the legal representative of Chongqing Xiaoyu Catering Co., and photos of Xiaoyu Hotpot dishes. At the bottom of the web page, there was the text "Bajiangjun Hotpot Franchise". If a person clicked on "Bajiangjun Hotpot Franchise", a jump page would appear, at the bottom of which were displayed the following words: Yuwei Xiaoyu Hotpot Franchise Official Website-The Only Member of Top 50 Chongqing Hotpot Brands That Is Recommended by Season Two of *A Bite of China*. Chongqing Bajiangjun Catering Co., believed that the above-mentioned practices of Chongqing Xiaoyu Catering Co., constituted unfair competition, and requested that Chongqing Xiaoyu Catering Co., shall be ordered to stop the above-mentioned practices and compensate for losses.

Holding

On December 24, 2021, the People's Court of Yuzhong District of Chongqing Municipality rendered the Civil Judgment No. 34053 [2021] Trial, Civ. Division: 1. Chongqing Xiaoyu Catering Co., shall immediately compensate Chongqing Bajiangjun Catering Co., for economic losses (including reasonable expenses incurred in order to stop such unfair competition) in the amount of 8,000 Yuan after this judgment takes effect; 2. The other claims of the Plaintiff, Chongqing Bajiangjun Catering Co., shall be rejected.

After the first instance judgment was rendered, neither party filed an appeal, and the judgment has since come into effect.

Reasons for Decision

The court's effective judgment holds that Chongqing Xiaoyu Catering Co., had published a large amount of information on its website containing the influential "Bajiangjun" trade name of Chongqing Bajiangjun Catering Co.,, as a result of which the website link of Chongqing Xiaoyu Catering Co., ranked among the top search results when related network users searched with keywords containing "Bajiangjun", there by increasing the click-through rate of its website. At the same time, Chongqing Xiaoyu Catering Co., used its own photos, logo, franchise hotline number, promotional slogans, etc. in the above information, which further affected user's choice-making and brought potential trading opportunities to Chongqing Xiaoyu Catering Co., and might also cause the public to mistakenly believe that Chongqing Xiaoyu Catering Co., had a special connection with Chongqing Bajiangjun Catering Co.,. Such practices were unfair competition practices based on the unauthorized use of another party's influential corporate name, which resulted in confusion, and therefore, Chongqing Xiaoyu Catering Co., should bear corresponding legal liabilities.

Author: Xie Qiong

47 Chongqing * Information Technology Co., Ltd. v. Guangzhou * Network Technology Co., Ltd. (Dispute over Unfair Competition)*

Keywords

Unfair Competition, Online Games, Game Cheating Programs

Gist of Decision

Where an operators of a game cheating program violates the principles of good faith and commercial ethics in the gaming market, runs illegal auxiliary scripts that damage the game ecosystem, and harms the legitimate rights and interests of online game operators and game consumers, such practices will constitute unfair competition.

Case Number

First Instance: Civil Judgment No. 677 [2019] Trial, Civ. Division, the No. 1 Intermediate People's Court of Chongqing Municipality (Dated: April 9, 2021)

Second Instance: Civil Ruling No. 378 [2021] Final, Civ. Division, the

* This case has been included into typical cases (the fifth batch) heard by courts of Chongqing Municipality concerning judicial protection in cyberspace.

High People's Court of Chongqing Municipality (Dated: March 31, 2022)

Essential Facts

The mobile game "Let's Catch Demons Together" had operating rules such as "real location", "manual demon catching", and "recharging mall". It was developed by the Plaintiff, Chongqing * Information Technology Co., Ltd. (hereinafter referred to as "Chongqing * Co.,") and operated by Shenzhen * Computer Systems Co., Ltd. (hereinafter referred to as "Shenzhen * Co.,"). The Defendant, Guangzhou * Network Technology Co., Ltd. (hereinafter referred to as "Guangzhou * Co.,"), promoted the XX Assistant Mobile App and XX IPA Genie Mobile App through its official website and the XX IPA Genie WeChat official account. Through these two Apps, network users could run game scripts involved in the case and purchase illegal auxiliary scripts for the game involved in the case, to achieve "virtual positioning", "auto demon catching", "auto drum beating" and other gaming behaviors, so as to achieve the goal of quickly realizing game achievements. The Plaintiffs, Chongqing * Co., and Shenzhen * Co.,, accused the Defendant of selling game scripts and game cheating programs targeted the game of the two Plaintiffs through the XX Assistant mobile App and XX IPA Elf mobile App, so as to seek unfair benefits, and that such practices constituted unfair competition. The Plaintiffs requested that the Defendant shall immediately stop the infringement, apologize and eliminate the negative effects, and also demands that the Defendant compensate for economic losses and reasonable expenses in the amount of 10 million Yuan.

Holding

The No. 1 Intermediate People's Court of Chongqing Municipality rendered the first instance judgement: 1. The Defendant, Guangzhou * Co.,, shall immediately stop promoting and disseminating script programs related to the "Let's Catch Demons Together" game, completely delete and remove all cheat scripts related to the "Let's Catch Demons Together" game; 2. The Defendant, Guangzhou * Co.,, shall publish a statement to eliminate the negative effects of the infringement on the two Plaintiffs; 3. The Defendant, Guangzhou * Co.,, shall compensate the two Plaintiffs for economic losses and reasonable expenses incurred to prevent infringement in question, totaling 10 million Yuan. After the first instance judgement was issued, Guangzhou * Co., was dissatisfied and filed an appeal in accordance with the law and later withdrew the appeal during the second instance trial.

Reasons for Decision

The court's effective judgment holds that the Defendant, Guangzhou * Co.,, guided users to run illegal auxiliary scripts in the game operated by the two Plaintiffs, which disrupted the normal operation order of the game, destroyed the business model of the game in question, and also damaged the legitimate rights and interests of normal users, thus worsening the gaming experience of existing users. Therefore, the practices of the Guangzhou * Co., constituted unfair competition and hence the company shall bear the responsibility of stopping the infringement, eliminating the negative effects, and compensating for losses. Given that the huge profits made by Guangzhou * Co., through the sale of illegal auxiliary scripts targeting the game in question, which had exceeded the compensation amount claimed by the two Plaintiffs, and the two Plaintiffs had incurred corresponding litigation costs in this case, it is ruled that the economic losses and reasonable expenses claimed by the two Plaintiffs totaling 10 million Yuan are justified.

Author: Tan Ying

48 Chongqing * siqi Network Technology Co., Ltd. v. Chen * ping (Dispute over Infringement of Trade Secrets) *

Keywords

Infringement of Trade Secrets, Digital Economy, List of Potential Customers

Gist of Decision

A list of potential customers of a business operator who have yet to conclude any transaction with the operator is special information that is different from ordinary public information and which is generated by the operator by collecting and reviewing public information through efforts including manpower and financial resources. Such special information can enable the operator to obtain a competitive advantage in business strategy and provide the operator with marketing basis for future transactions. Therefore, it should be protected as a trade secret.

Case Number

First Instance: Civil Judgment No. 716 [2022] Trial, Civ. Division,

---

* This case was selected as one of the top ten typical cases heard by courts of Chongqing Municipality in 2023 concerning judicial protection against unfair competition, and was also included into typical cases (the tenth batch) heard by courts of Chongqing Municipality concerning judicial protection for the private sector.

Chongqing Pilot Free Trade Zone People's Court (Dated: August 5, 2022)

Essential Facts

The Plaintiff, Chongqing * siqi Network Technology Co., Ltd. (hereinafter referred to as " * siqi Co.,"), claimed that the Defendant joined the Plaintiff in April 2021 and signed a formal labor contract in September 2021. The contract stipulated that the Defendant's main task was to recommend plastic surgery hospitals and facilitate services based on customers' "precise needs" information. The Defendant had access to all customer information in the Plaintiff's system backstage. During the Defendant's tenure with the Plaintiff, the Defendant repeatedly collected customer information from the Plaintiff's system without authorization, and then contacted plastic surgery hospitals that had a cooperative relationship with the Plaintiff; later, the Defendant, via Chongqing Wei * Network Technology Company, signed cooperation agreements with the plastic surgery hospitals; furthermore, the Plaintiff found that the Defendant had signed contracts with the cooperative plastic surgery hospitals and the receiving account was the Defendant's account. The Plaintiff had sufficient reasons to believe that the Defendant had used the Plaintiff's resources to contact the cooperative plastic surgery hospitals without authorization, as a result of which the Plaintiff losed intermediary fees. Chen * *, a director of Chongqing Wei * Network Technology Company, was actually the son of the Defendant. The Defendant's practices therefore constituted an infringement of the Plaintiff's business secrets.

After hearing the case, the court found that from April 5, 2021 to September 5, 2021, the Defendant, Chen * ping was an employee of the Plaintiff. The Defendant's post in the company was "Business", which required access to the Plaintiff's system backstage account and password. The Plaintiff argued that the customer information in the "Customer Management" column of the Defendant's management system was its trade secrets; The customer information in the general backstage of the Plaintiff's system was collected by the Plaintiff's employees through Xiaohongshu, Douyin and other online channels; the employees would send private messages to customers to ask for their phone numbers, and the projects they were interested in, and then they would enter the information so collected into the system. There were multiple customer information items in the "Customer Management" column of the Plaintiff's management system backstage. The Plaintiff cited five of these information items and believed that the Defendant stole their system information and facilitated the signing of contracts between customers and hospitals in the name of a third-party company. The Defendant stated that the items of information were her own information. The Defendant first provided the Plaintiff with the customer information, but the Plaintiff was unable to successfully conclude a transaction on the basis of such information. The Defendant then used the customer information on other third-party platforms, but could not provide evidence to prove that the information was her own information.

Holding

The Chongqing Pilot Free Trade Zone People's Court rendered the first instance judgement: 1. Chen * ping shall immediately stop the unfair competition practices that infringed on the trade secrets of * siqi Company, and shall not disclose, use or allow any other person to use the trade secrets in question enjoyed by * siqi Company; 2. Chen * ping shall compensate * siqi Company for economic losses and reasonable expenses totaling 10,000 Yuan; 3. The other claims of * siqi Company shall be rejected. After the first instance judgement was rendered, neither party filed an appeal.

Reasons for Decision

The court's effective judgment holds that the customer information in the system backstage claimed by * siqi Company was special customer information that was not widely known or easily accessible to relevant personnel; therefore, it could bring competitive advantages and economic benefits, and reasonable confidentiality measures had been adopted to protect it as trade secrets. * siqi Company was the operating entity of the customer information in the overall backstage of the system, and had the right to claim rights against any infringement of the trade secrets. It therefore could not be assumed that customer information based on which few transactions or no transaction had been concluded could not constitute trade secrets, or that customers with which the company had not concluded any transactions yet were unrelated to competitive advantages. The in-depth customer information in the system backstage of * siqi Company met the qualification requirements of trade secrets mentioned above, which enabled the company to gain a competitive advantage in business operation resources and should be protected as trade secrets. The telephone numbers, projects interested in, and remarks information in the information involved in this case completely overlapped with the telephone numbers, projects interested in, and remarks information of customer information in * siqi Company's system, and the customer telephone numbers, projects interested in, and remarks information were all core confidential information of customer information in the Plaintiff's system, which was not widely known to relevant personnel; Relevant personnel in the field would easily think that the customer information provided by the Defendant was consistent with the customer information in the Plaintiff's system.

As an employee of * siqi Company, Chen * ping used such customer information during her tenure and was more obligated to prove the source of such customer information, and should prove that the customer information was not obtained based on the material conditions or trading platforms provided by the * siqi company. Chen * ping did not specify how she had obtained the customer information involved in the case, nor did she provide evidence to prove that the customer information involved was her own and not the result of her work during her employment by * siqi Company. Chen * ping violated the requirements of the proprietor, * siqi Company, to keep confidential the trade secrets of the system's backstage customer information. She disclosed and used the trade secrets she held, which infringed on * siqi Company's right to the trade secrets in the form of customer information in the system backstage.

Author: Wang Yanmiao

49 Chongqing * Real Estate Development Co., Ltd. v. Chongqing * Electric Power Supply Co., Ltd. et al. (Dispute over Abuse of Market Dominance)

Keywords

Dispute over Abuse of Market Dominance, Designated Transactions, Burden of Proof

Gist of Decision

Where a disputed contract itself does not involve any circumstance that may result in the invalidation or cancellation of the contract, then even if the evidence available in the case is sufficient to determine that one party has market dominance, the claimant there of still needs to provide evidence of the existence of the alleged designation (explicit and implicit designation); and if the claimant fails to provide such evidence, it should bear the adverse consequences of inability to adduce evidence.

Case Number

First Instance: Civil Judgment No. 1875 [2022] Trial, Civ. Division, the No. 1 Intermediate People's Court of Chongqing Municipality (Dated: October 24, 2022)

Essential Facts

Chongqing * Real Estate Development Co., Ltd. was the developer of the residential community, "Keyou New City", and had entered into a power supply contract with Chongqing * Electric Power Co., Ltd., according to which the latter shall provide power supply services to the "Keyou New City" community. From the start of the construction of the community in 2015 to its completion in 2020, Chongqing * Real Estate Development Co., Ltd. had signed multiple contracts with Chongqing * Electric Power Supply Company and Chongqing Three Gorges Water Conservancy and Electric Power Construction Co., Ltd. concerning power supply and distribution projects. Except for the "Construction Contract for the Power Supply and Distribution Project (Special Line 2) of the New Residential Community in Keyou New City" signed between Chongqing * Real Estate Development Co., Ltd. and Chongqing Three Gorges Water Conservancy and Electric Power Construction Co., Ltd. on September 8, 2020, all the other contracts had been fully performed. The Plaintiff argued that according to relevant documents of the State Council and the Chongqing Municipal People's Government, the power supply and distribution project involved in the contract should be constructed by Chongqing * Electric Power Supply Company; however, the Chongqing * Electric Power Supply Company, abusing its market dominance, demanded Chongqing * Real Estate Development Co., Ltd. to construct it; otherwise it would not supply electric power to it, and the Defendant also designated Chongqing Three Gorges Water Conservancy and Electric Power Construction Co., Ltd. as the counterparty to the power supply and distribution project contract. Therefore, the Plaintiff filed the present lawsuit, requesting for confirmation that the Defendant had abused its market dominance through designated transactions, that the "Construction Contract for the Power Supply and Distribution Project (Special Line 2) of the New Residential Community in Keyou New City" should be invalidated, and that the payments that had been effected by then should be returned and compensation should be paid for interest losses.

Holding

The No. 1 Intermediate People's Court of Chongqing Municipality rendered the first instance judgement, dismissing the claims of Chongqing * Real Estate Development Co., Ltd. After the judgement was rendered, neither party appealed.

Reasons for Decision

The court's effective judgment holds that although Chongqing * Electric Power Supply Company legally held market dominance in the relevant market sector identified in this case, the disputed power supply and distribution project should nonetheless be constructed by Chongqing * Real Estate Company, as was required by the relevant contract; the documents issued by the State Council and the Chongqing Municipal People's Government, as was claimed by Chongqing * Real Estate Company, clearly stipulated the applicable period thereof, and the above documents could not be applied retroactively, and hence could not be used to support the claims of Chongqing * Real Estate Company. Chongqing * Real Estate Development Co., Ltd. claimed that Chongqing * Electric Power Co., Ltd. abused its market dominance to direct it to sign the disputed power supply and distribution project contract involved in this case with Chongqing Three Gorges Water Conservancy and Electric Power Construction Co., Ltd.; however, regardless of whether it was a case of explicit designation or implicit designation, it was necessary for Chongqing * Real Estate Company to provide evidence proving the existence of the designation claimed by it; however, it had failed to provide such evidence, so it was ruled to dismiss the claims of Chongqing * Real Estate Development Co., Ltd.

Author: Zhang Zhenhua

50 Chongqing * * * Cultural Media Co., Ltd. v. You * * (Dispute over Unfair Competition) *

Keywords

Unfair Competition, Online Live Streaming Accounts, Virtual Property

Gist of Decision

Where in the absence of a clear agreement between the parties concerned on the ownership of the rights and interests of an online live streaming account, the ownership of such rights and interests should be determined based on the principles of good faith and fairness, taking into account the registration purposes, registration process, operation situation, and operation results of the account involved in the case.

Case Number

First Instance: Civil Judgment No. 1035 [2020] Trial, Civ. Division, the No. 1 Intermediate People's Court of Chongqing Municipality (Dated: June 29, 2022)

Second Instance: Civil Judgment No. 859 [2022] Final, Civ. Division, the

* This case was selected as one ofthe top 50 typical intellectual property cases heard by Chinese courts in 2022.

High People's Court of Chongqing Municipality (Dated: December 26, 2022)

Essential Facts

The Plaintiff, Chongqing * * * Cultural Media Co., Ltd. (hereinafter referred to as "Chongqing * Co.,") claimed that the Defendant, You * * had been serving as the legal representative, executive director and general manager of the Plaintiff, and was a director and senior officer of the company, as well as the actual controller of the Douyin account and Kuaishou account used by Li * *, an artist employed by the Plaintiff to publish short videos. Li * * 's Douyin account had a total of 39.463 million followers, with a total of more than 480 million likes, and Li * * 's Kuaishou account had a total of 29.475 million followers, and enjoyed considerable popularity and influence in the short video industry. The Plaintiff found that the Defendant, You * *, abused the advantages that her position provided her with, i. e., she had access to information in the aforementioned accounts during her tenure with the Plaintiff, to cooperate with the Defendant, * * xian (Chongqing) Cultural Media Co., Ltd. (hereinafter referred to as "* * xian Co.,") to provide the same short video services as that provided by the Plaintiff, which constituted unfair competition.

Although the Defendant, * * xian Co.,, was aware that Li * * 's stage name was "* * xian Big Stomach King" and that Li * * was an artist who had signed a contract with the Plaintiff, it nonetheless used "* * xian" as its corporate name and provided services in the same field as the Plaintiff was engaged in, which was sufficient to confuse the public, harm the Plaintiff's rights and interests, and constitute unfair competition. Therefore, the Plaintiff requested the court to: 1. Confirm that the Douyin account (account name: "* * xian"; account number: lang * * * * * * * yx) and the Kuaishou account (account name: "* * xian"; account number: "lang * * * * * * n") belong to the Plaintiff, and order the Defendant to deliver the Douyin account, the Kuaishou account and the passwords thereof to the Plaintiff; 2. Order the Defendants, You * * and * * xian Co., to immediately cease their unfair competition practices; 3. Order the Defendants, You * * and * * xian Co., to jointly compensate the Plaintiff for economic losses in the amount of 6.18 million Yuan; 4. The litigation and preservation costs of this case shall be borne by the Defendant.

The Defendant, You * *, argued that the cooperation and employment relationship between You * * and the Plaintiff were terminated in July 2020 due to the illegal termination of You * *'s term as executive director and legal representative by the Plaintiff and its shareholders' meeting, and due to the de facto termination of the employment relationship between them, and after that there were no longer any legal relations between You * * and the Plaintiff; and the fact You * * used her own account to engage in cooperation with a third party did not constitute unfair competition. The Plaintiff, for its part, did not provide evidence to prove that You * * had committed the alleged unfair competition practices, nor had it provided evidence to prove the losses it sustained. Hence, the Plaintiff's claims should be dismissed.

The Defendant, * * xian Co., argued that firstly, "* * xian" was the stage name of Li * *, not the corporate name of the Plaintiff, and the Plaintiff had not registered the trademark "* * xian". After the termination of the artist agency contract between the Plaintiff and Li * * on July 23, 2020, * * xian Co., could use Li * *'s stage name, "* * xian", as its corporate name without obtaining the consent of the Plaintiff, and such usage did not constitute unfair competition; Secondly, the short videos filmed by the Plaintiff during its collaboration with Li * * did not include any content related to the Plaintiff, and hence would not lead to confusion; Thirdly, before cooperating with Li * *, * * xian Co., had verified and found that Li * * had terminated cooperation with the Plaintiff, and had fulfilled the reasonable duty of care as a third party in good faith; therefore, there was no subjective intention of unfair competition on its part.

After hearing the case, the court found that on February 7, 2018, Chongqing * Co., was founded after being duly approved. The resolution of the first shareholders' meeting of the company showed that You * * was the executive director and legal representative of the company, who also served as the company manager. In July 2018, Chongqing * Co., signed an agency contract with Li * * (whose stage name was * * xian Big Stomach King), which stipulated that Chongqing * Co., would be the full agent for Li * * 's live streaming on online platforms and other activities for a period of three years. On July 14, 2020, a shareholder meeting of Chongqing * Co., dismissed You * * from her positions as executive director and manager of the company. On July 23, 2020, Li * * sent a letter to Chongqing * Co.,, stating that the term of the agency contract between the two parties would expire and Li * * would not renew it. Afterwards, Li * * established a cooperative relationship with * * xian Co., (for a term of about three months). On August 21st, Li * * sent a notification letter to Chongqing * Co.,, stating that the cooperation between them had terminated and that Chongqing * Co., should not undertake commercial activities or recruit artists in the name of Li * *. After investigation, it was found that the registered user of the accounts involved in the case was You * *. Chongqing * Co., claimed that You * * was a custodian of the company's account and presented records of dialogues between employees via WeChat regarding account operation issues during court hearing, to prove that the accounts in question were property of the company. It also stated that in order to ensure the smooth implementation of promotion services such as "trending" recommendations for the accounts in question, they did not conduct enterprise account authentication. From February to May 2020, Chongqing * Co., after going through the approve procedure, registered four "Big Stomach King * * xian" graphic and text trademarks, which were respectively approved for use in classes 43, 31, 41, and 29, and were all under invalidation application review during the hearing of this case.

* * xian Co., was established on July 29, 2020, and its business scope included personal online streaming services. During the hearing of this case, You * *, Li * *, and * * xian Co., stated that after learning that You * * and Li * * had terminated their cooperation with Chongqing * Co.,, * * xian Co.,, with Li * * 's consent, used the stage name thereof as the corporate name of * * xian Co.,. and * * xian Co., had been established primarily for

the purpose of cooperating with Li * *.

Holding

The No. 1 Intermediate People's Court of Chongqing Municipality rendered the first-instance judgment: 1. Confirming that the Douyin account (account name: * * xian; account number: "lang * * * * * * n") and the Kuaishou account (account name: "* * xian"; account number: "lang * * * * * * n") shall belong to Chongqing * Co.,, and You * * shall deliver the above-mentioned Douyin account and password thereof, the Kuaishou account and password thereof to Chongqing * Co.,; 2. Dismissing the other claims of Chongqing * Co.,. The High People's Court of Chongqing Municipality rendered the second instance judgement: Rejecting the appeal and upholding the original judgement.

Reasons for Decision

The court's effective judgment holds that: Regarding the ownership issue of the accounts involved in the case, from the registration process, usage, communication management, and operational results of the accounts involved in the case, it can be seen that You * * was a staff member of Chongqing * Co., when she registered the accounts, and the content released by her during the cooperation was all videos about Li * *'s activities; You * * once remarked that the accounts involved in the case belonged to Chongqing * Co.,, and the accounts had attracted tens of millions of followers through the operation of Chongqing * Co.,. Although the accounts involved in the case had been registered and actually held by You * * personally, You * *'s registration and use of the accounts during her tenure at Chongqing * Co., represented the corporate will of Chongqing * Co., to exercise the right of exclusive agency for the artist concerned, and therefore were intended to complete assigned tasks. The registration, use, and management of the accounts involved in the case by You * * should therefore be considered as actions to fulfill job duties, and the accounts involved in the case should therefore be deemed as virtual property of Chongqing * Co.,.

Regarding whether the Defendants had engaged in unfair competition, as for the Defendants' use of "* * xian" as the corporate name, in this case, Li * * had already used the stage name thereof, "* * xian", before signing the contract with Chongqing * Co.,; and the stage name was not formed during the operation of Chongqing * Co.,, and the use of the stage name by the company was only based on Li * * 's authorization and permission. After Li * * left Chongqing * Co.,, their cooperation then terminated, and the company no longer had the right to use the stage name "* * xian". Considering that * * xian Co., was established after the termination of cooperation between Li * * and Chongqing * Co.,, it was then not inappropriate for Li * * to authorize * * xian Co., to use Li * * 's stage name. Furthermore, the approved scope of use of the trademark "Big Stomach King * * xian" applied for by Chongqing * Co., was not the same as the business scope of * * xian Co.,; on the premise that Chongqing * Co., had not provided evidence to prove that the logo had some influence after its use and promotion, it could not be determined that the use of "* * xian" as the corporate name by * * xian Co., was likely to cause confusion among the public and constitute unfair competition.

Regarding the issue of the Defendants' using of the accounts involved in the case to post relevant videos: Those accounts involved in the case had been registered by You * * in her own personal name, and they were not marked with name of Chongqing * Co.,, nor did they contain any relevant promotional content of the Plaintiff; therefore, it was reasonable for * * xian Co., to claim that it had not known that those accounts were the property of Chongqing * Co., before the court determined the ownership of the accounts; hence, there was no subjective inappropriateness on its part and its practices did not constitute unfair competition.

Author: Jiang Bei

51 Beijing * Netcom Technology Co., Ltd. v. Guangzhou * Brand Planning Co., Ltd., et al. (Dispute over Unfair Competition)*

Keywords

Unfair Competition, User Data, Technological Means, Account Loaning, the Internet Real Name System

Gist of Decision

The practices in which a business operator, for the purpose of making profits, adopts new technological means to simulate manual clicks and interfere with platform operators' data analysis damages the healthy and orderly order in the cyber world, hinders the innovative development of new models and patterns of the digital economy; in particular, the illicit account loaning will undermine the Internet real-name system and jeopardize the consumers' right to know, while the practice of "inflating indexes" and "illicit account loaning", i. e., trading blank accounts that are registered by a third party and remain unused, constitute unfair competition.

* This case was selected as one of the top 50 typical intellectual property cases heard by Chinese courts in 2023.

Case Number

First Instance: Civil Judgment No. 3538 [2022] Trial, Civ. Division, the No. 1 Intermediate People's Court of Chongqing Municipality (Dated: July 3, 2023)

Essential Facts

The Plaintiff, Beijing * Netcom Technology Co., Ltd. (hereinafter referred to as "* Netcom Co.,"), provided Baidu Index and Baidu Promotion services. Baidu Index is a data analysis platform based on Baidu's massive network behavior data. * Netcom Co., generated data analyses by using certain keywords to analyze the search scale, range fluctuations, and changes in related news and public opinions on Baidu, as well as the characteristics and distribution of the internet user groups that pay attention to these keywords. Baidu Promotion accounts refers to the accounts registered on the Baidu Promotion Platform. Through such accounts, a variety of advertising campaigns can be carried out, such as Baidu search promotions, Baidu feed flow promotions, Baidu Netleague promotions, etc; therefore, it is an important tool for enterprises or individuals to carry out online advertising campaigns, and can help advertisers achieve brand promotion, product advertising, data traffic guidance and other goals.

The Defendants, Guangzhou * Brand Planning Co., Ltd. (hereinafter referred to as "Guangzhou * Co.,"), and Jinan * Network Technology Co., Ltd. (hereinafter referred to as "Jinan * Co.,"), opened a store on a certain e-commerce platform, providing a range of services, including promotional marketing, suggest-word-based marketing, and index inflating via Taobao, Tmall, JD. com, Pinduoduo, Baidu, Douyin, Weibo, among others. After the Defendants accepted a commission from a client to to provide paid fraudulent Baidu Index inflating service, they used technological means to boost the ranking of specific search keywords in the Baidu Index. At the same time, the Defendants engaged in the buying and selling of blank Baidu Promotion accounts that were registered using third-party entity qualifications. The Plaintiff argued that the above-mentioned practices of the Defendants damaged the fair competition order on the Internet, violated the principle of good faith and recognized business ethics, and hence constituted unfair competition; therefore, it demanded the Defendants to compensate for its losses therefrom.

Holding

The No. 1 Intermediate People's Court of Chongqing Municipality rendered the first instance judgement: 1. The Defendants, Guangzhou * Brand Planning Co., Ltd. and Jinan * Network Technology Co., Ltd., shall immediately cease their unfair competition practices of providing "Baidu Index inflating service" and Baidu Promotion account services to others through www. zbj. com; 2. The Defendants, Guangzhou * Brand Planning Co., Ltd. and Jinan * Network Technology Co., Ltd., shall compensate the Plaintiff, Beijing * Netcom Technology Co., Ltd. for economic losses (including reasonable expenses) totaling 1. 5 million Yuan; 3. The Defendants, Guangzhou * Brand Planning Co., Ltd. and Jinan * Network Technology Co., Ltd., shall publish a statement in *The Legal Daily* to eliminate the negative effects (the content must be subject to review by the court); 4. The other claims of the Plaintiff, Beijing * Netcom Technology Co., Ltd., shall be dismissed.

Reasons for Decision

The court's effective judgment holds that Baidu Index, whether as a service provided by Baidu Inc. or as a search query service provided for the general public, is clearly oriented toward social interest and public interest. The evidence presented by the Plaintiff in this case was sufficient to prove that the Defendants had deliberately evaded the supervision of the Internet business operators concerned without obtaining the permission of such Internet business operators, caused the Plaintiff's server produce untrue search records through technological means, undermined the accuracy of the algorithm of the Baidu search engine, hindered the normal operation of the network services legally provided by the

Plaintiff, which constituted practices of unfair competition as stipulated under Item 4, Clause 2, Article 12 of *The Law of the People's Republic of China Against Unfair Competition*. Furthermore, the "Baidu account loaning" service provided by the Defendants actually facilitated breach of contract by third parties, which in turn was intended to evade regulation by Baidu. Such a business model, which sought benefits by disrupting normal network business activities, would only increase the cost of regulation on the part of Internet business operators, affect the training and iteration of the ranking model algorithm, and would not help promote Internet technology progress or improve market operation efficiency. Therefore, such a model should be included into the regulatory scope of *The Law of the People's Republic of China Against Unfair Competition*.

Author: Yang Qingqing

52 Chongqing ＊yu Motorcycle Manufacture Co., Ltd. v. Guangzhou ＊ya Motorcycle Co., Ltd. (Dispute over Infringement of Trade Secrets)*

Keywords

Infringement of Trade Secret, Transaction of Data, Duty of Care

Gist of Decision

Where there is a direct competitive relationship as well as pre-existing litigation dispute between the buyer in a data transaction and the owner of the trade secrets involved therein, and objectively the data involved has only undergone a rather low degree of desensitization, and the data buyer, who is aware or should be aware that the data involves another party's trade secrets, nonetheless receives and uses such data, then such buyer shall be held liable for improperly obtaining another person's trade secrets.

Case Number

First Instance: Civil Judgment No. 8589 [2022] Trial, Civ. Division, Chongqing Pilot Free Trade Zone People's Court (Dated: August 4, 2023)

---

* This casehas been included into typical cases (the eleventh batch) heard by courts of Chongqing Municipality concerning judicial protection for the private sector.

Essential Facts

The Plaintiff, Chongqing * yu Motorcycle Manufacture Co., Ltd. (hereinafter referred to as "* yu Co.,") claimed that the motorcycles produced and exported by the Plaintiff were all sold to distributors at the destination, and then the distributors would set their own prices for sale. The commercial information related to the Plaintiff's export of motorcycles not only recorded the unit price, quantity, and destination country of each model of motorcycle, but also detailed the destination dealer names, transaction method, and transportation method, among others; therefore, such information was the Plaintiff's business information concerning specific markets, which was not widely known or easily accessible to relevant personnel in the field, and was non-public in nature. The Plaintiff had adopted corresponding confidentiality measures for its trade secrets. Such commercial information was valuable in production and operation, and could bring real and potential commercial value and competitive advantages to the Plaintiff. Understanding and mastering such information was conducive to gaining advantages in market transactions. Therefore, information concerning the Plaintiff's export of motorcycles constituted the Plaintiff's trade secrets.

The Defendant, Guangzhou * ya Motorcycle Co., Ltd. (hereinafter referred to as "* ya Co.,"), signed a Data Service Agreement with Beijing * * Technology Co., Ltd. in 2019, which stipulated that Beijing * * Technology Co., Ltd. would provide export data to the Defendant; and such export data were the Plaintiff's trade secrets, which could not be obtained through public or legal means, and hence the Defendant obtained such data through improper means. The Plaintiff and the Defendant were both motorcycle manufacturers and sellers, and had been in a direct competitive relationship for many years. Therefore, in the context of the motorcycle export market, the Defendant's access to the aforementioned trade secrets of the Plaintiff, had seriously disadvantaged the Plaintiff in market competition and infringed the Plaintiff's trade secrets.

Therefore, the Plaintiff had filed a lawsuit with the court, requesting that: 1. The Defendant shall immediately cease the infringement of the Plaintiff's trade secrets; 2. The Defendant shall compensate the Plaintiff for economic losses in the amount of 3 million Yuan; 3. The Defendant shall bear the litigation costs of this case. After hearing the case, the court found that the Plaintiff, ∗yu Co.,, and the Defendant, ∗ya Co., were both motorcycle production and export enterprises. On April 17, 2019, ∗ya Co., signed a contract with a third-party data company to purchase data related to the top ten companies in terms of motorcycle export volume. The third-party data company provided export customs declaration details related to multiple motorcycle companies, including ∗yu Co.,, to ∗ya Co.,, in terms of 21 specific items such as export destinations, specifications and models, displacement, unit prices in USD, total price in USD, and declared quantity. After receiving the above information, ∗ya Co., acknowledged the delivery of such information by the third-party data company and disclosed to third parties and used the above information of ∗yu Co.,.

Holding

The Chongqing Pilot Free Trade Zone People's Court rendered the first instance judgement: 1. ∗ya Co., shall immediately cease its unfair competition practices that infringed the trade secrets of ∗yu Co.,, and shall not disclose, use or allow others to use the business information (involved in this case) of ∗yu Co., that constituted trade secrets; 2. ∗ya Co., shall compensate ∗yu Co., for economic losses and reasonable expenses totaling 50,000 Yuan; 3. The other claims of ∗yu Co., shall be dismissed. After the first instance judgement was announced, neither party filed an appeal.

Reasons for Decision

The court's effective judgment holds that data often contain a large amount of personal information, trade secrets, and public interest related information, as a result of which data users should fulfill the obligation of reasonable prudence when receiving, controlling, processing, and using data. The two parties involved in the lawsuit were competing entities in the same industry and had similar foreign trade business models. When * ya Co. , discovered that the data involved specific combinations of information such as the brands, models, quantities, and unit prices of products exported by a competitor enterprise, it should have been clear that the data information involved another party's trade secrets, and should have required the data provider to explain the legitimacy of the data source; otherwise, it would be held liable for illegally obtaining another party's trade secrets. The court ruled that if the data buyer knowingly received and used the data that involved the trade secrets of another party, then the buyer and provider of data shall bear joint liability for infringement.

Author: Wang Yanmiao

53 Chongqing * Building Materials Co., Ltd. v. Chongqing Administration for Market Regulation (Dispute over Anti-monopoly Administrative Penalty) *

Keywords

Administrative Penalty, Horizontal Agreement, Fixed Price

Gist of Decision

The methods of fixing price involved in monopoly agreements on fixed commodity prices not only involve fixing minimum prices or directly determining specific prices, but also include fixing price ranges or fixing calculation methods and standards that can indirectly control prices.

Case Number

First Instance: Administrative Judgment No. 55 [2022] Trial, Adm. Division, the No. 1 Intermediate People's Court of Chongqing Municipality (Dated: October 8, 2022)

Second Instance: Administrative Judgment No. 29 [2023] Final, IPR Tribunal, of the Supreme People's Court (2023) (Dated: August 31, 2023)

---

* This case was included into typical cases heard by people's court in 2023 concerning monopoly and unfair competition.

Essential Facts

On June 15, 2021, the Chongqing Administration for Market Regulation rendered a administrative penalty decision, stating that after proper investigation, it was found that Chongqing * Building Materials Co., Ltd. had committed the following violations and involved the following facts: 1. Chongqing * Building Materials Co., Ltd. had reached a monopoly agreement with a competitive operator to "fix or change commodity prices, divide sales markets or raw material procurement markets" (hereinafter referred to as "the Agreement Involved in the Case"). In early 2014, as the only two business enterprises in Fengdu County of Chongqing Municipality that actually produced and sold commercial concrete, Chongqing * Building Materials Co., Ltd. and Chongqing * Concrete Co., Ltd. began to hold negotiations on establishing a joint venture, in order to avoid a price war and eliminate vicious competition between them. They later reached an agreement in April 2014, which was the Agreement Involved in the Case. 2. Chongqing * Building Materials Co., Ltd. and a competing business operator, Chongqing * Concrete Co., Ltd., engaged in practices fixing commodity prices and dividing sales markets.

Among them, practices involving dividing up the sales market included dividing the regions in which the goods in question were sold, the quantity of goods sold, and sales profits. The aforementioned practices of the parties had disrupted the fair competition market environment, severely excluded and restricted competition, and harmed consumer interests. According to Clause 1 of Article 46[1] of *The Anti Monopoly Law of the People's Republic of China* in 2007, it was decided to impose on Chongqing * Building Materials Co., Ltd. a penalty at the rate of 5% (12,149,260.88 Yuan) of the previous year's sales revenue thereof.

Chongqing * Building Materials Co., Ltd. was dissatisfied with the administrative penalty decision and filed an administrative lawsuit.

---

[1] It was changed into Paragraph 1 of Article 56 after amendment in 2022.

Holding

The No. 1 Intermediate People's Court of Chongqing Municipality rendered the first instance judgement, dismissing the claims of Chongqing * Building Materials Co., Ltd.. Chongqing * Building Materials Co., Ltd. was dissatisfied with the judgement, and filed an appeal. The Supreme People's Court rendered the second instance judgement: Rejecting the appeal and upholding the original judgement.

Reasons for Decision

The court's effective judgment holds that the main content ofthe Agreement Involved in the Case includes fixing the supply price of commercial concrete, dividing the sales market of commercial concrete between the two companies, dividing the sales volume and profits of the two companies according to the negotiated market shares of commercial concrete, and determining a supervision method sufficient to ensure the implementation of the agreement. It can be seen that the content of the Agreement Involved in the Case meets the provision of "fixing or changing commodity prices" and "dividing sales markets" stipulated under Article 13 [1] of *The Anti Monopoly Law of the People's Republic of China* in 2007. The practices of Chongqing * Building Materials Co., Ltd. and Chongqing * Concrete Co., Ltd. In fixing prices through the Agreement Involved in the Case were specifically manifested in that they jointly fixed the prices for different types of commercial concrete by agreeing on various conditions such as "price fluctuation range", "pouring fees for different pouring methods and transportation fees for a specific distance or more", "standard calculation method for calculating prices", and "price cannot be changed without the consent of other business operator under the agreement".

The methods of price fixing involved in a horizontal monopoly agreement with fixed commodity prices stipulated under Item 1, Clause 1, Article 13 of *The*

---

[1] It was changed into Article 17 after amendment in 2022.

Anti Monopoly Law of the People's Republic of China in 2007 include not only fixing the minimum price or specifying the exact amount of value, but also include fixing price range or fixing the calculation methods and standards that can indirectly control the price value based on them. According to the agreement in question, during the term of the agreement, it would not be impossible for both parties to sell at a price lower than the agreed standard price under special circumstances, as long as such practice was approved by the responsible persons of both parties; such practice of adjusting the price with the consent of both parties is still a way of negotiating and fixing the price of goods. Chongqing * Building Materials Co., Ltd.'s claim that the Agreement Involved in the Case did not constitute a horizontal monopoly agreement based on fixed commodity prices, because it did not involve fixed minimum prices, or under the agreement it was possible to sell at a price lower than the agreed standard price, and hence the agreement did not fall under Item 1, Clause 1, Article 13 of *The Anti Monopoly Law of the People's Republic of China* in 2007, should not be confirmed.

Author: Xu Hua

Part V

Other Intellectual Property Rights Cases

54 * Fine Arts Institute v. * Company (Dispute over a Commissioned Creation Contract) *

Keywords

Copyright Ownership Dispute, 3D Animation, Source Files

Gist of Decision

3D animated films are works created using methods akin to film-making. Their source files encompass all process files generated during the production of such 3D animated films based on the application of computer technology. Unlike the relationship between the source program and object program of a computer program, an animated film and its source files do not constitute a single work. Taking into account the scope, characteristics, and role of source files, the court applied the principles of fairness and good faith, ruling that certain key source files (modeling files for the protagonist of the animated film, including models, textures, and rigging files, as well as modeling files for unique scenes, including models and texture files) fall within the scope of deliverables. This ruling effectively balances the interests of all parties involved and promotes the healthy and orderly development of the animation industry.

---

* This case was selected as one of the 50 typical intellectual property cases heard by Chinese courts in 2012.

Case Number

First Instance: Civil Judgment No. 00623 [2011] Trial, Civ. Division, the No. 1 Intermediate People's Court of Chongqing Municipality (Dated: February 27, 2012)

Second Instance: Civil Judgment No. 00115 [2012] Final, Civ. Division, the High People's Court of Chongqing Municipality (Dated: December 17, 2012)

Essential Facts

* Fine Arts Institute claimed that it had signed two Commissioned Creation Contracts with * Company, and it had delivered 100 episodes of a certain animated film to the * Company as agreed in the contracts. However, the company failed to pay the production fee as agreed. Therefore, * Fine Arts Institute requested the court to order that: 1. * Company shall immediately pay the production fee in the amount of 640,000 Yuan; 2. * Company immediately pays a penalty in the amount of 150,000 Yuan; 3. * Company shall bear the litigation costs of this case and the attorney fee in the amount of 30,000 Yuan paid by * Fine Arts Institute for this case.

* Company counterclaimed that * Fine Arts Institute did not deliver all 100 episodes of the animated film until January 2011, which violated relevant provisions in the contracts and should thereof bear the contractual penalty in the amount of 150,000 Yuan. Furthermore, delivering source files was a well-established industry norm in the animation industry. The failure of * Fine Arts Institute to deliver source files had caused huge losses to * Company. Therefore, it filed a counterclaim, requesting the court to order that: 1. * Fine Arts Institute shall pay a contractual penalty in the amount of 150,000 Yuan; 2. * Fine Arts Institute shall deliver the source files generated during the animation production process; 3. If * Fine Arts Institute cannot deliver the source files, it should exempt * Company from the obligation to pay the production fee in the amount of 640,000 Yuan and compensate * Company for economic losses in the amount

of 520, 000 Yuan; 4. * Fine Arts Institute shall bear all litigation costs of the case.

Holding

The No. 1 Intermediate People's Court of Chongqing Municipality rendered the first-instance judgment: 1. * Company shall pay * Fine Arts Institute a production fee of 640, 000 Yuan; 2. The other claims made by * Fine Arts Institute shall be rejected; 3. All counte rclaims made by * Company shall be dismissed. The High People's Court of Chongqing Municipality rendered the second-instance judgment: 1. The first item of the first-instance judgment shall be upheld; 2. The second and third items of the first-instance judgment shall be revoked; 3. * Fine Arts Institute shall deliver to * Company the modeling files (including models, textures, and binding files) of the five protagonists in the three-dimensional animated film *Xiha Youji* (《西哈游记》in Chinese) as well as the modeling files (including models and texture files) of unique scenes; 4. The other claims made by * Fine Arts Institute and * Company shall be dismissed.

Reasons of Decision

The court's effective judgment holds that 3D animated films are animated films produced with the aid of computer technology. Their characters, movements, scenes, etc., are created using specialized 3D animation production software. The production of such animated films is completed using virtual cameras created by computer software and ultimately is produced through professional software. Therefore, 3D animated films are "works created by methods similar to those used in film production" as stipulated by *The Copyright Law of the People's Republic of China* and therefore are entitled to copyright in accordance with law. In view of the terms and conditions of the contracts in question, it is clear that the parties to the contracts had not reached any agreement regarding the source files in question. * Company's request for * Fine Arts Institute to deliver source files in accordance with the contracts exceeded the normal expectations of * Fine Arts Institute regarding contract performance. Furthermore, 3D animated films are works created by methods similar to those used in film production, which are different types of works from computer software. For source programs in computer software, they are files that programmers can understand, while object programs are files that computers can understand, the two correspond one-to-one. Although there are two file formats, they are one and the same computer program and both together constitute the same work.

However, the source files of 3D animated films are all process files generated during the production of 3D animated films using computer technology. They have a process-result relationship with the final video-playable animated films, rather than a relationship of one-to-one correspondence. Current laws of China do not define the source files of 3D animated films as the same work as the animated films themselves, and * Company did not fully demonstrate the similarity between the source files of these two different types of works. The court had no sufficient reason to refer to Article 3 of the *Regulations on the Protection of Computer Software* to determine that the source files of 3D animated films and the animated films constituted the same work. Therefore, * Company could not naturally enjoy the rights to all source files merely on the ground that it was the copyright owner of the 3D animated films in question. In addition, * Company had also failed to provide sufficient evidence to prove that there was an industry practice of delivering source files in the animation and film industry. Based on this, the court believed that the animation and film industry had its own uniqueness that distinguished it from traditional cultural industries. In order to promote the development of the animation and film industry, in addition to protecting the interests of investors (clients) and achieving their contractual goals, it is necessary to fully weigh the necessity and feasibility of delivering the source files, and fairly and reasonably determine the content of the source files delivered by the trustee, without imposing excessive delivery obligations on the trustee.

Author: Xiao Yan

55 Chongqing Zu * Software Vocational Training Academy v. Mao * * (Contract Dispute)[*]

Keywords

Dispute over Infringement of Trade Secrets, Personal Information of Natural Persons, Conflicts of Rights, Validity of a Settlement Agreement

Gist of Decision

1. *The Anti-Unfair Competition Law of the People's Republic of China* does not explicitly stipulate that legality is a constituent element of trade secrets; however, it is an inherent component of legal interpretation and application that civil rights and interests protected by law must be legal. Personal information of natural persons obtained through illegal means lacks legality and cannot be legally protected as trade secrets.

2. Where after the parties to a case, in order to eliminate the uncertainty of a legal relationship in dispute, make mutual concessions and confirm or agree on matters such as the basis of rights, the nature of the acts in question, and the quantity of the subject matter, thereby reaching a settlement agreement, one party raises an objection to the validity of the settlement agreement on the grounds that the confirmed or agreed to issues do not match the true status of

* This case was selected as one of the 50 typical intellectual property cases heard by Chinese courts in 2017.

rights, then the people's court will not support such objection. However, if the basis of rights on which the settlement agreement is based is not protected by law due to violation of legal provisions or public interests, the settlement agreement shall be deemed invalid.

Case Number

First Instance: Civil Judgment No. 3840 [2017] Trial, Civ. Division, the People's Court of Shapingba District of Chongqing Municipality (Dated: May 3, 2017)

Second Instance: Civil Judgment No. 4750 [2017] Final, Civ. Division, the No. 1 Intermediate People's Court of Chongqing Municipality (Dated: December 6, 2017)

Essential Facts

The Plaintiff in this case, Chongqing Zu * Software Vocational Training Academy (hereinafter referred to as "Zu * Software Academy"), claimed that Mao * * is suspected of infringing on the trade secrets of Zu * Software Academy. In light of this, the two parties signed a Settlement Agreement. However, Mao * * then failed to fulfill his obligations as agreed. Therefore, Zu * Software Academy requested the court to order Mao * * to pay a compensation of 340, 000 Yuan plus interest losses.

The Defendant in this case, Mao * *, responded and counterclaimed that the Settlement Agreement had been signed under duress, as the Zu * Software Institute had reported Mao * * to the public security authorities on suspicion of infringing trade secrets. Therefore, Mao * * filed a counterclaim, requesting that the court revoke the Settlement Agreement involved in the case, and that Zu * Software Institute should return the compensation and interest losses that had already been paid by Mao * * by then.

Holding

The People's Court of Shapingba District of Chongqing Municipality rendered the first-instance judgment: 1. Mao * * shall immediately pay a compensation of 340, 000 Yuan to Zu * Software Academy; 2. The other claims of Zu * Software Academy shall be dismissed; 3. Mao * * 's counterclaim shall be dismissed. The No. 1 Intermediate People's Court of Chongqing Municipality rendered the second-instance judgment: 1. The first-instance judgment shall be revoked; 2. All claims of Zu * Software Academy in the case shall be dismissed; 3. Zu * Software Academy shall return 80, 000 Yuan to Mao * *; 4. Zu * Software Academy shall return 10% of the shares of Chongqing * * Education Consulting Co., Ltd. to Mao * *; if it cannot return the aforementioned shares, it shall return 80, 000 Yuan to Mao * *; 5. The other counterclaims of Mao * * shall be dismissed.

Reasons of Decision

The court's effective judgment holds that the Settlement Contract is characterized by a certain degree of independence relative to the legal relationships underlying the dispute in this case. Specifically, the confirmation of the legal relationship in dispute must be within the current legal framework, and its right foundation must be legally protected legitimate interests. Otherwise, the Settlement Contract will become a way to circumvent the law. In this case, the rights claimed by Zuo * Software Academy were trade secrets. The current law defines trade secrets as technical information, business information, and other commercial information that is not known to the public, has commercial value, and has been subject to appropriate confidentiality measures by the proprietor. However, this is only a necessary condition for a civil subject to enjoy the rights of trade secrets, not a sufficient condition. According to the law, the rights protected by civil law must be legitimate, and naturally, trade secrets should be legitimate. If the information itself, the formation process of such information, or the means of acquiring such information violates legal provisions, such information should not be protected by law.

In this case, Zuo * Software Academy claimed that its business information entitled to protection as "trade secrets" mainly consisted of information (totaling 200,000 items) on high school graduates who graduated in 2014, including the graduates' names, genders, phone numbers, and graduation institutions. Personal information of natural persons is personal in nature and is closely related to personal and property safety. Therefore, the collection, processing, and utilization of personal information of natural persons should be subject to the prior consent of the natural persons. The evidence in the case showed that the public security organ had filed a case against Zuo * Software Academy for infringing on citizens' personal information. In response, Zuo * Software Academy claimed that it had obtained such information by legal means, without presenting corresponding evidence, which made it difficult to believe that its acquisition, processing, and use of the personal information involved had been approved by the natural persons involved. Zuo * Software Academy could not be permitted to obtain illicit benefits due to its infringement practices, and it did not enjoy legally protected civil rights and interests in the information involved. Although both parties have reached a Settlement Contract, as the basis of the rights underlying the legal relationship in dispute in the case lacked legitimacy, the Settlement Contract was rendered invalid due to violations of legal provisions and damages to public interests.

Author: Liu Juanjuan

56 Chongqing * Technology Co., Ltd. v. Chen * liang (Dispute over a Contract on Entrusted Technology Development) *

Keywords

Contract on Entrusted Technology Development, Commercialization of Technology, Value in Market-based Application, Expected Benefits

Gist of Decision

For parties to a contract on entrusted technology development that is accompanied by an agreement on commercialization of technology, their expected performance interest includes the expected market value from the commercialization of technology. In the absence of sufficient evidence to prove the specific amount of losses sustained by the observant party, the amount of losses caused by the fundamental breach of contract by a party will not be directly limited to the amount of entrusted development fees. Where in the terms and conditions of the contract on entrusted technology development, the two parties agree on a penalty far higher than the entrusted development fees, then it should be viewed as a special arrangement on the market value from the commercialization of technological achievements, and the people's court should take this into consideration when determining the amount of compensation for

* This case was selected as one of the top ten typical cases heard by courts of Chongqing Municipality in 2020 concerning judicial protection of intellectual property.

breach of contract at its discretion.

Case Number

First Instance: Civil Judgment No. 100 [2019] Trial, Civ. Division, Chongqing Free Trade Zone People's Court (Dated: May 20, 2019)

Second Instance: Civil Judgment No. 9969 [2019] Final, Civ. Division, the No. 1 Intermediate People's Court of Chongqing Municipality (Dated: March 3, 2020)

Essential Facts

On May 17, 2017, Chongqing * Technology Co., Ltd. signed an "Entrusted Research and Development Agreement" with Chen * liang, stipulating that Chongqing * Technology Co., Ltd. would entrust Chen * liang to design an intelligent aquatic biological barrier system. The agreement stipulated the corresponding equipment requirements, acceptance inspection standards, and installment payment of research and development fees, among others. In particular, the agreement included a clause requiring the defaulting party to pay a penalty of 500,000 Yuan as compensation for the other party for economic losses sustained by the latter. Both parties agreed that the actual research and development fees were 35,000 Yuan, which had been paid in full. On the same day, the two parties signed another agreement, titled the "5. 17 Agreement", to stipulate the batch production method of the research and development equipment and products involved, and both parties confirmed that the supplementary agreement had not been actually implemented. Later, the two parties signed another agreement, titled the "9. 18 Agreement", stipulating that Chen * liang would refund the fees that he had charged by then according to a specified timetable; should such refunding become overdue, Chen * liang, in addition to refunding the fees, shall also provide a compensation to Chongqing * Technology Company in the amount of 500,000 Yuan. After the "9. 18 Agreement", Chen * liang did not refund the entrusted research and development fees in question, and the two parties held consultations over the entrusted research and development, and reached an intention to continue fulfilling the entrusted research and development, which would be undertaken by Chen * liang.

However, after a dispute arose over the performance of the "Entrusted Research and Development Agreement", Chongqing * Technology Company filed a lawsuit in early 2018, requesting Chen * liang to continue performing the contract. Later, Chongqing * Technology Company withdrew the lawsuit. On November 16, 2018, Chongqing * Technology Company sent a message to Chen * liang via WeChat again, urging him to deliver the power supply unit, distributor, main controller and detector within five days as stipulated in the contract. Within the said time limit, Chen * liang did not submit the complete set of intelligent aquatic biological barrier system to Chongqing * Technology Company for joint debugging and overall acceptance inspection as stipulated in the contract. Chongqing * Technology Company believed that Chen * liang delayed fulfilling his contractual obligations and refused to fulfill them despite being urged, thus resulting in the failure to achieve the purposes of the contract and constituting a fundamental breach of contract; therefore, it requested for the termination of the contract, and required Chen * liang to refund all research and development fees, and pay a penalty of 500,000 Yuan.

Holding

The Chongqing Pilot Free Trade Zone People's Court rendered the first-instance judgment: 1. The "Entrusted Research and Development Agreement" signed between Chongqing * Technology Company and Chen * liang on May 17, 2017, was rescinded on January 18, 2019; 2. Chen * liang shall return entrusted research and development fee to Chongqing * Technology Company in the amount of 35,000 Yuan, and shall compensate Chongqing * Technology Company for economic losses in the amount of 70,000 Yuan; 3. Other claims of Chongqing * Technology Company shall be dismissed. Chen * liang was dissatisfied with the judgment and filed an appeal. The No. 1 Intermediate People's Court of Chongqing Municipality rendered the second-instance judgment, dismissing the appeal and upholding the original judgment.

Reasons of Decision

The court's effective judgment holds that both parties had, through their actual actions, amended once again the provisions regarding refunding of the entrusted research and development fees and the corresponding consequences in the "9. 18 Agreement", and continued fulfilling the entrusted research and development determined in the " Entrusted Research and Development Agreement". Therefore, both parties should fulfill their contractual obligations under the "Entrusted Research and Development Agreement" and the "5. 17 Agreement". The Defendant did not submit the entire intelligent aquatic biological barrier system to the Plaintiff for joint debugging and testing and overall acceptance inspection as agreed in the contract, which constituted a delay in fulfilling the main obligations of the contract. After being urged, the Defendant nonetheless failed to fulfill its obligations within a reasonable period of time, which constituted a fundamental breach of contract. The court supports the Plaintiff's request for rescinding the contract and return of the entrusted research and development fees under the law. Regarding compensation for losses, although the entrusted research and development fees involved in this case were only 35, 000 Yuan in amount, based on the fact that the research and development of the product involved was also accompanied by a corresponding entrusted production contract, and given the multiple agreements between the two parties in the contract regarding liquidated damages of up to 500, 000 Yuan, it could be seen that both parties had market expectations for product research and development and production. In addition, considering other factors, the court decided that the Defendant should compensate the Plaintiff for economic losses.

Author: Fan Wenyan

57 Liu * jia et al. v. Chongqing Green * Enterprise Management Consulting Co., Ltd. (Dispute over Franchise Contract) *

Keywords

Dispute over Franchise Contract, Cooling-off Period, Unilateral Rescission

Gist of Decision

Ina franchise contract dispute, the franchisee's unilateral right to rescind the contract during the "cooling-off period" is a statutory right. Even if the franchise contract signed by both parties lacks specific provisions it, the franchisee can still unilaterally request for the termination of the contract within a reasonable period. The reasonable duration of the "cooling-off period" should be determined comprehensively based on industry characteristics, terms of contract, etc. The reasonable period should not be excessively long, and it is appropriate if it ends before the franchisor's business resources are actually utilized by the franchisee.

Case Number

First Instance: Civil Judgment No. 13346 [2019] Trial, Civ. Division,

* This case was selected as one of the top ten typical cases heard by courts of Chongqing Municipality in 2020 concerning judicial protection of intellectual property.

Chongqing Pilot Free Trade Zone People's Court (Dated: January 10, 2020)

Second Instance: Civil Judgment No. 3236 [2020] Final, Civ. Division, the No. 1 Intermediate People's Court of Chongqing Municipality (Dated: June 16, 2020)

Essential Facts

On June 26, 2019, the Plaintiffs, Liu * jia and Lei *, along with the Defendant, Chongqing Green * Enterprise Management Consulting Co., Ltd. (hereinafter referred to as "Green * Co.,"), signed the "Brand Expansion Contract", which mainly stipulated that: The Plaintiffs would join the Defendant's "Zhizhi Yogurt Cow" catering project, and the Defendant would provide operational guidance, management training, and technical information transfer services for the Plaintiffs' catering project. The Plaintiffs paid the Defendant a technical 24,500 Yuan information transfer fee, a training fee of 8,750 Yuan, and an operational guidance fee in the amount of 1,750 Yuan, totaling 35,000 Yuan; the term of validity of the contract was one year. On the day the contract was signed, the Plaintiffs paid 35,000 Yuan to the Defendant via credit card. The Defendant provided the Plaintiffs with a "Technical Manual". WeChat dialogue records from June 26, 2019, to July 13, 2019, showed that the Plaintiffs had requested for a location for the store, and the Defendant had subsequently tried to select a store for the Plaintiffs; however, due to the Plaintiffs' concerns about such factors as unfavorable location, low traffic flow, and high rent, they ultimately did not decide on a store location, and the Plaintiffs did not open a "Zhizhi Yogurt Cow" store in Hangzhou, Zhejiang. After signing the contract, the Defendant did not participate in the Plaintiffs' store-opening and operation consultation, nor did it provide practical operation training and technical guidance to the Plaintiffs. On July 11, 2019, Liu * jia mentioned in the group that she had demanded a refund of the franchise fee but without success. On July 25, 2019, Liu * jia filed a lawsuit with the court, requesting for the termination of the contract and requiring the Defendant to return to the Plaintiffs 35,000 Yuan in payments effected under the contract.

Holding

The Chongqing Pilot Free Trade Zone People's Court rendered the first-instance judgment: 1. The "Zhizhi Yogurt Cow Brand Expansion Contract" signed by the Plaintiffs Liu * jia and Lei * and the Defendant, Green * Co., on June 26, 2019, shall be terminated as of the date when this judgment became effective; 2. The Defendant, Green * Co., shall return the payment effected under the contract, in the amount of 35,000 Yuan, to the Plaintiffs, Liu * jia and Lei *. Green * Co., refused to accept the judgment and filed an appeal. The No. 1 Intermediate People's Court of Chongqing Municipality rendered a judgment, dismissing the appeal and upholding the original judgment.

Reasons of Decision

The court's effective judgment holds that the contract in question has the constituent elements of commercial franchising as stipulated in *the Administrative Regulations on Commercial Franchising*. Article 12 of the Regulations stipulates that a franchise contract shall stipulate that the franchisee shall have the right to unilaterally terminate the contract within a certain period of time after the contract is concluded. This right shall not perish due to the failure of both parties to stipulate it in the contract in accordance with the law. Therefore, Liu * jia and Lei * X had the right to unilaterally terminate the contract. Considering the short period of time from the date when the contract in question was signed (June 26, 2019) to the date when Liu * jia and Lei * X expressed their intention to terminate the contract (July 11, 2019), and the failure to substantially open relevant stores after the signing of the contract, as well as Liu * jia and Lei * 's failure to actually utilize the franchising resources provided by Green * Co. Liu * jia and Lei * X should be supported in exercising their right to unilaterally terminate the contract within a reasonable period and requesting for the termination of the contract signed by both parties. According to Article 97[1] of *the Contract Law of the People's Republic of China*, given the fact that Green * Co. did not provide actual technical guidance and operational training to Liu * jia and Lei * X, and Liu * jia and Lei * X failed to actually utilize Green * Co., 's business resources, their business interests would not be substantially affected by the termination of the contract in question, and hence their request for Green * Co., to return the 35,000 Yuan paid under the contract should be supported.

Author: He Haiyan

[1] This article has been repealed, and is corresponding to Article 566 of *The Civil Code of the People's Republic of China*.

58 Lu * v. Chongqing * tong Intellectual Property Services Co., Ltd. (Dispute over Trademark Agency Contract)*

Keywords

Trademark Agency Contract, Fraud, Revocable, Good Faith

Gist of Decision

Where an intellectual property agency contract is signed for the purpose of making profits by fraudulently using a third party's name and fabricated facts to defraud the client, such a contract shall be a revocable contract. Intellectual property agencies shall provide agency services with professionalism and caution, and must not falsely use a third party's name and fabricate facts to deceive clients for the purpose of making profits.

Case Number

First Instance: Civil Judgment No. 17849 [2019] Trial, Civ. Division, Chongqing Pilot Free Trade Zone People's Court (Dated: August 21, 2020)

---

* This case has been included into typical cases (the first batch) heard by courts of Chongqing Municipality concerning the promotion of socialist core values.

Essential Facts

In early 2018, Lu * signed an agency contract with Chongqing * tong Intellectual Property Service Co., Ltd. (hereinafter referred to as "* tong Co.,") concerning the application for the registration of the "Mr. Zhou's Happy Writing Class" graphic trademark, the registration application of which covered only 3 classes of goods and services. At the end of May 2018, Song *, a manager of * tong Co., arranged for Wang * *, an employee of the company, to impersonate as Beijing "Happy Camp" Company and contact Lu * by telephone, claiming that Wang * * 's application for registration of the "Mr. Cao's Happy Writing Class" trademark had been rejected, due to Lu * 's application for the "Mr. Zhou's Happy Writing Class" trademark; therefore, Wang * * demanded that Lu * transfer the "Mr. Zhou's Happy Writing Class" trademark to Wang * *; otherwise Wang * * would obtain the trademark through "other means". After receiving the "threat", Lu * contacted Guo *, an employee of * tong Co., who suggested that such "other means" might mean that when the Trademark Office reviewed trademark registration applications in which the proposed trademark would be used in more than half of all classes of goods and services, it would give preference to those applications that involved a greater number of classes of goods and services at the expense of Lu * 's application, which involved only three classes of goods and services; so Guo * advised Lu * to add 20 classes of goods and services to the trademark registration application of Lu *.

Lu * then signed another agency contract for the registration of the "Mr Zhou's Happy Writing Class" trademark with * tong Co., titled "Entrusted Intellectual Property Service Agreement" (signed on May 30, 2018), in which the number of classes of goods and services involved in trademark registration was 20, and paying a corresponding fee of 40,000 Yuan. Later, Wang * * again impersonated as the "Happy Camp" Company and called Lu *. * tong Co., suggested Lu * should continue applying to include the remaining 22 classes of goods and services into Lu * 's trademark application, that is, to include all the classes into the trademark registration application, and suggested that Lu * should register the copyright of the "Mr. Zhou's Happy Writing Class" graphic work to ensure the success of the previously registered trademark. Lu * signed another agency contract for the registration of the "Mr. Zhou's Happy Writing Class" trademark with * tong Co., for the remaining 22 classes of services, titled "Entrusted Intellectual Property Service Agreement", as well as another contract titled "Entrusted Intellectual Property Service Agreement" for copyright registration, and paid the corresponding fees to * tong Co.,.

In October 2018, an employee of * tong Co., impersonating as Beijing Intellectual Property Company, called Lu *, claimed that there was a way for Lu * 's rejected trademark registration to quickly enter the reconsideration procedure. Lu * noticed that the employee's voice sounded like that of Liu, the general manager of "Happy Camp", and felt that he had been deceived. Lu * then reported to the police. When the police interrogated Guo *, an employee of * tong Co., Guo * confessed that * tong Co., had impersonated as a third-party company on three times to contact Lu * and "threaten" Lu *, providing false information about trademark registration regulations, prompting Lu * to sign more intellectual property agency contracts with * tong Co.,. Lu * therefore filed a lawsuit with the court, requesting the revocation of the "Entrusted Intellectual Property Service Agreement" (signed on May 30, 2018), and demanding that * tong Co., should refund the corresponding fees.

Holding

The Chongqing Pilot Free Trade Zone People's Court rendered the first-instance judgment: 1. The Entrusted Intellectual Property Service Agreement signed between Lu * and * tong Co., on May 30, 2018, shall be revoked; 2. * tong Co., shall refund 26, 296.3 Yuan to Lu *; 3. The other claims made by Lu * shall be dismissed. This judgment has since taken effect.

Reasons of Decision

The court's effective judgment holds that the claim by * tong Co., which impersonated as a third-party company, that it would have the registration application for the "Mr. Cao's Happy Writing Class" trademark approved through "other means", as well as the false claim by an employee of * tong Co., that such "other means" might mean that "when the Trademark Office reviewed trademark registration applications in which the proposed trademark would be used in more than half of all 45 classes of goods and services, it would give preference to those applications that involved a greater number of classes of goods and services at the expense of the Plaintiff *'s application, which involved only three classes of goods and services", were all untrue and seriously inconsistent with the facts. The trademark agency industry was a sector involving significant professional expertise, and Lu *, as an ordinary member of the general public, fell into a misconception as a result of the "threats" made by * tong Co., which impersonated as a third-party company, and Lu *'s trust in a professional institution like * tong Co., hence Lu * believed that he/she must continue to apply for inclusion of the 20 classes of goods and services into his/her trademark registration application, so as to ensure the registration of the previously applied-for trademark. This misconception led Lu * to express his/her intention to sign the contracts in question. Lu * had no subjective intention to apply for the inclusion of the 20 classes into the trademark registration, and signing the contracts actually went against Lu *'s true intention.

The court believed that * tong Co., had used fraudulent means to induce Lu * to sign the "Entrusted Intellectual Property Service Agreement" against the true intention, and hence the agreement was a revocable contract. The property obtained by * tong Co., through fraud should be returned in full, and as for the trademark registration fees paid to the Trademark Office of the State Administration for Industry and Commerce during the performance of the contract, which was paid as a result of fault on the part of the company, such fees should not be borne by Lu *. Therefore the court ruled that the "Entrusted

Intellectual Property Service Agreement" signed by the Plaintiff, Lu * and the Defendant, Chongqing * tong Co., on May 30, 2018 should be revoked, and the Defendant, Chongqing * tong Intellectual Property Services Co., Ltd. should refund the corresponding fees to the Plaintiff, Lu *.

Author: Wang Yanmiao

59 The People's Procuratorate v. Chongqing ＊hai Company, Yang ＊, et al. (Infringement of Trade Secrets) *

Keywords

Infringement of Trade Secrets, Confidentiality, Core Technology

Gist of Decision

In a criminal case involving the infringement of trade secrets, when the technical secrets involved pertain to the core technology of a product or equipment, and if the relevant product or equipment is actually sold as a complete unit, and it is impossible to separately account for the sales revenue and sales costs of the equipment components containing the technical secrets involved, then the proceeds gained by the Defendant from selling the complete unit as a whole shall be deemed as the amount of illegal income of the Defendant.

Case Number

First Instance: Criminal Judgment No. 1448 [2020] Trial, Crim. Division, the People's Court of Yubei District of Chongqing Municipality (Dated:

---

* This case was selected as one of the top tent ypical cases heard by courts of Chongqing Municipality in 2021 concerning judicial protection of intellectual property.

November 11, 2021)

Second Instance: Criminal Judgment No. 948 [2021] Final, Crim. Division, the No. 1 Intermediate People's Court of Chongqing Municipality (Dated: March 8, 2022)

Essential Facts

After years of research and development starting from the year 2000, the victim, * de Company in Liangjiang New Area of Chongqing Municipality, had designed the JQ series gas dispenser controller; the corresponding technical documents, design drawings, etc. prepared in the process contained technical information that was not known to the public. Around May 2016, two Defendants in this case, Yang * * and Ren * * learned that a technician of the victim, * de Company, i. e., another Defendant, Cao * *, had technical information about the gas dispenser controller. They lured Cao * * with a high salary, to resign from * de Company and join * hai Company as a technician responsible for research and development of gas dispenser controllers. In July 2016, under the instructions of Yang * * and Ren * *, Cao * * designed a gas dispenser controller for * hai Company on the basis of the technical information pertaining to the gas dispenser controller that he had copied and mastered during the time he worked at * de Company. * hai Company began to use the technical information on the gas dispenser controller designed by Cao * * to manufacture gas dispensers in September 2016, and sold 302 units of the gas dispensers for external sales. According to the audit, * hai Company earned a total of 10,828,511.55 Yuan in profits from selling 302 units of the infringing product. Meanwhile, * de Company earned a total of 16,386,903.32 Yuan in profits from selling 302 units of products of the same type as or similar to the equipment of * hai Company involved in this case.

Holding

The People's Court of Yubei District of Chongqing Municipality rendered the first-instance judgment: 1. The Defendant, Chongqing * hai Company was found guilty of infringing trade secrets and shall be sentenced to a fine of 11 million Yuan; 2. The Defendant, Yang * *, was found guilty of infringing trade secrets and was sentenced to four years and six months of fixed-term imprisonment and a fine of 200, 000 Yuan; 3. The Defendant Ren * * was found guilty of infringing trade secrets and was sentenced to four years of fixed-term imprisonment and a fine of 150, 000 Yuan; 4. The Defendant Cao * * was found guilty of infringing trade secrets and was sentenced to three years and six months of fixed-term imprisonment and a fine of 100, 000 Yuan; 5. The illegal income of 10, 828, 511. 55 Yuan obtained by the Defendant, Chongqing * hai Company, shall be confiscated. The Defendant appealed against the judgment. The No. 1 Intermediate People's Court of Chongqing Municipality rendered the second-instance judgment, rejecting the appeal and upholding the original judgment.

Reasons of Decision

The court's effective judgment holds that the forensic opinion involved in the case proved that the 14 items of technical information displayed by the gas dispenser controller of the victim, * de Company, were technical information not known to the public. Based on the aforementioned technical information, it was possible to design a gas dispenser controller and subsequently manufacture a gas dispenser, which had a certain applicability and could bring economic benefits or competitive advantages to the proprietor thereof. In order to prevent the leakage of the information, * de Company had formulated confidentiality rules in the form of employee manuals, employment contracts, etc., and had enacted corresponding regulations for the custody and borrowing of technical materials and other documents; it had also taken reasonable confidentiality measures. Accordingly, it was ruled that the 14 items of technical information displayed on the gas dispenser controller of * de Company met the qualification standards of trade secrets and should be deemed as trade secrets. Furthermore, based on objective evidence such as relevant descriptions in this case, it can be confirmed that the gas dispenser controller was the core technology of the gas dispenser. Except for upgrading for customers, both * de Company and * hai Company sold the entire units of gas dispenser in normal transactions, without separating the gas dispenser controller from the unit during normal sales. Therefore, it was impossible to separately distinguish the sales revenue and sales costs of the computer control system contained in the entire equipment involved in the case, and it was therefore reasonable to identify the profits from the entire gas dispenser as the amounts of money involved in the case. Therefore, the Defendant, * hai Company, obtained and used the trade secrets of another party through improper means without the permission of the proprietor thereof, thus causing particularly serious consequences to the proprietor, and such practices constituted the crime of infringing trade secrets. The Defendants, Yang * * and Ren * *, as directly responsible executives, and Cao * *, as the person directly responsible, should be held criminally liable for the crime of infringing trade secrets.

Author: Wu Xianben

60 Chongqing * Storage Co., Ltd. v. Chongqing * Cultural Media Co., Ltd. (Dispute over Computer Software Development Contract) *

Keywords

Computer Software Development Contract, Function Locking, Defense of Later Performance

Gist of Decision

During the performance of a software development contract, if the client fails to effect payment according to the schedule of payment as agreed in the contract, and the developer activates function locking of the delivered software through technical means after receiving no response to its request for payment, then the Defendant is deemed as exercising the right of defense of later performance under law, which does not constitute a breach of contract.

Case Number

First Instance: The No. 1 Intermediate People's Court of Chongqing Municipality (2022) Yu 01 Min Chu No. 3254 Civil Judgment (Dated: January

* This case was selected as one of the top ten typical cases heard by courts of Chongqing Municipality in 2023 concerning judicial protection of intellectual property.

11, 2023)

Second Instance: The High People's Court of Chongqing Municipality (2023) Yu min Zhong No. 107 Civil Judgment (Dated: May 16, 2023)

Essential Facts

Chongqing * Storage Co., Ltd. signed a storage system software service contract with Chongqing * Cultural Media Co., Ltd., which stipulated that Chongqing * Cultural Media Co., Ltd. would develop a storage software for Chongqing * Storage Co., Ltd. Both parties agreed in writing on the basic functions that the software should possess, and adjustments to specific requirements had been made through WeChat group chats during the subsequent development process. The contract stipulated the total amount of the development fee and the payment schedule, i.e., 10% of the fee shall be paid upon signing of the contract, 30% of the fee shall be paid upon delivery of the software system, 50% of the fee shall be paid upon issuance of the acceptance inspection report two months after the delivery, and the remaining 10% of the fee shall be paid one year after the delivery. During the performance of the contract, however, Chongqing * Storage Co., Ltd. only paid the initial installment payment of 10% and another installment of payment, i.e., 30% of the fee paid after the delivery of the software system, without issuing an acceptance inspection report or effecting payment of subsequent installments. Chongqing * Storage Co., Ltd. believed that the software had met the acceptance criteria, so it sent notices for payment through WeChat groups and the delivered software system, but received no effective response. Therefore, it locked the storage software system through technical means, as a result of which Chongqing * Storage Co., Ltd. was unable to continue using the software system. Therefore, Chongqing * Storage Co., Ltd. sent a notice of termination to Chongqing * Cultural Media Co., Ltd. on the grounds that the software delivered by Chongqing * Cultural Media Co., Ltd. failed to meet the contractual requirements and the locking of the software had rendered it impossible to achieve the purposes of the contract. Subsequently, it filed a lawsuit to the court, requesting for confirmation that the contract had been terminated and the amounts that had been paid should be refunded.

Holding

The No. 1 Intermediate People's Court of Chongqing Municipality rendered the first-instance judgment, dismissing the claims of the Plaintiff, Chongqing * Storage Co., Ltd. Chongqing * Storage Co., Ltd. refused to accept the judgment and filed an appeal. The High People's Court of Chongqing Municipality rendered the second-instance judgment, rejecting the appeal and upholding the original judgment.

Reasons of Decision

The court's effective judgment holds that Chongqing * Storage Co., Ltd. had failed to provide sufficient evidence to prove that the software system involved in the case did not comply with the contract, nor had it clearly pointed out the problems existing in the software system involved in the case. Therefore, it could be ruled that the software system involved in the case complied with the contract. After the delivery of the software system involved in the case, Chongqing * Storage Co., Ltd. neither issued an acceptance report nor effected payment of the remaining installments of the fee payable. Chongqing * Cultural Media Co., Ltd. locked the system after it clearly informed the Chongqing * Storage Co., Ltd. of the usage period and repeatedly urged Chongqing * Storage Co., Ltd. to fulfill its payment obligations, but without any success. Such practices should be deemed as an exercise of the right of defense of later performance stipulated by law. Therefore, in accordance with law, the claim of Chongqing * Storage Co., Ltd. for rescinding the contract shall not be supported.

Author: Zhang Zhenhua

案例编写人员

孙海龙

重庆市高级人民法院党组成员、副院长，一级高级法官。首届全国法院审判业务专家。北京大学法学博士。兼任西南政法大学教授、博士研究生导师，中国法学会知识产权法学研究会常务理事。在核心期刊发表论文80余篇，出版著作10余部，主持完成国家级课题20余项。

Sun Hailong, a member of the Leading Party Members Group of the High People's Court of Chongqing Municipality, Vice President of the High People's Court of Chongqing Municipality, a Class 1 Senior Judge, and is among the first batch of national adjudication experts in courts. He holds a Doctor's Degree in Juridical Sciences from Peking University. He is an adjunct professor and doctoral supervisor of Southwest University of Political Science and Law, Executive Director of the Intellectual Property Law Association of China Law Society. He has published more than 80 articles in core journals, written and published more than 10 monographs, and has completed more than 20 national-level projects as the Principal Investigator.

杨光明

重庆市第一中级人民法院党组成员、副院长、审判委员会委员、二级高级法官，法学博士。先后在《人民司法》《现代法学》《重庆大学学报》等核心期刊发表论文多篇。

Yang Guangming, a member of the Leading Party Members Group, Vice President, member of the Judicial Committee,a Class 2 Senior judge of the No.1 Intermediate People's Court of Chongqing Municipality,and a Doctor of Judicial Science. He has published a number of papers in core journals such as People's Judicature, Modern Law Science, Journal of Chongqing University.

喻志强

重庆市开州区人民法院党组书记、院长、二级高级法官，法学博士。先后在《人民司法》《中国版权》等刊物上发表文章10余篇，主持或承担省部级以上课题多项。

Yu Zhiqiang, Secretary of the Leading Party Members Group,President, a Class 2 Senior judge of the People's Court of Kaizhou District of Chongqing Municipality, and a Doctor' s Degree in Juridical Science. He has published more than 10 articles in journals such as People's Judicature and China Copyright, and has served as the Principal Investigator or Co-investigator of several projects on the provincial and ministerial level or above.

曹 柯

重庆市高级人民法院民三庭庭长、三级高级法官、全国优秀法官、重庆市审判业务专家。承办案件入选2008年、2009年中国法院50件典型知识产权案件。

Cao Ke, Chief Judge of the Third Civil Division of the High People's Court of Chongqing Municipality, and a Class 3 Senior Judge. He currently holds the titles of National Outstanding Judge and Adjudication Expert of Chongqing Municipality. Cases presided over by him were included into the 50 typical intellectual property cases heard by Chinese courts in 2008 and 2009.

刘娟娟

重庆市高级人民法院民三庭副庭长、三级高级法官、全国优秀法官、全国审判业务标兵、重庆市审判业务专家。承办案件入选最高人民法院指导性案例，2013年、2017年中国法院50件典型知识产权案件。

Liu Juanjuan, Deputy Chief Judge of the Third Civil Division of the High People's Court of Chongqing Municipality and a Class 3 Senior Judge. She holds the titles of National Outstanding Judge, National Role Model in Adjudication Practice, and Adjudication Expert of Chongqing Municipality. Cases presided over by her were included into guiding cases identified by the Supreme People's Court, the 50 typical intellectual property cases heard by Chinese courts in 2013 and 2017.

黑小兵

重庆市高级人民法院三级高级法官。承办案件入选2020年、2022年中国法院50件典型知识产权案件，重庆法院2022年知识产权司法保护十大典型案件。

Hei Xiaobing, a Class 3 Senior Judge of the High People's Court of Chongqing Municipality. Cases presided over by him were included into the 50 typical intellectual property cases heard by Chinese courts in 2020 and 2022, as well as the top ten typical cases heard by courts of Chongqing Municipality in 2022.

周　敏

重庆市高级人民法院三级高级法官。承办案件入选2008年、2009年、2014年中国法院50件典型知识产权案件。撰写的（2019）渝民终2155号判决书入选第五届全国法院“百篇优秀裁判文书”。

Zhou Min, a Class 3 Senior Judge of the High People's Court of Chongqing Municipality. Cases presided over by her were included into the 50 typical intellectual property cases heard by Chinese courts in 2008, 2009, and 2014 respectively. A judgement document written by her (Civil Judgement No.2155[2019] Final, Civ. Division) was included into the 5th National 100 Excellent Judgment Documents of Courts.

肖　艳

重庆市高级人民法院三级高级法官。承办两案入选2012年中国法院50件典型知识产权案件，并被收录进《中国知识产权指导案例评注》（第五辑）。撰写案例两篇发表于《人民司法》。

Xiao Yan, a Class 3 Senior Judge of the High People's Court of Chongqing Municipality. Two cases presided over by her were included into the 50 typical intellectual property cases heard by Chinese courts in 2012, and were selected into Commentary on Guiding Chinese Intellectual Property Cases (Volume V). Two cases written by her were published in the journal, People's Judicature.

宋黎黎

重庆市高级人民法院三级高级法官，承办案件入选最高人民法院2015年中国50件典型知识产权案例和重庆法院2015年知识产权司法保护十大典型案例，并被收录进《中国知识产权指导案例评注》（第八辑）。

Song Lili, a Class 3 Senior Judge of the High People's Court of Chongqing Municipality. Cases presided over by her were included into "Top 50 National Intellectual Property Cases of 2015" identified by the Supreme People's Court and "Top 10 Cases Heard by Courts of Chongqing Municipality in 2015 Concerning Judicial Protection of Intellectual Property", and have been included into the book Commentary on China's Guiding Intellectual Property Cases (Volume 8).

王 乐

重庆市高级人民法院三级高级法官、法学博士、重庆审判业务专家。承办案件入选2021年度中国法院50件典型知识产权案例、2021年重庆法院十大典型案例、中国法院2023年度案例、2020–2023年重庆法院知识产权典型案件。

Wang Le, a Class 3 Senior Judge of the High People's Court of Chongqing Municipality. She holds a Doctor's Degree in Juridical Sciences,and the title of Adjudication Expert of Chongqing Municipality. Cases presided over by her were included into the 50 typical intellectual property cases heard by Chinese courts in 2021, the top ten typical cases heard by courts of Chongqing Municipality in 2021, "Cases of the Year Heard by Chinese Courts" in 2023, as well as typical intellectual property cases heard by courts of Chongqing Municipality from 2020 to 2023.

戈光应

重庆市高级人民法院四级高级法官。先后在《法商研究》《法律适用》《人民司法》《中国版权》等发表论文10余篇，参与最高人民法院、重庆市高级人民法院等重点调研课题10余项，承办案件入选2016年中国法院50件典型知识产权案例。

Ge Guangying, a Class 4 Senior Judge of the High People's Court of Chongqing Municipality. He has published more than ten papers in such journals as Studies in Law and Business, Journal of Law Application, People's Judicature, and China Copyright, and has served as co-investigator in more than ten key research projects of the Supreme People's Court, the High People's Court of Chongqing Municipality, etc. The cases presided by him were included into the 50 typical intellectual property cases heard by Chinese courts in 2016.

赵志强

重庆市第一中级人民法院民一庭庭长，重庆知识产权法庭原庭长，三级高级法官、全国优秀法官、重庆法院办案标兵。承办案件入选中国法院知识产权司法保护成就展案例。

Zhao Zhiqiang, Chief Judge of the First Civil Division of the No.1 Intermediate People's Court of Chongqing Municipality, former Chief Judge of the Chongqing Intellectual Property Tribunal, and a Class 3 Senior Judge. He currently holds the titles of National Outstanding Judge, and Exemplary Judge of Chongqing Municipality in Adjudication. Cases presided over by him were included in the Exhibition of Achievements by Chinese Courts in Judicial Protection of Intellectual Property.

谭　颖

重庆市第一中级人民法院重庆知识产权法庭副庭长、三级高级法官、重庆审判业务专家。承办案件庭审入选第四届全国法院"百场优秀庭审"。承办案件入选2021年中国法院50件典型知识产权案例、重庆法院2021年知识产权司法保护十大典型案件等。

Tan Ying, Deputy Chief Judge of the Chongqing Intellectual Property Tribunal of the No.1 Intermediate People's Court of Chongqing Municipality, a Class 3 Senior Judge. She currently holds the title of Adjudication Expert of Chongqing Municipality. Court hearing of a case presided over by her was included into the 4th National 100 Outstanding Court Hearing Sessions of Courts. Cases presided over by her were included into the 50 typical intellectual property cases heard by Chinese courts in 2021 and the top ten typical cases heard by courts of Chongqing Municipality in 2021.

徐　华

重庆市第一中级人民法院民二庭副庭长、重庆知识产权法庭原副庭长、三级高级法官、重庆审判业务专家。撰写裁判文书入选首届全国法院"百篇优秀裁判文书"；承办案件入选2023年人民法院反垄断和反不正当竞争典型案例。

Xu Hua, Deputy Chief Judge of the Second Civil Division of the No.1 Intermediate People's Court of Chongqing Municipality, former Deputy Chief Judge of the Chongqing Intellectual Property Tribunal, and a Class 3 Senior Judge. She currently holds the title of Adjudication Expert of Chongqing Municipality. A judgement document written by her was included into the 1st National 100 Excellent Judgment Documents of Courts. A case presided over by her was included into typical monopoly and unfair competition cases heard by people's courts in 2023.

钟 拯

成渝金融法院综合审判二庭副庭长、重庆市第一中级人民法院民二庭原副庭长、三级高级法官、全国法院办案标兵（2015年度）。承办案件入选2008年中国法院50件典型知识产权案例。

Zhong Zheng, Deputy Chief Judge of the Second Comprehensive Adjudication Division of Chengdu-Chongqing Financial Court, former Deputy Chief Judge of the Second Civil Division of the No.1 Intermediate People's Court of Chongqing Municipality, and a Class 3 Senior Judge. She currently holds the title of National Role Model in Adjudication Practice of Courts (for the Year 2015). A case heard by her was included into the 50 typical intellectual property cases heard by Chinese courts in 2008.

樊雯瑾

重庆市第一中级人民法院重庆知识产权法庭副庭长、三级高级法官、重庆审判业务专家。承办案件入选2019年中国法院50件典型知识产权案例；重庆法院2020年、2022年知识产权司法保护十大典型案例。

Fan Wenjin, Deputy Chief Judge of the Chongqing Intellectual Property Tribunal of the No.1 Intermediate People's Court of Chongqing Municipality, and a Class 3 Senior Judge. He currently holds the title of Adjudication Expert of Chongqing Municipality. Cases presided over by him were included into the 50 typical intellectual property cases heard by Chinese courts in 2019, top 10 cases heard by courts of Chongqing Municipality concerning judicial protection of intellectual property in 2020 and 2022.

陈　聪

重庆市第一中级人民法院重庆知识产权法庭副庭长、四级高级法官、重庆审判业务专家。承办案件入选重庆法院2021年、2022年知识产权司法保护十大典型案例。出版个人专著《专利法上的捐献原则研究》。

Chen Cong, Deputy Chief Judge of the Chongqing Intellectual Property Tribunal of the No.1 Intermediate People's Court of Chongqing Municipality, and a Class 4 Senior Judge. She currently holds the title of Adjudication Expert of Chongqing Municipality. Cases presided over by her were included into the top ten typical cases heard by courts of Chongqing Municipality concerning judicial protection of intellectual property in 2021 and 2022. She has published a personal monograph titled "Research on the Donation Principle in Patent Law".

刘光英

重庆市第一中级人民法院重庆知识产权法庭三级高级法官。承办案件入选重庆法院弘扬社会主义核心价值观典型案例（第一批）。

Liu Guangying, a Class 3 Senior Judge of the Chongqing Intellectual Property Tribunal of the No.1 Intermediate People's Court of Chongqing Municipality. Cases presided over by her were included into typical cases (the first batch) heard by courts of Chongqing Municipality concerning the promotion of socialist core values.

周　映

重庆市第一中级人民法院重庆知识产权法庭三级高级法官。承办案件入选重庆法院2020年知识产权司法保护十大典型案例。所撰裁判文书入选2021年全国法院技术类知识产权和垄断案件优秀裁判文书三等奖、第三届“全国法院百篇优秀裁判文书”等。

Zhou Ying, a Class 3 Senior Judge of the Chongqing Intellectual Property Tribunal of the No.1 Intermediate People's Court of Chongqing Municipality. A case presided over by him was included into the top ten typical cases heard by courts of Chongqing Municipality concerning judicial protection of intellectual property in 2020. A judgment document written by him won the third prize in the 2021 National Excellent Judgments of Courts for Technology-related Intellectual Property and Monopoly Cases, and was included into the 3rd National 100 Excellent Judgment Documents of Courts.

张　琰

重庆市第一中级人民法院重庆知识产权法庭三级高级法官。承办案件入选2018年、2021年中国法院50件典型知识产权案例，重庆法院2019年、2023年知识产权司法保护十大典型案例等。

Zhang Yan, a Class 3 Senior Judge of the Chongqing Intellectual Property Tribunal of the No.1 Intermediate People's Court of Chongqing Municipality. Cases presided over by her were included into typical intellectual property cases heard by Chinese courts in 2018 and 2021, as well as the top ten typical cases heard by courts of Chongqing Municipality concerning judicial protection of intellectual property in 2019 and 2023.

姜 蓓

重庆市第一中级人民法院重庆知识产权法庭四级高级法官。承办案件入选2022年度中国法院50件典型知识产权案例、重庆法院2022年度十大典型案件、重庆法院十大反不正当竞争司法保护案例。

Jiang Bei, a Class 4 Senior Judge of the Chongqing Intellectual Property Tribunal of the No. 1 Intermediate People's Court of Chongqing Municipality. Cases presided over by her were included into the 50 typical intellectual property cases heard by the Chinese courts in 2022, the top ten typical cases heard by courts of Chongqing Municipality in 2022, and the top ten cases heard by courts of Chongqing Municipality concerning judicial protection against unfair competition.

杨青青

重庆市第一中级人民法院重庆知识产权法庭四级高级法官。承办案件入选2023年中国法院50件典型知识产权案例、重庆法院2023年知识产权司法保护十大典型案例。

Yang Qingqing, a Class 4 Senior Judge of the Chongqing Intellectual Property Tribunal of the No.1 Intermediate People's Court of Chongqing Municipality. A case presided over by her was included into the 50 typical intellectual property cases heard by the Chinese courts in 2023 and the top ten typical cases heard by courts of Chongqing Municipality concerning judicial protection of intellectual property in 2023.

张振华

重庆市第一中级人民法院重庆知识产权法庭四级高级法官。承办案件入选重庆法院2022年、2023年知识产权司法保护十大典型案例。

Zhang Zhenhua, a Class 4 Senior Judge of the Chongqing Intellectual Property Tribunal of the No.1 Intermediate People's Court of Chongqing Municipality. Cases presided over by him were included into the top ten typical cases heard by courts of Chongqing Municipality concerning judicial protection of intellectual property in 2022 and 2023.

吴贤奔

重庆市第一中级人民法院刑二庭四级高级法官。承办案件入选重庆法院2021年知识产权司法保护十大典型案例。

Wu Xianben, a Class 4 Senior Judge of the Second Criminal Division of the No.1 Intermediate People's Court of Chongqing Municipality. A case presided over by him were included into the top ten typical cases heard by courts of Chongqing Municipality concerning judicial protection of intellectual property in 2021.

徐 真

重庆市第一中级人民法院重庆知识产权法庭四级高级法官，法学博士。在《法学评论》《科技与法律》《人民司法》等刊物发表论文10余篇。承办案件入选2020年、2023年重庆法院知识产权司法保护十大典型案例。

Xu Zhen, a Class 4 Senior Judge of the Chongqing Intellectual Property Tribunal of the No.1 Intermediate People's Court of Chongqing Municipality, and a Doctor of Judicial Science. She has published over 10 papers in such journals as Law Review, Science, Technology and Law (Chinese-English Versions), and People' s Judicature. Cases presided over by her were included into the top ten typical cases heard by courts of Chongqing Municipality concerning judicial protection of intellectual property in 2020 and 2023.

陈秀良

重庆市第五中级人民法院重庆破产法庭副庭长，二级高级法官。承办案件入选2010年中国法院10大知识产权案件、最高人民法院10件“人民法院实施破产法律制度优化营商环境”典型案例、2022年全国法院十大商事案件、2022年度全国破产经典案例。

Chen Xiuliang, Deputy Chief Judge of the Chongqing Bankruptcy Tribunal of the No.5 Intermediate People's Court of Chongqing Municipality and a Class 3 Senior Judge. Cases presided over by him were included into the top 10 intellectual property cases heard by Chinese courts in 2010, the top 10 typical cases identified by the Supreme People's Court concerning "Enforcing the Bankruptcy Legal System to Optimize the Business Environment", the top 10 commerce cases heard by Chinese courts in 2022, and "National Exemplary Bankruptcy Cases" in 2022.

黄　键

重庆市第五中级人民法院民三庭三级高级法官。承办案件入选2019年、2020年中国法院50件典型知识产权案例、互联网十大典型案例（2021年）、2023年中国法院反垄断和反不正当竞争典型案例、第三批人民法院种业知识产权司法保护典型案例、电影知识产权保护典型案例、重庆法院2020年知识产权司法保护十大典型案例等。

Huang Jian, a Class 3 Senior Judge of the Third Civil Division of the No.5 Intermediate People's Court of Chongqing Municipality. Cases presided over by him were included into typical intellectual property cases heard by Chinese courts in 2019 and 2020, the top ten typical Internet cases heard by Chinese courts (in 2021), the top ten typical monopoly and unfair competition cases heard by Chinese courts, typical cases heard by people's courts concerning judicial protection of intellectual property in the seed industry (in 2023), typical cases of film intellectual property protection, and the top ten typical cases heard by courts of Chongqing Municipality in 2020.

余　博

重庆两江新区人民法院（重庆自由贸易试验区人民法院）知识产权审判庭副庭长、四级高级法官。承办案件入选2015年、2017年中国法院50件典型知识产权案件。撰写裁判文书获评“全国法院百篇优秀文书”。

Yu Bo, Deputy Chief Judge of the Intellectual Property Tribunal of the Chongqing Liangjiang New Area People's Court (Chongqing Pilot Free Trade Zone People's Court) and a Class 4 Senior Judge. Cases presided over by him were included into the 50 typical intellectual property cases heard by Chinese courts in 2015 and 2017. A judgment document written by him has been included into "The Top 100 National Excellent Judgment Documents of Courts".

王雁苗

重庆两江新区人民法院（重庆自由贸易试验区人民法院）四级高级法官。承办案件先后入选重庆法院弘扬社会主义核心价值观典型案例、重庆法院民营经济司法保护十大典型案例、重庆法院十大反不正当竞争司法保护典型案例，重庆法院2023年知识产权司法保护十大典型案件。

Wang Yanmiao, a Class 4 Senior Judge of the Chongqing Liangjiang New Area People's Court (Chongqing Pilot Free Trade Zone People's Court). Cases presided over by her were included into typical cases heard by courts of Chongqing Municipality concerning the promotion of socialist core values, typical cases of judicial protection for the private sector, typical cases of judicial protection against unfair competition, and typical intellectual property cases heard by courts of Chongqing Municipality in 2023..

贺海艳

重庆两江新区人民法院（重庆自由贸易试验区人民法院）四级高级法官。承办案件多次入选重庆法院民营经济司法保护典型案例、重庆法院知识产权司法保护十大典型案例、《人民法院案例选》等。

He Haiyan, a Class 4 Senior Judge of the Chongqing Liangjiang New Area People's Court (Chongqing Pilot Free Trade Zone People's Court). Cases presided over by her were included into typical cases heard by courts of Chongqing Municipality concerning judicial protection for the private sector, top ten typical cases of judicial protection of intellectual property heard by courts of Chongqing Municipality, and Selected Cases of the People's Courts.

谢　琼

重庆市渝中区人民法院审判委员会委员、三级高级法官。承办案件入选重庆法院2021年、重庆法院2022年知识产权司法保护十大典型案例，重庆法院2022年民营经济司法保护十大典型案例。

Xie Qiong, a Class 3 Senior Judge and member of the Judicial Committee of the People's Court of Yuzhong District of Chongqing Municipality. Cases presided over by her were included into the top ten typical cases heard by courts of Chongqing Municipality concerning judicial protection of intellectual property in 2021 and 2022, and typical cases heard by courts of Chongqing Municipality concerning judicial protection for the private sector in 2022.

龚　箭

重庆市渝中区人民法院知识产权审判庭庭长、四级高级法官。承办案件入选2024年重庆法院民营经济司法保护典型案例、重庆法院司法服务保障成渝地区双城经济圈建设暨促进“一区两群”协调发展典型案事例。

Gong Jian, Chief Judge of the Intellectual Property Tribunal of the People's Court of Yuzhong District of Chongqing Municipality, and a Class 4 Senior Judge. Cases presided over by him were included into typical cases heard by courts of Chongqing Municipality concerning judicial protection for the private sector and typical cases heard by courts of Chongqing Municipality concerning judicial services supporting the Chengdu–Chongqing Economic Circle in the Chengdu–Chongqing region, which were released in 2024.